부자들이 알음알음하는
대한민국 땅 투자

부자들이 알음알음하는
대한민국 땅 투자

펴 낸 날   2022년 2월 28일

지 은 이   윤세영
펴 낸 이   이기성
편집팀장   이윤숙
기획편집   이지희, 윤가영, 서해주
표지디자인 이지희
책임마케팅 강보현, 김성욱
펴 낸 곳   도서출판 생각나눔
출판등록   제 2018-000288호
주   소   서울 잔다리로7안길 22, 태성빌딩 3층
전   화   02-325-5100
팩   스   02-325-5101
홈페이지   www.생각나눔.kr
이 메 일   bookmain@think-book.com

부자들이 알음알음하는
대한민국 땅 투자

저자 | 윤세영

**부동산 투자의 꽃이라는 농지(땅) 투자
제대로 알고 하자!**

———

부동산 칼럼니스트 윤세영의
농지 투자법 이야기

생각나눔

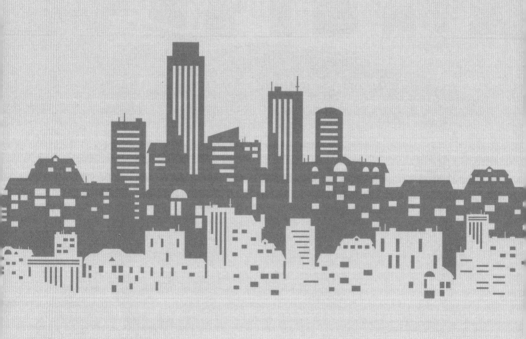

들어가는 글

부동산 시장이 정점으로 치닫고 있고 부동산투기 방지대책과 관련법 개정 등으로 시국이 어수선한 이때 땅 투자 이야기를 가지고 독자들과의 만남이 부담스럽기는 하지만 내가 그동안 보고 듣고 겪은 사례들로 『부자들이 알음알음하는 대한민국 땅 투자』라는 주제로 다시 인사를 드리게 되었습니다.

부동산 시장이 침체기였던 2011년에 『농지 투자 OK』로 처음 만나서 『한국의 1,000원짜리 땅 부자들』이라는 책까지 5권의 졸작들을 선보였고, 많이 부족함에도 분에 넘치는 성원과 격려를 받았습니다.

23년간의 농업직 공무원으로서, 군 단위에서 농지·산지 업무와 시 단위에서의 대단위 도시개발농지업무를 담당하면서 겪은 지식

과 경험 그리고 99년부터 20년이 넘도록 공인중개사로, 행정사로, 강사로, 저자로 살면서 부동산중개컨설팅 현장에서의 크고 작은 성공과 실패 사례들을 마주한 수많은 일 중에서 기억나는 몇 가지 사례들을 공유해 보고자 다시 펜을 들게 되었습니다.

이번 『부자들이 알음알음하는 대한민국 땅 투자』에서는 최대한 농지 투자에 대한 실제 사례 위주로 많은 이야기를 전하려고 하며, 이어서 나올 『경제적 자유를 누리는 대한민국 땅 투자』에서는 농업인을 만들고 농지연금 투자로 경제적 자유를 누리며 농지 투자로 노후의 여유로운 삶을 살아가는 방법들에 대하여 이야기를 나누려고 합니다.

농지 투자라고 하면 농업 생산을 위한 농지 투자가 되어야 할 것이며, 최근에는 베이비 붐 세대의 은퇴로 관심받는 귀농·귀촌

을 위한 농지 투자도 있을 것이나 여기서는 도시민들이 하는 돈
되는 농지에 투자하여 자산형, 수익형, 연금형으로 만들어 가는
과정과 결과들을 소개하고자 합니다.

농지는 경자유전의 원칙에 따라서 농사를 지으며 생활수단으로
삼아야 하고, 잘 보존하다가 후손에게 물려주어야 할 유산이기도
합니다.

그러나 돈 되는 농지라고 하는 땅은 경지 기반이 잘 갖추어지고
생산을 위해 보존하여야 할 땅이라기보다는 기반 시설이 미흡하거
나 도시 근교 미개발지역에 있어 보존과 생산보다는 개발 등으로
활용하는 것이 더 효율성이 높은 그러한 땅들을 말하는 것이니
이점을 구분하여 혜량하여 주시기 바랍니다.

토지 투자는 불로소득이고 부당이득이라고 환수해야 한다고 하

지만 대부분의 토지 투자자들은 직장이며 사업장에서 자기 하는 일 열심히 하면서 돈을 벌고 모으면서 한편으로는 틈틈이 투자를 준비한 그런 사람들입니다. 어느 날 걸려온 전화나 또는 친지의 권유에 의한 기획부동산의 꾐에 빠져 일확천금 대박을 바라며 투자하는 그런 사람들도 아니고 소위 말하는 복부인 투기꾼들의 투기는 더더욱 아니며, 오랫동안 투자 재테크 취미를 하나 더 가지고 남들 쉬는 저녁이나 휴일에 책을 보거나 강의를 듣거나 모임에 참여하면서 투자 지식과 정보를 공유하고 노하우를 익히면서 노력과 열정을 쏟으며 투자를 한 그런 사람들이 대부분입니다.

이 책을 보면 알겠지만 봉급쟁이가 적금 타듯이 농지를 부업처럼 하나씩 하나씩 사 모은 것이 은퇴 무렵이 되니 진짜 농업인이 되었다든지, 자기의 사업을 위하여 농지를 활용하다 보니 더 큰돈도 벌고

농지도 더 많이 가지게 되었다든지 하는 일은 실제 우리 주변에 흔하디흔한 사례들입니다. 또 누구나 할 수 있는 그런 일들을 내가 몰라서 못 하지 않았나 하는 것을 일깨워 주고, 부동산 투자 재테크란 것이 우리 주변이나 사업 등과 밀접하게 연관되어 있고 잘하면 시너지효과로 크게 돈도 된다는 것을 알려주고자 하는 의도도 있습니다.

부동산 투자에 대한 동기가 되었으면 하는 바람과 부동산 투자 재테크하는데 조금의 도움이라도 되었으면 하는 바람을 담아보았습니다.

행정사·공인중개사

농지오케이 윤세영

목차

Part 2　부자들이 알음알음하는 농지 투자

부자들이 알음알음하는
대한민국 땅 투자

Part 1
돈 되는 땅 투자법

1.
부동산 투자의 꽃 땅 투자, 농지에 주목하라

부동산 투자하면 아파트를 떠올린다. 아파트는 사는 곳, 상가는 장사하는 곳, 농지는 농사짓는 곳 이렇게 생각을 하고 있다면 투자감이 떨어지는 사람입니다. 물론 농지와 산지는 생산과 보전을 위한 기능이 더 강합니다. 그러나 투자라는 말이 들어가는 순간에 생산과 보존을 위한 땅이 아니라 돈이 되는 부동산이라고 이해하고 접근을 해야 합니다.

일전에 시흥 광명 신도시 예정지역의 투기로 농지. 산지 투자에 대한 관심이 높아졌습니다. 그렇다고 농지에 대해서 땅에 대해서 잘 알지도 못하고 덤빈다면 이는 소위 말하는 기획부동산의 좋은 먹잇감이 될 뿐입니다. 이 세상에 돈이 되는 것을 남에게 권하는 사람은 없습니다. 자기가 돈 벌려고 당신의 주머니를 털어 가려는 것입니다. 당신이라면 대박 나는, 돈 되는 정보를 알지도 못하는 사람에게 주겠는가. 그 말입니다.

부동산 투자는 특히 땅 투자는 제대로 알고 투자가치가 있는 좋은 곳에다 투자를 해야 제대로 된 물건이 되고 수익을 안겨주게 되는 것입니다. 그렇게 투자하여도 돈이 될지 말지 하는 판국입니다.

몇 년 전에 경실련에서 지난 50년간 한국의 땅값은 3,300배가 올랐다고 발표를 한 적이 있습니다. 이를 자세히 들여다보면 도시 지역에서는 1만 배 정도가 오른 반면 농촌 산촌 지역은 100배 정도가 올랐다고 할 수 있습니다. 그럼 이 기간 동안에 아파트는 얼마나 올랐을까? 사실상 이 기간으로는 비교가 어려워 압구정 현대아파트를 비교해 보고자 합니다.

74년 당시 865만 원에 분양한 아파트가 현재 30~35억을 합니다. 그럼 그 당시 그 지역의 땅값은 얼마나 했을까? 72년에 당시 배 밭이던 이 땅을 17,000원에 구매를 했다고 합니다. 현재 아파트 부지는 공시지가로 6,300여만 원이고, 백화점 부지는 1억 2천여만 원이라면 시세로 보면 약 6,000~12,000배나 올랐다고 볼 수 있을 것입니다. 아파트는 고작 400배를 넘지 않습니다.

부동산 투자 수익 한번 보자

(2000년~현재 비교)

- 아파트 300% ~400%?
  - 76년 압구정 현대3차아파트 30 평형 865만원이 현재 30~35억원? 400배

- <u>수익형</u> 오피스텔 투자
  - 부천 2003년 분양 5000만원 2개 월 500-50이 현재 10000만원 월 500-40으로
  - 9000만원이 33000만원으로 367%

- 토지 (수도권) 700%~?
  - 73년 압구정 현대아파트 부지 17,000원이 현재공시지가 6334만원? 시세 1억 /5882배
  - 현대백화점부지 공시지가 1억2472만/ 시세 2억원? 12천배

- <u>자산형</u> 농지투자
  - 2003년 <u>오정동</u> 농지투자 12000 만원이
  - 현재 72000만원600%

- 허나 단순비교는 금물

아래의 도표는 부천시를 중심으로 하여 주거, 상업, 공업, 녹지 지역과 개발제한구역 등에 대하여 공시지가로 땅값 상승률을 비교해 본 것입니다. 어디가 더 올랐는지를 비교해 보시라.

그리고 살고 있는 지역이나 관심 있는 지역의 땅값이나 부동산 가격 변동을 직접 한번 만들어 비교해 보시라, 그래야 내가 어디에 투자를 해야 하는지 판단이 서는 것입니다.

공시지가 비교(부천시 지역별·용도별)

구분			공시지가		
지역	용도지역	용도	1990년도	2019년도	상승배율
중동 신도시	상업지역	상가부지	2,650,000	7,370,000	278.1
	주거지역	아파트부지	470,000	2,990,000	636.2
		단독부지	846,000	1,920,000	227.0
심곡본동 구도시	상업지역	상가부지	4,780,000	5,850,000	122.4
	주거지역	아파트부지	410,000	1,816,000	442.9
		단독부지	617,000	1,820,000	295.0
	자연녹지	농경지	380,000	581,400	153.0
오정동	주거지역	단독부지	520,000	1,530,000	294.2
	자연녹지지역	농경지	180,000	1,000,000	555.5
	개발제한구역	농경지	20,000	170,000	850.0
대장동	개발제한구역	대로변농경지	18,000	350,000	1944.4
		들판농지	20,000	140,000	700.0
	집단취락지역 (지구단위계획)	대지	98,000	850,000	867.3
		나대지(농지)	32,000	480,000	1500.0
여월동	집단취락지역 (그냥해제)	농지	57,000	1,781,000	3124.5
과천동 366	집단취락지역	농지	78,000	4,223,000	5414.1

땅 투자의 마력은 농사를 짓고 있던 들판에 신도시가 들어서고, 도시 외곽 변두리에 고물상 등이 즐비하던 곳이나 외곽의 공장이 밀집하여 열악하기 그지없던 곳이 개발로 탈바꿈하는 것을 우리는 수없이 보고 있지만, 남의 일로만 보고 그들을 졸부라고 하면서 애써 외면하고 있습니다. 그들이 어떻게 투자하고 관리하여 돈을 벌었는지에는 관심이 없습니다. 외곽의 허름해 보이는 땅이나 농사를 짓던 농지가 도시화로 부동산이 진화하면서 대박의 꿈을 안겨주는데도 말입니다.

최근에는 농지연금이라는 것도 있습니다. 농사를 짓던 농업인이 고령 등으로 어려울 때 농지를 담보로 연금처럼 타서 쓰며 여유롭게 노후생활을 하라는 것입니다. 당연히 농업인에 대한 지원이자 혜택입니다. 농지가 있고 농사를 짓던 농업인이라면 가능한 일이기도 합니다.

그러므로 농지연금을 투자로 접근해 보라는 것입니다. 도시 근교에 향후 개발 등으로 가치가 오를 농지에 투자하고 농지연금을 수령함으로써 이자 등 부담 없이 투자를 하는 것입니다. 물론 약간의 생활비도 도움이 될 수도 있을 것입니다.

수익형이라고 하면 상가나 오피스텔 투자를 떠올리게 됩니다. 지금 수익률이 얼마나 되고, 또 그 가치 상승은 얼마나 되는가? 도시 근교의 농지에 투자하고 농지연금을 타는 것을 생각이나 해 보았는가? 남들이 말하는 수익형 부동산과는 비교가 안 되는 투자로 아는 사람만 알고 하는 알짜배기 투자법인데도 말입니다.

  농지연금 투자는 본인이 농지연금 타면서 하는 방법만 있는 것은 아닙니다, 부모님에게 생활비나 용돈을 100만 원을 드리는 경우라면 지금 3%대 이자로 하면 약 3억 원을 대출받을 수가 있습니다. 이 금액으로 도시 근교 땅값이 오를 농지에 5억 원 정도의 농지에 투자할 수가 있고, 농지연금이 100~200만 원 정도 나오는 물건으로 만들 수가 있습니다. 그럼 최소한 대출이자만 부담하거나 잘하면 이자를 갚고도 생활비나 용돈을 농지연금으로 드릴 수가 있습니다. 그것이 정말 가능한가? 실제 이렇게 투자를 실현하고 있는 경우가 사실은 꽤나 많이 있습니다.

  또 다른 방법으로는 농지연금을 활용하면서 직접투자를 하는 것입니다. 내가 2년 전에 도시 근교 농지를 경매로 취득하여 농지연금을 타고 있습니다. 실제 투자금은 2억1천만 원인데 매월 144만 원씩 년 1,731만 원의 농지연금을 수령하고 있습니다. 2년이 막 지나가는 최근에 14억 원에 매수를 하겠다고 제의가 왔습니다. 물론 팔지 않습니다.

  2년만 더 있다가 매도하고 대토하면 1억 원을 더 벌 수가 있으니까, 아님 근생을 지어서 사업장 사용이나 임대 수익도 가능하고 시간이 갈수록 도시 근교에 개발 가능한 땅은 줄어들어서 희소가치, 개발 가치가 높아지니 가격도 오를 것인데 지금 자금 관리에서 압박도 없는데 왜 팔겠습니까?

여기에 더해서 농지연금 투자의 이로운 점을 보태자면 농지연금 농지 투자는 살고 있는 도시 근교에서 하면 재촌 자경하면서 참살이 채소 가꾸며 소일하고, 건강식으로 먹고 이왕이면 벌도 몇 군을 갖다놓으면 건강도 지키고 할 일도 있고 일석 몇조인지를 모릅니다.

많은 전문가가 농지연금을 최대한 많이 받으라고 합니다. 농지연금 투자는 농지를 담보로 날려버리는 연금 타기 위한 것이 아니라 소일거리도 하고, 참살이 먹거리로 건강도 챙기고, 가치 상승으로 부자를 만들어 줄 수 있는 그런 소중한 투자법입니다.

현재 부동산을 담보로 하는 연금식 방법은 잘 알고 있는 주택연금, 이제 가입자가 증가하는 농지연금, 아직은 미미한 토지연금이 있고, 최근 자주 언급되고 많이 고대하지만 법이 통과되지 못한 산지연금이 있습니다.

농지·산지 투자는 생산과 보존하는 땅 돈 되는 땅으로 구분할 수가 있고, 돈 되는 농지·산지를 찾아내고 관리하며 가치를 증대하는 방법을 체계적으로 제대로 배우고 투자를 해야 한다는 것을 명심하고 실천해야 합니다.

농지투자를 제대로 하기 위해서는 최대한 빠른 시일 내에 농업인을 만들고 농지 관리와 투자에 대한 것을 몸으로 배우고 익히며 조건을 충족하고, 그리고 기회가 주어지면 돈 되는 농지에 투자한다면 그 누구라도 부자로 여유롭게 살아갈 수 있습니다.

2.
땅 투자는 규제가 많이 있는 곳에다 해라

땅에 규제가 있다는 것은 그곳이 투자가치가 있다는 것이라고 보아야 합니다. 속된 말로 먹을 것이 있기에 투자나 개발에 대한 규제를 가하는 것이란 말입니다. 그래서 정부에서는 정책으로 법으로 각종 규제를 하고 특별한 조건을 갖춘 경우에만 허가를 하여 사용토록 하는 것입니다.

우리가 소위 평생 직업이라고 말하는 전문직들과 같습니다. 변호사나 의사 등 소위 사자 등의 전문직 자격증을 취득하려면 일정한 교육이나 시험에 합격하여 면허를 받아야 합니다. 이와 같은 전문 자격을 받은 사람들은 비교적 좋은 직장에서 좋은 대우를 받으며 신분이 보장되는 이치와도 같습니다.

우리나라의 모든 땅에는 용도지역이라든지 지구, 구역 등 규제가 무수히 많습니다. 이뿐만이 아니라 사고파는 것도 규제를 합니다.

예를 들어 농지는 원칙적으로 농민만이 살 수 있다든가, 어느 지역에서는 토지거래허가를 받아야만 땅을 살 수 있다든가 하는 것 말입니다. 또한, 구입한 농지나 허가받은 땅은 그 목적대로 이용하여야 한다고 규제합니다. 즉 농사짓겠다고 농지를 샀는데 농사를 짓지 않으면 처벌을 받게 된다는 말입니다.

개인이 소유하고 있는 땅을 개발하려면 규제가 더욱 심합니다. 땅에다 물건을 적재하는 행위나 성토, 절토 등의 단순한 변경은 물론이고 건물을 지으려면 건축 허가를 받아야만 할 수가 있습니다. 그러나 이런 행위허가를 받으려면 참으로 따지는 것도 많고, 허가받기도 쉽지가 않습니다.

아마도 형질변경이나 건축을 해본 사람은 알겠지만 다시는 하고 싶지 않을 정도로 절차도 복잡하고, 구비해야 할 것들도 많고, 비용도 많이 들어갑니다.

그러나 이 같은 행정규제가 성가시다고 땅에 대한 투자를 기피해서는 안 됩니다. 다른 각도에서 보면 규제가 있다는 것은 그만큼 뭔가 먹을 것이 있다는 얘기이기 때문입니다. 비록 규제는 많지만, 규제를 통과하면 땅에는 뭔가 돈이 되는 것들이 많다는 것입니다.

실제로 도시 부근의 농지값은 아파트와는 비교가 되지 않을 정도로 많이 오르고 있습니다. 토지거래허가구역 안의 땅은 다른 지역에 비해 2~3배는 더 상승을 합니다. 토지거래허가구역의 지정은 지가가 상승하거나 투기가 우려되는 지역에 지정하는 것입니다. 이미 지정 이유에서 그 답이 있지 않습니까?

건축 허가를 받는 것이 힘들다고는 하지만 허가를 받아 건물을 지으면 지목 변경으로 땅값이 올라 그만큼의 수익을 올릴 수 있습니다. 또한, 그 건물에서 사업을 하거나 임대 수익을 올릴 수도 있습니다.

우리는 보통 규제가 풀리면 투자를 하려고 하고, 또 그런 곳이 투자에서 가장 유망한 지역이라고 흔히들 알고 있습니다. 그러나 대부분은 규제가 풀린다는 것은 그만큼 발전성이나 가치가 없다는 것입니다.

그러므로 이런 규제나 제한이 해제될 때는 구입하는 것이 아니라 보유한 땅을 처분하는 시기인데, 우리 보통 사람들은 오히려 이를 반대로 투자하고 있으니 참으로 안타깝다고 말할 수 있습니다. 물론 이것이 100% 맞는 투자법이란 건 아닙니다. 언제나 우리 사회에서는 78:22 법칙이 존재하니까요. 오히려 이러한 때 투자해서 떼돈을 벌 수 있는 경우도 있으니 말입니다.

반대로 규제나 제한이 가해지는 경우에는 투자가 위축되는 때입니다. 또한, 이런 때에는 바로 투자를 해야 하는가 하면, 이 또한 그렇지 않습니다. 어느 정도 규제나 제한으로 인한 충격의 시기가 지나고 이런 규제나 제한으로 인해 어느 정도 부동산이 하락 안정되는 시기가 투자 시기가 되기 때문입니다. 그리고 부동산 가격이 지속적으로 하락하거나 주변 여건 등이 규제나 해제를 요구하거나 이런 기사나 민원이 자주 일어난다면 빈틈을 타고라도 투자를 해야 합니다. 멀지 않아서 규제나 제한이 완화 또는 해제가 될 것이고 앞에서 말했듯이 규제나 해제가 이루어지면 다른 사람들이 몰려들 때 그들에게 넘겨주고 나오는 선투자를 해야 하기 때문입니다.

우리가 늘 접하고 있는 아파트나 상가 등은 대부분이 잘 알고 있지만 농지나 임야에 대하여는 대부분이 잘 모르고, 몇몇 부자들이나 해 본 사람들만이 투자하는 대상이다 보니 당연히 경쟁이 덜하고 먹을 것이 많은 것으로는 땅만 한 것이 없다는 것입니다.

규제가 많아 귀찮긴 하지만 규제를 넘어서면 뭔가 먹을 것이 많습니다. 때로는 대부분의 규제나 제한이 완화 또는 해제되기도 하고, 때로는 강화되기도 합니다. 지금은 부동산 가격의 상승 등으로 인하여 규제가 강화되는 시기이고 그래서 많은 부동산이 각종 규제로 묶여있습니다. 이왕이면 돈 되는 규제가 많은 땅에다 투자를 한번 해보십시오. 그래야만 당신도 부자로 살아갈 수가 있습니다.

3.
부동산 투자! 규제 완화에서 찾아라!

부동산 투자 재테크는 선택이 아닌 필수입니다. 부동산 투자의 성공 여부는 좋은 물건 돈 되는 물건을 구하는 것으로부터 시작합니다. 좋은 부동산을 찾는 방법은 부지기수이고, 다양합니다. 그래서 부동산 투자에서 발품을 팔아야 한다고 하는 것입니다.

그러나 요즈음은 발품만 판다고 되는 것이 아닙니다. 요즈음은 먼저 손품과 눈품을 팔고 귀 품을 팔고, 그리고 발품을 팔아야 합니다. 인터넷으로 각종 정보를 수집하고 분석하고, 부족한 부분은 전문가의 강의가 됐든 상담이 됐든 고견을 듣고, 그리고 반드시 현장을 찾아서 몇 번이고 둘러보고 확인을 해야 합니다.

부동산 투자에서 과거부터 지금까지도 변치 않고 반드시 지키고 실천해야만 하는 부동산 투자의 정석은 현장 확인이고, 이를 실천하는 것만이 실패하지 않는 투자를 할 수가 있습니다.

여기쯤에서 다양한 투자방법 중에서 규제 완화에서 찾는 법을 살펴보기로 하겠습니다. 규제라고 하는 것이 무엇인가? 어떠한 행위 등을 억제하고 있는 것이 아닌가 합니다. 그럼 왜 억제를 하거나 규제를 할까? 바로 어떠한 행위로 인하여 크게 이익을 볼 수 있기 때문에 규제를 하는 것입니다.

그런데 그것을 해제 또는 완화한다는 것이니 어느 정도 개발 등 행위가 자유로워진다고 보면 될 것입니다. 그러다 보니 땅의 활용도가 대부분은 더 넓어지므로 가치가 상승하게 되는 것입니다. 그러므로 이러한 규제가 강화되거나 완화되는 지역이 투자가치가 있다는 것입니다.

지금까지 몇 년간 부동산시장에서 우려먹고 있는 장기 미집행 시설의 해제나 2016~2017까지 실시한 농업진흥지역의 해제 변경, 얼마 전에 나온 군사보호구역의 해제 완화, 서울시의 용도 구역의 완화 등이 규제 완화에 속하는 것입니다. 이러한 규제 완화 해제 등이 나오면 그 지역이 어떻게 될까?

부동산 투자자들이라면 잘 알고 있겠지만, 일반인이나 아직 이런 지역에 부동산 투자를 해보지 않은 투자자라면 감이 잡히질 않을 것입니다. 물론 모든 행위 제한이 해제 변경된다고 해서 부동산 가치가 상승하는 것은 아닙니다.

그러나 그중에는 많은 것들이 몇십 %에서 몇 배까지 뛰어 오르기도 합니다. 우리는 부동산 투자를 하면서 이렇게 저렇게 활용 방안을 궁리하고 개발하고 해서 겨우겨우 몇 % 더 벌어보겠다고 난리를 치는데 이런 용도지역, 지구, 구역이 해제 변경이 되면 그 자체만으로도 몇 %에서 몇 배까지 뛴다니 놀랍지 않은가 말입니다. 물론 다른 것으로 규제를 하거나 또는 위치에 따라서는 별로인 것들도 많이 있으니 주의를 해야 합니다.

농업진흥지역에서 해제되어 용도지역이 생산녹지에서 자연녹지지역으로 변경된 곳을 한번 보겠습니다. 도로가 나면서 자투리땅이 되어 도로 아래 지역이 3헥타 이하라서 해제된 곳입니다. 보시다시피 공시지가로 농업진흥지역은 130,000원인데 농업진흥지역에서 해제된 지역은 195,000원으로 50%가 상승하였습니다. 바로 규제 완화 변경이 되면 이런 효과가 있다는 것입니다. 그러나 실제 거래에서는 이보다 더 큰 가격 차이를 보입니다.

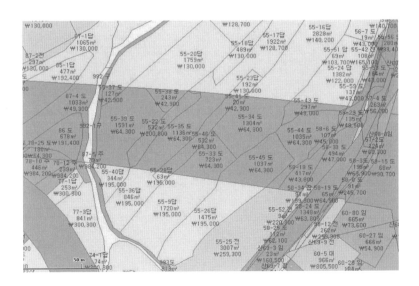

〈경기도 부동산 포털에서〉

그럼 또 다른 사례를 볼까요? 농업진흥지역인 곳과 농업진흥지역에서 해제된 곳인데 실제 논은 한 다랭이로 되어있습니다. 공시지가 차이가 어찌 나는지, 그리고 주변 실거래가는 어떠한지를 보겠습니다.

공시지가로는 농업진흥지역에서 해제된 곳이 약 두 배가 되고, 실거래가도 두 배 이상의 거래가가 나오지만, 현장에 가보면 약 3배가 차이가 나는 것을 알 수가 있습니다. 개발을 하지 않아도 규제 완화만으로도 두세 배의 땅값이 오르는 것을 눈으로 확인할 수 있는데, 이래도 이런 곳에 투자를 망설이겠습니까? 그럼 어디에 하려고요.

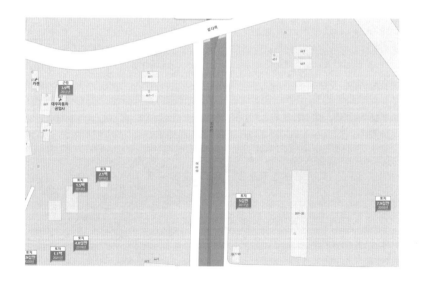

〈경기도 부동산 포털에서〉

〈밸류맵 실거래가〉

앞에 농업진흥지역 해제에서 보았듯이 규제가 변경, 해제 등 완화되면 가치 상승이 일어난다는 것입니다. 요즈음 나온 서울시의 용도지구 재정비 지역의 규제 완화 지역이나 국방부에서 나온 군사시설 보호구역 해제 완화 지역 등 규제가 해제, 변경, 완화되는 지역을 노려보라는 것입니다.

그럼, 토지거래 허가지역에서 해제되는 지역은 어떨까? 규제가 해제되는 지역이니 가치가 상승할까? 요건 우리 독자님들이 생각과 판단을 해보시기 바랍니다. 토지거래 허가지역은 어떨 때 지정하는지, 그럼 해제는 어떤 경우에 하는지를 생각해 보면 답이 보일 것입니다.

다음은 서울시 용도지구 규제 완화에 대한 글입니다.

서울시, '용도지구' 56년 만에 재정비… 실효성 상실 등 43% 폐지

서울시가 건축물을 지을 때 용도, 건폐율, 용적률, 높이 등에 대한 토지이용 규제인 '용도지구' 재정비를 추진한다. 지정 당시의 목표를 달성해 규제의 실효성이 사라졌거나 타 법령과 유사·중복되는 용도지구를 통·폐합해 불합리한 토지이용 규제를 없애고 시민 불편을 최소화한다는 목표다.

우선적으로, 그동안 중복규제를 받아온 '김포공항 주변 고도지구', 현시점에서 지정 취지가 약해진 '시계 경관지구' 등 4개 용도지구에 대해 폐지를 추진한다. 서울시 전체 용도지구 면적의 43%(86.8㎢)를 차지한다. 그동안 용도지구를 간헐적으로 신설·폐지한 경우는 있었지만, 용도지구에 대한 대대적인 재정비는 1962년 제도가 정착된 이후 56년 만이다. 현재 서울시 전체 용도지구는 507개소, 약 198.3㎢이다.

자세한 내용은 여기서
http://spp.seoul.go.kr/main/news/news_report.jsp?tr_code=short#view/275073

서울시 용도지구 전체 현황도

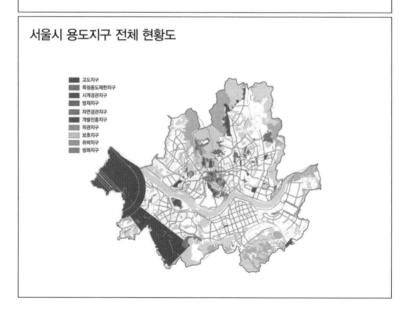

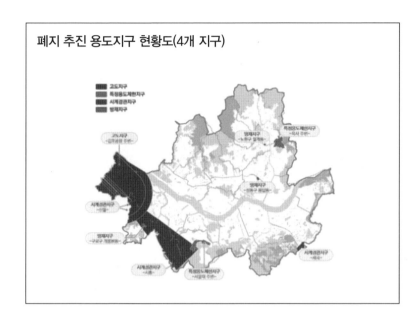

폐지 추진 용도지구 현황도(4개 지구)

역시 군사보호구역의 해제 소식이다.

군사시설 보호구역 해제 및 완화 추진

국방부는 11월 21일 국방부 차관이 위원장인 '군사기지 및 군사시설 보호 심의위원회'를 개최하여, 2007년 군사기지법이 통합 제정된 이후 최대 규모로 보호구역 3억 3,699만㎡ 해제를 의결하였습니다.

또한, 보호구역 해제와 별도로 1,317만㎡의 통제보호구역을 제한보호구역으로 완화하였으며, 국방과학연구소(ADD) 영내 시험장 운영 및 보호 등을 위해 연구소 영내에 한하여 128만㎡의 제한보호구역을 신규 지정하였습니다.

국방부는 군사시설 보호구역으로 인한 국민들의 불편을 줄이기 위하여 지난 11월 6일 군사기지법 시행령 및 시행규칙 개정안을 입법예고 하였습니다.

▫ 그 주요 내용은 다음과 같습니다.

o (시행령 제13조) 건축물 용도 변경 시, 건축법에서 분류한 29개의 용도군 중 일부 용도군(위험물저장 · 처리시설, 발전시설, 방송통신시설)을 제외한 나머지 용도군으로 변경하는 경우, 군 작전에 미치는 영향이 미미하므로 군 협의를 면제하도록 하였습니다.

o (시행규칙 제7조) 동일한 부지에 대해 반복적으로 협의 요청이 예상되는 경우, 그동안은 군의 협의 동의 여부에 대해 유효기간을 정하여 통보하였는데, 이는 유효기간 동안 재협의가 불가능한 것으로 인식될 수 있는 등 국민의 권익을 침해할 소지가 있다고 판단하여 유효기간 설정 내용을 삭제하였습니다.

o (시행규칙 제8조) 현재 폭발물 보호구역에서는 연면적 660㎡ 이하 소규모 공동이용시설과 농림수산업용 시설의 신축, 개축만 가능한 것을, 증축과 재축도 가능하도록 하고 공공사업 시 폭발물 보호구역 내의 기존 도로를 대체하는 신설도로 설치도 가능하도록 개정하였습니다.

보다 자세한 내용은 여기서
http://www.mnd.go.kr/user/newsInUserRecord.action?siteId=mnd&page=2&newsId=I_669&newsSeq=I_11394&command=view&id=mnd_020500000000&findStartDate=&findEndDate=&findType=title&findWord=&findOrganSeq=

부동산 투자 재테크는 이제 단순하게 차익을 실현하는 그런 투자는 쉽지 않습니다. 이러한 부동산 투자의 속성을 이해하고 정보를 내 것으로 만들어서 특화된 투자를 해야만 합니다. 따라서 여기서는 그 수많은 투자법 중에서 규제 완화나 해제 지역에서 찾아보는 투자법을 알아봤습니다.

4.
부동산 투자는 투자자가 돈을 벌고자 하는 것이다
작은 돈에 연연하지 마라

부동산 중개를 하면서 느끼는 것 중 하나가 많은 투자자들이 공인중개사들은 나로 인해 돈을 번다고 생각하는 것을 보았습니다. 이러한 생각을 하니 사기꾼이라거나 속인다고 생각을 합니다. 이런 생각은 아주 잘못된 생각입니다. 물론 일부 잘못된 정보나 잘못된 판단으로 손해를 끼칠 수도 있고, 또 과다한 수수료를 챙기는 사례도 있긴 하지만 그건 극히 일부가 하는 것일 뿐이고 대부분의 공인중개사는 정상적인 물건을 알선·중개하고 있습니다. 그리고 실제로 대부분의 투자자들은 공인중개사로 인해 돈을 벌었거나 벌고 있습니다. 그럼에도 내가 번 것은 생각하지 않고 다른 사람에게 주는 것을 배 아파하고 있습니다.

난 중개컨설팅을 하면서 미리 묻는 경우가 아니면 수수료를 이야기하지 않습니다. 물론 계약서 작성 시에는 당연히 설명은 드립니다. 그리고 계약 이후에라도 감사한 마음을 갖고 대하는 사람에게는 보유하면서 처분할 때까지 투자자가 나를 배신하거나 떠나지 않는 한 최대의 가치가 창출되도록 조언을 해줍니다.

그러나 수수료를 깎거나 하는 고객에게는 보유 관리하며 가치 창출하는 법을 알려주지 않고 매도하면 새로운 투자자에게 그 방법을 알려줍니다.

이건 비단 나만이 그러는 것이 아니라 거의 모든 중개업자가 한다고 보아야 합니다.

많은 고객이 수수료를 아끼려고 잔금을 지불할 때 온갖 술수를 다 쓰며 깎거나 안 주려고 하고 또 이를 투자의 비법으로 알고 무용담처럼 떠벌리는데, 천만의 말씀입니다. 공인중개사들은 산전수전 다 겪고 정글 속을 누비는 정글의 안내자들과 같습니다.

좋은 물건을 찾아내기도 하고 볼품없는 물건을 값어치 나가는 물건으로 만들어 내기도 하고, 맥도 모르고 뛰어드는 투자자를 떡 주무르듯 합니다.

지금은 중개 수수료를 계약할 때에 의무적으로 협의하도록 법을 개정하였습니다. 부동산 투자할 때 수수료를 아끼지 마세요. 사례를 한 만큼 나에게 돌아옵니다.

농사를 짓는 사람이 씨앗을 뿌리는 날, 이를 파종이라고 하지만 쉽게 풀어쓰려고 합니다. 주인이 개똥 아범은 빈둥대며 별로 한 일이 없다고 일당을 깎고 주거나 안 주려고 하였을 때 개똥 아범은 밭에 풀이 무성해도 알려주지도 않고, 혹여 다른 사람을 시켜

일을 시키려고 하면 그 사람에게 그 집은 품삯도 잘 안 주고 트집 잡는다고 일을 가지 말라고 할 것입니다. 만약 개똥 아범이 하게 되면 풀을 뽑는 것이 아니라 윗동, 즉 싹만 잘라놓고 뿌리는 제거하지 않아서 결국 작물이 제대로 자랄 수 없게 만드니 수확을 많이 할 수 없도록 할 것입니다.

그런데 일할 때 참도 잘 주고, 그날 일당은 물론 애들 과자값이나 아님 농산물이라도 손에 쥐어주었다면 아마 풀이 보이면 지나가다가도 뽑아주고 풀 뽑아주어야 할 때 거둘 때가 되었다고 연락하거나 알아서 다 해놓을 것입니다. 개똥 아범이 주인에게 내가 했다고 하면 주인은 일당을 흡족히 줄 것이고, 깨끗하게 제때제때 가꾸고 거두어들였으니 모르긴 몰라도 남들보다 더 풍성하게 거두어들였을 것입니다. 이렇게 작은 감동과 사례가 나에게는 편하게 큰 이득을 거둘 수 있는 것입니다.

부동산 거래 컨설팅 수수료는 많이 지불해야 10% 미만이고, 대부분 3% 미만입니다. 투자자는 몇십에서 몇백 %를 버는 것이 부동산 투자입니다.

정말 그럴까요? 부동산에 투자하면서 대부분은 구입하는 것을 투자라고 생각합니다. 그러나 그건 투자의 시작이고, 일부분일 뿐입니다. 구입 후에 수익형으로 활용하게 하거나 보유하면서 리모델링이나 전용, 개발 그리고 절세하도록 조건을 충족시키는 것, 매도할 때 수요자 구미에 맞추어 더 많이 받고 잘 팔 수 있도록 만드는 것 등등 그야말로 구매에서 처분까지 전 과정에서 가치를 상승시키고 수익을 극대화할 수 있는 이런 전 과정이 투자입니다.

부동산에 투자하여 최고의 유효이용과 수익으로 내 손에 쥐는 것이 극대화 시키는 것, 이것이 바로 부동산 투자입니다.

공인중개사는 구입만 해주는 것이 아니라 바로 투자자가 돈을 벌 수 있도록 투자 물건을 가치 있게 만들기도 하고 적기에 수익형 자산형 연금형으로 최고의 수익을 낼 수 있도록 하는 일을 하는데 수수료를 아낀다면 아낀 만큼 고객에게 돈이 가지 않도록 하니 결국은 나에게 돌아오는 몫도 적어지는 것입니다.

부동산 투자를 하면서 누가 얼마를 벌었는지는 중요하지 않습니다. 삼성전자가 매 분기 수조 원을 벌어들인들 나와 무슨 상관이 있나요? 콩고물이라도 떨어지는가 말입니다. 내가 돈을 버는데 어떻게 하면 돈을 더 벌 수 있는가? 지금 내가 지불하는 돈이 투자를 위한 돈인가? 소비 지출인가? 이게 더 중요하지 않습니까? 수수료는 투자를 하면서 들어가는 보험과 사례비이자 미래 가치 창출을 위한 미끼로 투척하는 투자금의 일부라고 생각하라는 것입니다. 그리고 더 많은 것을 얻어낼 궁리를 하세요.

부동산을 구입하고 나서는 내가 산 것도 오르겠지, 내가 잘 판단해서 샀기 때문에 오를 것이라고 생각하며 두 번 다시 공인중개 사무소에 나타나지 않는 분도 있습니다. 이건 투자가 아니라 투기를 한 것입니다.

가끔은 찾아보기도 하고 연락도 하면서 짜장면이라도 같이 먹다 보면 생각지도 않은 기발하게 가치를 올리는 방법을 알려주거나 돈이 될 좋은 정보나 물건을 알선 받을 수 있습니다.

YG엔터테인먼트 양현석 회장이 홍대 앞 공인중개사무소에 8년간 특별한 이유도 없이 들러 김치찌개를 먹으며 지내다가 빌딩을 구입하여 YG 사옥 등으로 투자한 일화는 매우 유명하지 않습니까.

얼마 전에 있었던 일을 소개하며 글을 마치고자 합니다.

논을 전으로 바꾸면 가치가 올라가니 그렇게 하자고 했고, 개발행위허가를 신청하여 답을 전으로 전용하는 허가를 받았습니다. 그런데 고객이 붉으락푸르락하며 와서는 화를 버럭 내는 것입니다. 개발행위허가 면허세가 2만 몇천 원이 나왔다는 것입니다.

도둑놈의 새끼들이라고 시에다 대고 말하는 것이지만, 실은 나보고 돈 들어가는 걸 하라고 했다고 퍼붓는 걸 내가 모를까요? 내가 이런 사람한테 가치 상승시키는 지목변경을 권하다니, 누굴 탓하랴 사람 잘못 보고 그런 권유를 한 나를 탓해야죠. 지금 지목변경을 함으로써 그 사람이 가진 땅의 가치는 최소 몇천에서 몇억대로 가치가 상승한다는 것을 모르고 면허세 몇만 원에 게거품을 무는 그런 사람이 무슨 투자를 한다고 하는지. 그리고 얼마 있다가 답을 전으로 바꾸면서 취득세가 130만 원 나왔다고 난리를 쳐서 결국은 개발행위허가를 취소하고, 취득세도 취하하고 반환받았습니다. 내가 돈이라도 받았다면 칼 들고 덤빌 사람이 아닌가 싶습니다. 얼마나 후회를 하고 후회를 했는지 모릅니다.

그럼 내가 앞으로 이 사람에게 돈이 될 물건을 소개해 줄까요? 차라리 개를 줄망정 안 해줄 것입니다. 나는 투자는 부동산이 아니라 사람이란 것을 다시 한 번 깨닫는 사건이었습니다.

이제 몇 년 후면 토지수용 보상이 이루어질 것이고 기존의 답으로 있는 농지와 전으로 지목변경을 한 농지의 보상 가격이 얼마나 차이가 날 것인지 궁금하기도 합니다. 아마 그때 가서 차이가 나면 그때는 또 왜 그때 허가를 취하해서 보상금을 적게 받게 했느냐고 덤벼들 것이 뻔합니다. 투자는 내가 사용하거나 돈을 벌려고 하는 것입니다. 돈을 벌기 위한 투자에 드는 비용은 결국 투자 수익의 파이를 키우는 지렛대이니 아끼지 말고 투자하십시오.

5.
땅 투자는 어렵다고요? 목적을 분명히 하면 쉽습니다

땅 투자는 어렵다고들 합니다. 부동산 투자를 많이 해본 투자자는 물론이고 일부 주택이나 상업 부동산 전문가들도 땅 투자는 어렵다고 합니다. 그런데 실제로 땅 투자는 어려운 것이 아닙니다. 목적을 분명히 하고 투자하면 아주 명료하고 쉽습니다.

땅에 투자하려니까 개발을 알아야 한다고, 용도지역의 허용행위를 알아야 한다고 땅을 주거 상업 등의 개발지로, 즉 건부지로만 보니까 그렇습니다.

땅은 개발을 해야 돈이 된다? 그럼 이 세상 땅은 다 건물의 부지여야 한다는 것입니까? 그런데 건부지는 전체 땅의 10%도 되지 않습니다. 그럼 건부지가 아닌 땅은 다 쓸모없는 땅인가요? 가치가 없는 땅인가요? 얍삽한 사람이 이럴 때 하는 말이 아직 땅의 가치를 몰라서 건부지로 개발하지 않고 그대로 방치하고 있는 것이라고 합니다. 과연 그럴까요?

서울의 아니 택지개발지구의 상업지역 땅은 개발을 해서 비싼가요? 땅들은 자기의 가치를 갖고 있으며, 이는 주변의 개발뿐만 아니라 국토 계획, 도로 기간망 등에 의해서 수시로 변하는 것입니다. 그 변화되는 상황이나 변화가 될 것을 알면 되는 것입니다.

엉뚱한 곳으로 빠졌는데 건물은 분명 현재의 가치를 보고 투자를 하는 것입니다. 땅 투자는 현재 가치를 보고 투자한다기보다는 미래의 가치를 보고 투자를 하는 것입니다. 그런데 땅 투자를 하면서 현재의 이용 상태를 보고 하기 때문에 어렵다고들 합니다.

그리고 땅 투자를 하면서 건물처럼 바로 활용하거나 수익을 내야 한다고 생각을 하기 때문에 투자가치가 없다고 보는 것입니다.

땅 투자는 목적을 분명히 하고 투자하면 쉽다고 했습니다. 바로 맞는 말입니다. 주거용을 사려면 주거가 가능한 아파트 다세대 단독을 주거지역 등에서 찾고 투자하지 여기저기 공업지역 산업단지에서 찾지는 않습니다. 상가나 사무실을 구할 때는 번화한 상업지역이나 사업체가 몰린 곳에서 상가나 오피스를 찾지, 공업지역이나 농촌에서 찾지 않습니다.

건물은 이렇게 지어진 걸 보고 또는 지을 것을 보면서 또는 그런 것들이 될 지역에서 찾으면서, 땅은 농촌에서 농지 산지를 찾아서 개발을 해서 대박을 노립니다. 그것이 성공할 수 있을까요?

그래서 난 상가 등으로 개발할 것이라면 차라리 택지개발지구나 노후된 시가지에서 땅을 구하여 개발을 하라고 합니다. '수요가 있는 곳에서 개발을 해야 성공하지 허허벌판이나 산속에서 나 홀로 잘 지어놓으면 무엇에 쓰려고?' 이러면 또 이렇게 말하겠지요. 그렇게 한 것이 대박 난 게 어디 어디 있다고 말입니다.

이러한 일도 있었습니다. 경지정리 된 농업진흥지역의 농지에 농가주택을 짓고 근린생활시설이나 펜션으로 하면 대박이 나지 않겠느냐는 것입니다. 글쎄, 그럴 수도 있습니다. 경우에 따라서는, 그러나 그런 외딴곳에 누가 사러 올 것이며, 놀러 와서 묵으려고 하겠습니까? 즉 활용가치와 이용가치가 높아야 하는 것이지 그럴만한 가치가 없는 곳에 개발을 한다면 그냥 돈 낭비만 하는 것이 되는 것입니다.

그래서 오늘은 내가 부자 되는 비법, 대박 내는 비법을 하나 공개하려고 합니다. 단돈 천 원으로 말입니다. 엊그제도 로또로 수십억을 번 사람들이 있습니다. 1,000원으로 로또를 사서 당첨되는 것이 진짜 대박 투자입니다.

로또를 맞아서 벼락부자가 되지 않았다면 나에게는 그런 대박을 이룰 복이 없다고 생각하고 정석 투자하라고 권하는 것입니다.

자, 다시 본론으로 돌아와서 농지 투자는 기본적으로 생산과 보존입니다.

농사를 지을 사람이라면 자연재해가 없고 관리가 편하고 값이 싼 들판에 투자하면 되는 것입니다. 농업인만 되고자 한다면 농업인의 조건을 충족할 수 있으면서 자경하는 데 문제가 없는 싼 땅을 구하면 됩니다.

농지연금을 위한 투자라면 공시지가는 높은데 싸다든지 앞으로 내가 농지연금 신청할 때쯤에 땅값이 많이 오를 곳에 투자하면 됩니다.

은퇴 무렵 등 일정 기간 후에 돈이 되는 땅을 사고 싶다면 개발 압력이 있는 곳이라든지 규제 완화가 예상되는 곳이 좋을 것입니다.

많은 사람이 하는 개발을 원한다면 지금 주변 수요가 많아 개발하여 차익을 낼 것인지 아니면 보유하다가 개발하여 직접사용 또는 수익용으로 할 것인지에 따라서 당장에 수요가 많은 곳 또는 향후 수요가 많을 곳에다 하여야 할 것입니다. 이렇게 목적에 따라서 살펴보면 하나도 어렵지 않습니다.

그저 두루뭉술하게 몇 년 후 돈 되는 땅을 찾으니 어려운 것입니다.

그것도 몇 년에 몇 배가 오르는 땅을 찾으니 그런 땅이 '나 여기 있소.' 하고 기다리고 있지는 않습니다.

우리 삶에서도 목표와 계획이 있지 않습니까? '그냥 될 대로 되라, 돈 되는 것이면 다 좋다.' 하는 사람과 목표를 정하고 사업이나 직장을 선택하는 사람은 분명 다를 것입니다. 땅 투자 목적을 분명히 하면 땅에 투자하는 것도 그렇게 어렵지 않습니다. 대부분은 기존에 부동산 투자를 하던 분들입니다.

조금만 배우고 익히고 준비하면서 투자 물건을 찾다 보면 부자로 잘살게 해줄 좋은 땅들이 보이기 시작할 것입니다.

이 세상에 공짜는 없습니다. 노력하지 아니하고 큰 대가를 바라지 마세요.

또한, 대박은 없습니다.

6.
땅에 투자하려고 하는데요, 어디에 사야 하나요?

"땅 투자하려고 하는데 어디에 해야 하나요?" 예전이나 지금이나 어제나 오늘이나 한결같은 질문입니다. 사실 이런 질문은 우문입니다. 내심으로는 이미 지역도, 땅도 어느 정도 정하고 있는 경우가 대부분입니다. 소위 급매 등 좀 싼 땅이 있느냐는 것이거나 사 놓으면 돈이 될 땅이 있느냐 하는 것일 뿐입니다.

그런데 부동산컨설팅 하는 사람들에게는 가장 만만한 손님이 걸려든 것입니다. 그리고 현답을 알려줍니다. 누가 돈 버는 땅을 나에게 소개하겠습니까? 바로 그들이 돈을 벌 수 있는 땅을 소개합니다. 자기가 가지고 있는 땅을 팔거나 매물 중에서 수수료 등 돈이 될 만한 물건 말입니다.

또 하나 3기 신도시 건설한다고 어디를 개발한다고 하면 그곳에 투자자가 우르르 몰려듭니다. 어디에 사야 할까? 개발되는 지역 안에다가, 아니면 개발지역 주변에다가, 어디에 부동산을 사야 할까? 정답은 없습니다.

그럼 땅 투자 어디에 해야 할까요? 자기가 살고 있는 곳, 자기가 잘 아는 곳 그중에 사람이나 공장이 몰려드는 곳 또는 앞으로 몰려들 것이 예상되는 곳. 우리는 그걸 멋있게 미래 가치가 있는 곳이라 말을 합니다.

아파트 등 건물에 대한 투자는 이미 건물들이 들어차고 사람들이 몰려들고 교통 기반이 조성되고 하였으므로 지금 그곳이 교통이 좋은지 학군이 좋은지 유통 등 상업 문화시설이 좋은지 주변에 공원 등 쾌적성 등을 따져서 투자를 합니다.

그러나 토지는? 그야말로 맨땅에 헤딩하기입니다. 이 지역에 앞으로 사람이 몰려들지, 공장 등 일거리가 풍족하게 늘어날 것인지를 그동안의 경험과 도시계획이나 도로계획 등을 가지고 상상하며 판단을 해야만 가능한 일입니다.

그렇기 때문에 토지에 투자를 하려면 어느 한순간에 홀까닥하는 마음으로 투자해서는 안 되고, 오랫동안 도시계획 교통계획 등에 대한 공부와 다른 개발지역의 개발 과정이나 그 결과를 보고 그 속에서 돈 되는 것이나 방법 등을 직간접으로 익혀야 하는 등 오랫동안 꾸준하게 관심을 갖고 지식함양과 정보 분석 등 투자 지식을 쌓아야 합니다. 그리고 한편으로는 투자의 흐름을 보고 알 수 있을 만큼 되어야 투자할 때와 처분할 때를 판단하고 결단할 수 있으며, 나아가 보유하면서 절세하는 방법을 실천하여야 하는 등 종합적이고 체계적인 준비와 관리 처분을 할 줄 알아야 합니다.

"어디에 땅을 사야 하나요?" 어디에 사야 하는지는 다른 사람에게 물을 것이 아니라 본인이 지금 무엇을 하려고 땅을 사는지 그 목적에 따라서 사야 할 땅이나 사야 할 곳은 달라집니다.

그런데 마냥 돈 되는 땅은 어디 있는가 하고 찾으면 그런 땅이 여기 있소 하고 그런 것을 갖고 있다가 나에게 주지는 않습니다. 또한, 그런 땅은 없습니다.

우선 억지 한번 부려 보겠습니다.

명동의 제일 비싼 그 땅을 좋은 땅이라고 소개하면 과연 몇 사람이나 살 수 있을까요? 또 살 능력이 된다 해도 농사를 지을 사람에게 적합할까요? 누가 보아도 좋은 땅임에는 두말할 여지가 없습니다. 그러나 구입할 수 있어야 하는 것이고, 사용 수익 등 활용할 수 있어야 할 것입니다.

반대로 지리산 저 산속의 땅은 싸니까 저렴하게 구입할 수 있으니 좋은 물건입니다. 그러나 장사나 사무실을 할 사람이라면, 공장이나 물류 창고를 할 사람이라면 이 물건이 좋지 않다는 것을 우리는 다 알 것입니다. 이렇게 땅은 그 목적이나 투자 규모에 따라서 좋고 나쁨이 가려지는 것입니다.

부동산 투자를 제대로 하려면 주거용 등 부동산 투자야 당연히 해야 하는 것이고, 수익형인 상가나 공장 등을 하거나 자산형인 토지 투자를 하거나 하는 순서로 정해야 합니다. 그리고 한 가지 할 때마다 적어도 5년~10년 이상을 배우고, 그리고 나서 투자하기를 권합니다.

우리가 사회생활과 돈벌이하기 위해서도 10년~20년 이상을 배우고 시작을 합니다. 그런데 그보다 더한 부동산 투자를 하는데 10년도 투자하지 않고, 부동산 한두 번 사고팔아 본 경험이나 한두 번의 강의를 듣고서 부동산 투자를 한다는 것은 대학 강의 한 학기 듣고 전문의가 된 것처럼 암 환자 수술하겠다는 격입니다.

부동산 시장은 그렇게 호락호락하지 않습니다. 산전수전 다 겪은 고수와 맹수들이 호시탐탐 다른 사람의 돈을 노리는 정글 속이나 다름없습니다. 밀림의 왕이라는 사자도 작은 전갈에게 물려 죽거나 늪에 빠져 죽는 곳. 부동산 시장이 바로 그런 곳입니다. 곳곳이 지뢰밭인 어마 무시한 곳, 그곳에서 고대 유물이나 노다지 금광을 발견하듯이 돈이 될 부동산을 찾아서 투자하고 가꾸어야 하는 것입니다.

적어도 위험한 곳과 안전한 곳 그리고 노다지가 있을 만한 곳을 가릴 줄 알고, 또 찾을 줄도 아는 경험이 많은 다른 투자자나 전문가가 말하면 알아듣고 판단할 능력 정도는 있어야 합니다.

"땅 투자하려는데 어디다 해야 하나요?" '자기가 살고 있는 지역, 잘 아는 지역 주변에서 개발이 될 곳이나 개발 압력이 높아서 가치가 오를 곳에다 자기의 능력 범위 안에서 투자하고, 수요자의 욕구를 자극할 좋은 물건으로 만들어라.' 이것이 부동산투자자들에게 해 줄 수 있는 공통의 정답입니다.

부동산 투자에서는 타이밍도 중요합니다. 마치 농사를 제때에 심고 가꾸고 거두어야 하듯이 말입니다.

7.
개발제한구역 땅 투자해도 되나?

    대도시에서 조금만 나가면 드넓게 펼쳐진 산야가 있습니다. 농사를 짓기에 더없이 좋을 것 같고 시가지로 개발하면 주택난도 해결할 것 같은 그 누가 보아도 탐나는 땅들이 널브러져 있습니다. 우아하게 말하면 그린벨트 사실대로 말하면 개발제한구역이라고 합니다.

    개발제한구역이 무엇인가? 바로 개발을 제한하고 있는 구역입니다. 개발 압력은 크지만 도시의 확장을 방지하고 미래에 유용하게 사용하기 위하여 개발을 억제하고 있는 곳입니다.

    땅 전문가라는 분들이나 부동산 투자자 중 많은 분이 개발제한구역은 쳐다보지 말라며 절대 투자를 해서는 안 된다는 사람도 있고, 개발제한구역에서 해제된 집단 취락 지역에나 투자를 해야 한다고도 하고 있으니 개발제한구역은 투자하기가 어려운데 가끔은 역세권 등으로 개발되니 지금 빨리 투자를 해야 한다고 권유하기도 합니다.

실제로 신도시나 택지 개발이나 역세권으로 개발되어 천지개벽한 것을 보면 투자를 해야 하는 것인지 하지 말아야 하는지 정말 헷갈리는 곳이 바로 개발제한구역의 부동산이기도 합니다.

개발제한구역은 앞에서 본 것처럼 개발을 억제하는 지역으로 소유자 등이 개별적으로 사용하거나 개발하는 데는 매우 엄격하게 제한을 하고 있는 것이 사실입니다. 따라서 개발하여 사용하려고 한다면 대부분은 불가하다고 보면 맞습니다.

신도시 등 공공사업 시행으로 개발하는 경우에는 수용 보상 사업으로 추진하므로 소유자들에게 그 이익이 주어지지 않는 것도 사실입니다.

그러나 개발제한구역도 대한민국의 땅이고, 사람들이 사는 곳입니다. 따라서 개발이 가능한 것도 있고, 땅값이 계속 오르고 있는 것도 사실입니다. 즉 그만큼 개발 압력이 크니 오히려 투자하기 좋은 곳이라는 것입니다. 다만 무조건 해서는 안 되고 관련법이나 규정 등을 잘 알고서 해야 합니다.

개발제한구역에서는 거주하는 주민에게 주어지는 혜택들이 아주 많습니다. 다만 교통 문화 등 불편함은 감수해야 하지만 대부분 도시 변두리 지역이니 자연과 친한 전원주택과 같은 쾌적함을 느낄 수 있습니다.

거주자나 소유자들에게는 농업용 시설이나 편의시설 등 일부 개발을 허용해 주기도 합니다. 또한, 장기 거주자들에게는 규제를 완화하면서 주유소나 문화시설처럼 개발행위를 허용해 주기도 합니다.

그리고 개발제한구역 지정이 불합리하거나 한 경우 완화나 해제를 해주는 경우가 있습니다.

관통 대지라 하여 한 필지의 토지가 주거 상업 공업지역과 개발제한구역에 걸쳐있는 경우에는 이를 해제하여 줍니다. 이 경우 주거 상업 공업지역이 되어 개발행위가 가능함은 물론이고, 땅값이 상당 폭으로 상승하여 대박을 내기도 합니다.

또는 개발제한구역 내에 소규모 단절 토지라 하여 3만 제곱미터 미만의 개발제한구역이 주거 상업 공업 지역과 접한 경우에는 개발제한구역에서 해제하여 주도록 되어있고, 주거지역으로 해제가 되면 몇 배의 땅값 상승이 일어나기도 합니다.

또는 개발제한구역 내의 건물이 도시계획시설 등 공공사업으로 수용되면 개발제한구역 내 땅으로 이축이 가능하도록 해주는데 이 또한 인기가 매우 높은 물건으로 투자가치가 높습니다. 이 이축권을 시장에서는 용마루, 묻지 마 딱지 등으로 불리기도 하며 아주 비싼 가격에 거래가 됩니다.

이런 것, 저런 것 말고도 신도시나 택지 개발이나 도시계획시설 등으로 개발이 이루어지면서 가격이 지속적으로 상승하므로 투자자들은 눈여겨보며 관심을 가져야 합니다.

이 외에도 여러 가지 이유로 지금도 개발제한구역 내 땅 투자는 이루어지고 있습니다.

그렇다고 개발제한구역 내 땅 함부로 해서는 안 됩니다. 우선 임야는 개발하는 것이 엄격히 제한되고 있습니다. 심지어 택지 개발을 할 때도 임야는 대부분 제외되고 존치됩니다. 그렇다고 다른 용도로 사용도 엄격히 제한됩니다. 하다못해 소위 묻지마 딱지라고 하는 공익사업 등의 이축권도 임야에서는 안 되고, 농지로 전용하는 것도 허용되지 않을 정도입니다.

30만 제곱미터까지 시장군수 해제 권한이니 역세권 등으로 개발이 될 것이라는 유혹에 넘어가면 안 됩니다. 특히 임야는 그러합니다. 영원히 도시민의 공원 등 휴식처로 기부하려거든 하셔도 됩니다.

개발제한구역의 농지에 투자하세요. 꾸준하게 오르고 있고 공시지가도 높은 편입니다. 농지를 사 놓고 농사를 지으면서 농업인이 되고 조합원이 되고 하며 일정 수익을 올리다가 농지연금으로 노후를 편안히 영위하는 방법도 있습니다.

가격 상승이 꾸준하니 나중에 정산 후 잔존가치가 높습니다. 아무 때나 투자하는 것이 아니라 부동산 경기 부침을 보아가며 침체기에 저가에 구입을 하고 보유하며 가치를 높여가며 보유하면 반드시 좋은 일이 있을 것입니다.

개발제한구역 땅!

도시가 있는 한, 사람이 사는 한, 투자해도 됩니다. 아니 오히려 조금만 알고 하면 가장 좋은 투자처입니다.

8.

땅은 그냥 땅으로 보고 투자하라

개발제한구역 내 땅을 개발하는 눈으로 보니…

부동산 투자 재테크를 하면 모두가 성공한다? 땅은 크게 값이 올라서 돈을 많이 벌 수가 있다? 정말 모든 부동산이 그렇다면 왜 투자를 못 할까? 개발제한구역 땅에 잘못 투자하면 눈두덩이가 밤탱이가 된다고들 말들을 합니다. 수많은 부동산 전문가들도 개발제한구역 땅은 투자하지 말라고 합니다.

부동산 투자를 잘못 알고 있기 때문입니다. 마치 살아갈 집을 사면서 주거용 부동산이 아닌 상가나 근린생활시설이나 공장, 창고를 사서 살겠다는 것과 같습니다.

부동산 투자를 할 때에는 목적에 맞는 부동산에 투자를 하는 것이 제일의 원칙입니다.

개발제한구역은 어떤 곳인가? 개발을 억제하고 보존하는 지역이라고 했습니다. 그런데 땅 투자하는 거의 모든 사람들은 개발을 보고 합니다. 이런 사람들이 개발 안 되는 곳에 땅을 샀으니 당연히 잘못 투자한 것이라고 말들을 합니다.

  개발을 하려거든 택지개발지구의 분양 대지나 도시의 기존의 도심지에 땅을 사거나 계획 관리지역 중에서도 성장 관리지역에 있는 땅 등 개발이 가능한 땅을 사야 합니다. 엉뚱한 곳에다 땅을 사 놓고는 잘못되었다고 앙탈을 부리지 말고,

  땅값의 오름 폭을 한번 살펴봅시다.

  아래 강의자료 표는 부천시의 도심과 외곽지역의 땅값의 변화를 본 것입니다. 또 하나는 외곽지역의 역세권에 있는 개발 가능한 땅들을 살펴본 것입니다.

부천시 용도지역별 땅값 상승률(공시지가)

용도지역별	위치	1990년	2000년	2015년	상승률 (15/90)	상승률 (15/00)
주거지역	중동포도마을	470,000	700,000	2,550,000	542	364
	심곡동 단독	650,000	1,260,000	2,292,000	352	182
	원종동 단독	680,000	990,000	1,890,000	278	191
상업지역	현대백화점	3,000,000	1,970,000	5,936,000	198	301
	부천북부역	4,150,000	5,800,000	8,936,000	215	154
	원종동	1,175,000	1,620,000	3,570,000	304	220
공업지역	송내동준공업	580,000	749,000	1,672,000	288	223
	춘의동일반	1,300,000	1,470,000	2,610,000	200	177
	삼정동일반	507,000	640,000	1,480,000	292	231
녹지지역	오정구청앞	60,000	222,000	785,300	1,309	354
그린벨트	춘의동	20,000	37,800	356,100	1,780	942
	오정동도로변	20,000	31,800	303,500	1,157	953
	대장동	29,000	33,000	148,700	513	450
개발지역	대장동지구단위(논)	32,000	35,000	404,300	1,264	1,155
	역곡동지구단위(대)	71,000	264,000	881,400	1,241	334
	작동이주단지	311,000(98)	420,000	1,690,000	543	402

주요 역세권 땅값 상승률(공시지가)

역명		1990년	2000년	2015년	상승률 (2015/1990)	상승률 (2015/2000)
아당역(미개발지)		14,000	79,000	604,000	4,314	764
운정역(미개발지)		45,000	308,000	2,434,000	5,409	790
양정역	답	23,000	24,900	330,800	1,438	1,328
	대	28,600	191,000	763,600	2,670	400
지제역	답	18,000	24,000	738,300	4,101	3,076
	대	79,000	150,000	1,288,000	1,630	859
부발역	답	10,000	72,300	367,500	3,675	508
	대	120,000	130,000	950,000	792	730
합덕역	답	5,800	5,810	15,900	274	273
	전	8,400	15,500	80,600	959	520
	대	11,000	69,800	214,200	1,947	306

어디가 많이 올랐는가? 도심 지역인 주거·상업·공업 지역이 많이 올랐나요 아니면 자연녹지지역이 올랐나요? 개발제한구역 땅이 많이 올랐나요? 단순하게 비교했지만 여러분 주변 땅값의 변화를 한번 직접 살펴보세요. 그래야 땅값, 부동산 가격이 가치가 어떻게 변해 가는지를 알게 되고, 몸소 느끼게 되는 것입니다. 남이 만들어 놓은 자료 볼 때는 '아하, 그렇구나.' 하지만 내가 직접 해 보면 그대로 내 몸에 와서 붙어버리고 잊히지 않는 것입니다.

땅은 개별적으로 건축을 하든가 해서 개발을 해야지만 오르는 것이 아닙니다. 주변의 개발 등으로 개발 압력이 커지면 또한 눈독을 들이고 관심 갖는 사람들이 많으면 자연스레 오르는 것이 땅입니다. 제발 땅을 볼 때 개발하겠다는 눈으로만 보지 마세요. 개발의 압력 주변의 발전을 보고 투자하면 됩니다.

땅값이 가장 많이 변화하는 것은 개발이 아니라 그 신분이 바뀌는 것입니다. 따라서 개별적인 개발은 필요에 의한 것이 아니라면 후순위에 해당합니다.

가장 좋은 것은 신분이 상승하는 것으로서 자연녹지지역이 주거, 상업, 공업 등으로 농림지역이 관리지역 그것도 계획관리 지역으로 용도지역이 바뀌는 것이고, 그다음이 용도지구나 용도구역이 바뀌거나 농업진흥지역이 농업진흥지역에서 해제되거나 보전산지가 준보전산지로 해제되는 등 땅의 신분이 바뀌는 것이 가장 좋은 것입니다.

그런데 우리는 개별적인 개발에만 목을 매고 있고, 이것이 마치 무슨 도깨비 방망이인 줄로 알고 있습니다. 용도지역이 바뀌거나 규제가 완화 해제되면 작게는 몇십 %에서 많게는 몇 배가 뛰지만, 개별적인 개발로는 몇 배의 수익을 올리는 것도 만만하지 않습니다. 그러므로 농촌 지역의 농지나 산지를 사서 개발하려고 한다면 차라리 택지지구의 분양 물건이나 기존 도심의 땅을 사서 개발하는 것이 훨씬 났다는 것입니다.

땅은 원래 종족이 삶을 영위하는 터전이며, 살아가는 동안 사용 수익도 해야 하지만 후손들을 위해 보존하고 지킬 자산이기도 합니다. 땅은 개발이 만능이 아닙니다.

부동산 투자는 개발의 눈으로만 보지 말고 우리의 소중한 자산으로 보고 잘 가꾸고 지키며 보존하며 가치 있게 만들어 가야 할 자산입니다.

자, 덧붙여서 토지거래 허가지역으로 지정되면 투자를 해야 할까 말아야 할까? 대부분의 사람들은 토지거래 허가지역으로 지정되면 어렵다고 투자를 포기하고 투자할 생각을 하지 않습니다. 그래야 될까요?

토지거래 허가지역의 지정 목적이나 이유를 알면 답이 있습니다. 토지거래 허가지역은 지가가 급등하거나 투기가 우려되는 지역에 지정하는 제도입니다. 그럼 답은 나와있지 않는가? 돈이 될 곳이니 투자를 해야 하는 것입니다.

부동산 투자는 내가 돈을 벌려고 하는 것입니다. 내가 돈 들여 개발을 하며 돈을 벌 것이냐, 정부나 다른 사람들이 신분을 바꿔주어 가치가 상승하게 할 것이냐, 선택은 바로 당신의 몫입니다.

9.
가진 자는 당할 수 없다. 가진 자들의 땅 투자법

세상을 지배하는 자는 가진 자들입니다. 가지지 못한 자는 동서고금을 막론하고 가진 자의 지배를 받거나 기를 펴지 못하며 삽니다.

그러하기에 우리는 힘을 가지기 위하여 많이 배우거나 고시로 등극하거나 선거로 당선되거나 사업을 하거나 부자로 잘살려고 발버둥을 쳐대는 것입니다. 물론 가진 자 집안에서 태어나면 발버둥을 안 쳐도 되는 경우도 있습니다.

각설하고 오늘은 가진 자들의 땅 투자법에 대하여 알아보고자 합니다. 뒤에서 말할 자투리땅 투자나 지분 투자는 부자들이 하는 투자법이라고 한 연장선으로 보면 됩니다.

부자들은 다른 사람들이 지치고 힘들어서 포기할 때 이런 것들을 헐값에 거두어들입니다. 그러면서 하는 말이 힘들어하는 그들 물건을 나라도 받아주니 선행을 하는 것이라고 하면서 말입니다. 이런 말 요즘에도 어디선가 자주 듣지 않나요? 바로 경매 강의나 경매하는 분들이 자주 쓰는 말이지요.

　제가 10여 년 넘도록 공을 들이며, 부동산투자 노하우를 알고 싶어 했던 투자자가 얼마 전에서야 투자 노하우를 찔끔 흘려주었는데, 경기가 어려워지고 부동산이 침체되었을 때 구매하고 잘 가꾸고 만들어서 달라고 하는 사람이 나타나면 넘겨주라는 것입니다.

　이게 투자 노하우? 투자 비법? 부동산 투자 재테크의 기본 중 기본 아닌가? 그런데 그걸 지금 투자 비법이라니?

　이분은 급매나 경·공매 등으로 시세의 50% 이하가 되는 물건들을 주로 산다고 합니다. 그리고 기다리며 잘 만들고 갖고 있다가 팔라고 조르면 마지못해서 넘겨준다고 합니다. 물론 시세의 50% 이하의 물건이 어떤 것인지는 다들 잘 알 것입니다. 그걸 시간을 갖고 해결하고 물건을 만들어 놓는다는 것입니다. 절대로 조급해서도 안 되고 불안해서도 안 된다고 합니다.

　우리네가 흔히 하는 대출을 써서는 안 된다고 하는데, 우선 이런 물건은 대출도 나오지 않습니다. 금융권 대출의 10배 이상의 수익이 되는데 왜 투자를 안 하느냐는 것입니다.

　다만, 어떠한 경우에도 자산을 지킬 수 있는 탄탄한 생활 자금이 들어올 수 있도록 순환구조를 만들어 두어야 한다고 강조합니다.

　'아니 그럼, 부자인데 뭘 걱정이야?' 하는 생각이 들고, 지금 적은 돈으로 돈을 벌려고 하는 우리네 실정과는 너무나 먼 이야기 아닌가 싶을 수도 있습니다. 그러나 한편 다시 짚어보면 이게 바로 투자의 기본이고 정석이 아닌가 싶습니다.

투자 수익에서도 엄청난 차이가 있음을 귀띔해 주는 것이 단기에 하면 잘해야 몇 배밖에는 못 받으면서 내가 직접 해결해야 하므로 어렵고 힘이 들지만, 오래 묵혀두고 있으면 몇십 배는 기본이고 몇백 배 이상 받는 것도 수두룩하더라고 하는 것입니다.

그리고 중요한 것은 내가 뛰어다닐 일도, 속상하거나 힘들 일도 전혀 없다는 것입니다. 아쉬운 자는 내가 아닌 상대방이요, 나는 느긋하게 여유를 부릴 수 있는 가진 자 행세를 해야 한답니다.

자투리땅이나 지분 투자로 부자가 되려면 여유 자금으로 길게 보고 투자하는 것이 정석인 듯합니다. 몇 건 잘하다가 어느 하나에 물리는 순간 옴짝달싹 못 하게 될 수도 있으니 팍팍한 종잣돈으로 자투리땅이나 지분 투자는 전문가가 아니라면 조금은 기다렸다가 여유 있을 때 하면 되는 방법입니다.

저는 부동산투자로 얻은 이익 일부를 묻어두기 투자, 즉 툭 던져두는 투자라는 말로 장기 투자를 합니다. 바로 이런 투자로 적합한 것들이 자투리땅이나 지분 투자라는 것입니다.

가진 자가 세상을 지배하고 가진 자를 당할 수 없는 것이 현실입니다.

그것이 돈이든 권력이든.

내가 비록 가진 자로 살아갈 수는 없더라도 내 자식이라도 가진

자로 살게 할 수는 있지 않을까 싶습니다. 그러기 위해서 투자를 하는 것은 아닐까요?

그 유명한 빌 게이츠는 "가난하게 태어난 것은 죄가 아니지만, 죽을 때도 가난한 것은 너의 잘못이다."라고 하였으며, 케네디 집 안에서는 "1대는 돈, 2대는 교육, 그다음 대는 명예."라고 하여 살 아가면서 노력을 한다면 잘살 수가 있고, 또한 성공이란 아주 긴 세월을 두고 가진 자가 되도록 만들어 가는 것이라고 봅니다.

하루아침에 모든 것을 거머쥐려는 욕심을 가졌다면 국회의원이 나 정치인에 도전을 하는 것이 훨씬 빠를 것이니 부동산 투자시장 의 물을 흐리지 말고 그쪽으로 진출하기 바랍니다.

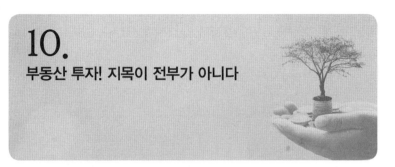

10.
부동산 투자! 지목이 전부가 아니다

　부동산에 투자를 한다고 하면서 보여줄 땅이 있다고 하면 대뜸 묻는 말이 "그것이 대지인가요? 아님 잡종지인가요?" 하고 묻습니다. 대지면 어떻고, 농지면 어때서인지 모르겠습니다.

　우리가 쓰고 있는 법으로 정해진 지목은 총 28종류가 있습니다. 지목은 그 땅을 어떻게 쓰라고 정해놓은 것이 아니라 현재 무슨 용도로 쓰고 있느냐로 붙여놓은 명패인 것입니다. 이 땅은 어떤 용도로 쓸 수 있다고 정해놓은 것은 지목이 아니라 용도지역, 용도지구, 용도구역, 기타 건축법 등 개별법에서 정한 허용행위 등으로 제한을 받는 것이지 지목의 영향은 미미합니다.

　농림지역 대지에서 무엇을 할 수가 있는지는 아시고 하는 건지요. 주거지역 대지에선 할 수 없는 것이 무엇인지는 아시는지요? 땅은 지목에 좌우되는 것이 아니라 어느 지역에 있느냐에 따라서 가치가 달라진다는 걸 알아야만 제대로 된 부동산(땅) 투자를 할 수가 있습니다.

남자냐 여자냐, 성과 이름은 무엇이냐가 중요한 것이 아니라 어느 집안에서 태어나고 자라고, 어느 직장에 다니느냐에 따라서 수입과 대우가 달라지는 것과 같습니다.

지목이 대지인 땅에다 야적을 하면 잡종지가 되고 공장을 지으면 공장용지가 되며 농사를 지으면 농지가 되고, 반대로 농지에다가 집을 지으면 대지가 되고 공장을 지으면 공장용지가 되고 창고를 지으면 창고용지로 지목이 바뀌는 것입니다.

물론 일부 토지이동조서 신청을 하지 않거나 하면 지목이 바뀌지 않기도 하지만, 불법이 아닌 합법으로 토지를 사용하고 있다면 사용하는 그 용도에 맞는 지목으로 변경되는 것이 맞습니다.

'현실에서 대지에는 건물이 있고 그러니 집을 짓거나 하는 것이 쉬운 것이고, 농지는 농사를 짓는 땅이니 집을 짓거나 하는 것이 어려운 것이 아닌가?' 이렇게 생각하기 쉬우나 동일한 용도지역, 용도지구, 용도구역에서는 절차에서 또는 농지전용부담금 등 다소 비용이 부가되거나 절차가 복잡할 뿐 거의 동일하게 활용할 수가 있습니다. 다만 지목이 변하지 않는 경우도 있습니다.

도시를 개발하거나 하면서 지구단위계획이나 관리계획에서 도시계획시설로 정한 주차장 용지, 주유소 용지, 종교 용지 등은 도시계획 시설을 변경하여야만 다른 용도로 사용을 할 수가 있으므로 주의해야 합니다.

실제로 이런 규정을 잘 모르고 대로변 상업지역에 나온 주유소를 복합 업무 시설로 개발을 하겠다고 경매를 받았다가 상당히 곤욕을 치르고 큰 손해를 본 사례가 있으며, 반대로 이런 주차장 용지를 싸게 분양받아서 일부 상가 분양하고 주차장으로 사용하거나 교회나 대형 매장으로 큰 수익을 낸 사례도 있습니다. 또 도시계획 변경으로 주차장 용지를 해제하여 아파트형 공장을 지어서 대박을 낸 사례도 있습니다.

이와 같이 법규를 제대로 알고 틈새를 노려서 성공하기도 하지만, 법규를 잘 모르고 투자하면 큰 손해를 볼 수 있다는 실증 사례들이 많이 있습니다.

토지 투자에서도 마찬가지입니다. 누구는 계획관리 지역의 대지나 공장 용지를 비싸게 주고 사는가 하면 어떤 사람은 동일 지역의 농지를 저렴하게 사서 개발하여 지목이 대지나 공장 용지로 바뀌도록 하는 경우도 있습니다. 더한 고수는 농림지역의 농지에 투자하였는데 농업진흥지역에서 해제 또는 변경되어 용도지역이 계획관리 지역으로 바뀔 수 있는 농지를 사서 대지나 공장 용지로 바꾸는 도깨비 같은 투자로 큰돈을 법니다.

당신이라면 남들이 다 먹고 버리는 대지에 투자하겠습니까? 아직 손도 안 탄 농지를 대지로 바꾸는 투자를 하시겠습니까? 대지가 좋다는 일반인들의 고정관념이 상존하는 한 이래서 부동산 투자로 돈을 벌 수 있는 시장은 열려있습니다.

부동산 투자! 지목이 전부가 아닙니다. 지목은 사용하는 용도에 따라서 바뀝니다. 부동산 투자! 잔머리 잔기술로 하는 게 아닙니다. 투자의 기본 정석을 알고 노하우를 활용한 실용과학의 결정판입니다.

11.
농지 투자에서 농지전용 개발이 최고의 투자법일까?

농지는 생산과 보존을 해야 할 대상입니다. 다만 필요에 의하여 끊임없이 개발이라는 미명 아래 파헤쳐지고 있습니다. 대부분의 농지 투자라고 하면 개발 가치를 보고 투자하고 있습니다.

개발을 해서 이익을 취하려면 활용도가 많고 수요자가 많은 그런 곳에 해야 할 것입니다. 그런 곳은 택지개발지구 등에서 분양되는 토지들이나 오래된 도심의 재생을 위한 개발이 제격일 것입니다.그런데 왜 농촌에까지 파고들어 농지와 산지를 파헤치는가? 투자자가 돈이 되어서라기보다는 잘 모르는 투자자를 끌어들여 돈을 벌려는 사이비 전문가들과 떼돈을 벌고자 하는 욕망에 사로잡힌 투기꾼들의 꿍꿍이가 맞아 떨어진 결과물이라고 봅니다.

자! 정말로 돈이 되는지 한번 봅시다. 우선 지역이나 용도에 따라서 상황은 다르다는 것을 인정하고 그래서 일반적으로 개발투자를 많이 하는 수도권의 계획관리 지역으로 알아보겠습니다.개발 가능한 농지나 임야로 500평을 구입하여 공장을 지으려고 할 때 그 주변에 공장을 지을 수 있는 땅은 150만 원 정도에 거래가 될 것이고, 대지 등 공장 지을 자리는 대부분 200여만 원을 넘고 건물이 있는 그런 땅들은 300만 원 정도를 하는 것이 일반적입니다.

공장 건물을 통상 2층으로 하면 건물면적이 400평이고 평당 건축비를 150만 원만 잡아도 6억 원이나 하고, 토목공사비 등이 30~50만 원 이상 들어가니 토지에 풀어보면 평당 200여만 원 가까이 되어 토지 가격과 개발 비용이 비슷하게 될 것입니다.

이 지역에서 새로 지어진 공장은 평당 400만 원이 쉽지 않으니 수익률이 그리 높은 편은 아니라고 할 수 있습니다. 그래서 대지나 공장용지보다는 다소 싼 농지를 100만 원 미만으로 구입하여 공장을 지으면 그만큼 차익이 커지니까 농지를 전용하여 공장을 지으려 하는 것입니다.

농지를 가진 매도자라면 농지로 그냥 매도하는 것보다는 매도자가 공장 인허가를 조건으로 매도한다면 농지가격 100만 원보다는 비싸고, 공장 용지 150만 원보다는 다소 적게 받을 수가 있을 것입니다. 그럼 허가만 내주고 20~30만 원을 더 받게 되니 30% 이상의 수익률이 됩니다. 거기에다가 공장으로 지어서 팔면 양도소득세도 만만치 않은데 4년 이상 재촌 자경 대토로 하거나 8년 이상 재촌 자경을 하였다면 1억 원까지 양도세를 감면받으니 결국 50% 이상의 수익률을 올리게 되는 것입니다.

바로 이와 같이 재촌 자경 조건을 충족하였다면, 개발하느라 추가로 돈 들이지 않고, 또 속도 안 터지고 높은 수익을 올릴 수 있는 방법이 허가만 내주고 파는 것입니다.

그럼 매수자는 어떤 이익이 있을까? 원래 농지는 농업인이나 농업인이 되려는 자나 농업 법인만이 취득을 할 수 있는데 농지전용 허가를 받은 농지는 공장을 하려는 사람이나 법인도 살 수가 있습니다. 그러면 농지를 사서 전용하는 것은 어렵지만 농지를 전용한 것을 산다면 누구나 가능하다는 것입니다.

여기서 어떻게 해야 돈을 버는지 아셨죠? 또 하나 매수자는 허가 비용이나 개발 비용을 오롯이 경비로 공제받을 수 있으니 나중에 처분 시에 양도세나 상속세도 절감할 수 있습니다.

부동산 투자는 돈 벌자고 하는 것입니다. 내가 아닌 나라에서 용도 지역, 지구, 구역을 변경·해제하여 주면 가장 좋은 것이고, 그것이 아니면 간단하게 지목변경, 공시지가 조정, 분할 합병 등을 하면 다음으로 좋은 것입니다. 이것도 저것도 안 되면 할 수 없이 내가 내 돈 들여서 개발하는 것이 마지막 수단인 농지전용인데, 이때도 매수자를 이용한 농지전용 매도는 상수요 내 돈 전부 들여 하면 하수라는 이런 이야기입니다.

농지전용 개발이 반드시 농지 투자의 전부가 아니라는 것을 쉽게 전하려고 한 것이니 너무 토 달지 마세요.

여기서는 농지 투자에서 전용개발이 능사가 아니라는 것을 말하고자 한 것입니다. 투자 방법은 정책이나 시대나 지역이나 투자자에 따라서 각양각색이고 아주 다양하므로 일률적으로 이렇다저렇다 말할 수는 없으리라 봅니다. 다만, 내가 투자를 해서 돈을 버느냐 못 버느냐로 투자 여부를 판단하라는 것입니다.

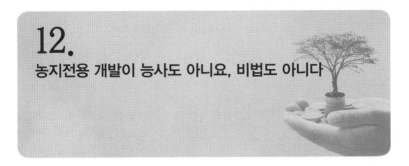

12.
농지전용 개발이 능사도 아니요, 비법도 아니다

농지 투자하면 농지전용, 땅 투자하면 개발. 마치 농지전용 개발이 만능 도깨비방망이인 줄 알고 있습니다. 그래서 토지 과정 강의에서도, 땅 투자를 하려는 대부분의 투자자들도 농지전용 개발이 가능한 땅을 찾고 있는 것이 현실입니다. 아마도 일부 전문가들의 강의나 기존에 투자한 경험에서 땅은 개발을 해야만 수익을 창출할 수 있다고 알고 있기 때문일 수도 있습니다.

그러나 땅은 개발만이 능사가 아닙니다. 또한, 한번 개발된 땅의 복원은 쉽지도 않습니다. 따라서 원재료 상태의 땅으로 잘 보전하는 것도 투자자로서 지켜야 할 의무이기도 합니다. 물론 정부에서는 개발제한구역이니 뭐니 하며 개발을 제한하기도 하지만 이건 어디까지나 일부 극약 처방에 지나지 않기 때문입니다.

그래서 농지전용 개발이 능사가 아니라 보존하며 지켜가다가 필요한 이들에게 주어도 결코 수익률이 낮지 않다는 것을 사례로 보여주고자 합니다.

여기서는 수도권의 어느 지역의 전원주택 등으로 개발하는 사례를 살펴보고자 합니다. 농경지의 거래 가격은 30만 원이고 그런데 전원주택 부지는 60만 원 선에서 분양이 됩니다. 이건 지극히 양심적인 사람들이 하는 것이지만, 대체적으로 어느 지역에서든지 농지와 전원주택 부지나 대지와의 차이는 약 두 배가 납니다.

농경지를 가지고 전원주택 부지로 조성하기 위해서는 부지를 연결하는 진입도로나 단지 내 도로 그리고 하수도 시설을 해야 합니다. 또한, 부지의 획지를 구분하기 위한 측량비용도 들어가고 경우에 따라서는 석축이나 옹벽 등 부대시설 비용이 들어가게 됩니다. 이렇게 하고 여기에 이윤을 붙여서 30만 원짜리 농경지를 60만 원에 파는 것입니다.

여기에다가 20~30평의 전원주택을 지으면 단가는 또 올라가게 됩니다. 상수도가 없으니 관정을 파야 하고 하수처리와 정화조 시설 그리고 전기 전화 인입공사 등 건축비를 포함하여 1억 원 이상의 공사비가 추가로 들어가게 됩니다. 이렇게 지어서 개발업자는 전원주택 부지 200여 평과 함께 3억에서 5억 원대에 매도를 합니다. 물론 실수요자 입장에서는 바로 집을 지을 수 있거나 보기에 멋들어진 집이 있는 전원주택을 쉽게 마련할 수 있으니 좋을 수도 있습니다.

자! 개발업자가 아닌 일반 투자자라고 했을 때 수익률은 어찌 될까? 가장 궁금하고 중요한 사항인데도 대부분은 '30만 원짜리가 60만 원이래', '30만 원에 사서 또는 60만 원에 사서 3억 원 받을 수 있대.' 하고 중간에 돈이 투입되는 것은 간과하고 그 결과물만 생각을 하며 아주 큰 이익이 나오는 것으로 알고 덥석 덤벼들게 되는 것입니다.

이때 추가 비용을 감당할 투자자라면 그래도 어찌어찌 그 결과물을 얻을 수 있으나 만약 대출 등을 끌어 투자하는 형편이 넉넉지 못한 투자자라면 추가 비용을 부담할 수 없어서 중도 포기하거나 내던져야 하는 상황에 이를 수가 있습니다.

대부분은 이를 간과하고 최종 판매 대금을 마치 수익으로 생각하여 앞뒤 생각 없이 뛰어들게 되는 우를 범하고 있다는 것입니다.

자! 그럼 다시 한 번 수익률에 대해서 좀 더 자세히 정리해 보겠습니다. 30만 원 하는 농경지를 구매했습니다. 이를 전원주택 부지로 만들자면 진입로 확보와 부지 내 도로를 내야 하고 각 부지를 집을 지을 수 있도록 잘 조성을 하는 토목공사가 이루어져야 합니다. 또한, 도로와 부지를 확정하는 측량을 해야 합니다. 기타 전기 전화 하수도 등은 여기 단계에서는 아직 안 하는 것으로 보았습니다. 여기까지만 하려고 해도 10만 원 정도의 추가 비용이 발생하였을 겁니다. 물론 추가적인 비용이 들지 않을 수도 있고 경우에 따라서는 더 많은 비용이 들 수도 있습니다.

그럼 30만 원짜리가 40만 원이 원가이니 60만 원에 매도할 수 있다면 50%의 수익을 낼 수 있는 아주 좋은 물건이 될 것입니다.

그런데 대부분의 전원주택 부지는 아까 제쳐놓았던 전기, 전화, 하수도 등과 부지 내 도로포장 등을 해야만 제값을 받을 수 있으니 이렇게 하자면 또다시 10여만 원이 소요가 됩니다. 그러면 30만 원에 사서 원가가 50만 원이 되니 수익률은 20%로 줄어들게 되는 것입니다. 결국은 토지의 구매 및 매도 비용과 중개사, 측량업체, 개발. 시공업체 등 중간에서 작업을 하는 개발업자들이 나의 피 같은 돈을 가지고 돈을 벌게 되는 것입니다.

여기서 다시 전원주택을 지어서 팔면 더 쉽게 이익을 낼 수 있다고 하는 경우도 있습니다. 가급적 전원주택까지 지어서 매도할 생각은 하지 마시라고 말하고 싶습니다.

전원주택을 마련하려는 이들은 자기의 생각이 있고, 또 하나 도시에서 급박하게 이사를 하는 경우와는 다릅니다. 시간이 충분하고 개성이 뚜렷하다는 것입니다. 전원주택을 짓는 순간에 원가는 잊어야만 합니다. 그 비용을 더 받는 것이 아니라 대부분은 손해를 감수해야만 한다는 것입니다. 물론 분양을 잘하는 사람도 있지만, 대부분의 일반 투자자는 말입니다.

앞에서 잠깐 언급했듯이 농지를 사서 진입도로만 잘 만들어 놓아도 45~50만 원은 받을 수 있습니다. 그럼 30만 원에 사서 45~50만 원에 팔 수 있다면 50~70%의 수익률이 나오지 않는가? 물론 진입도로 비용이 좀 들 수도 있고 안 들 수도 있지만, 그래도 전원주택 부지로 조성을 하는 것보다는 훨씬 더 큰 수익을 볼 수가 있습니다.

그리고 이런 농경지는 보유하면서 정원수나 유실수를 잘 심어놓으면 오히려 나중에 훨씬 더 높은 가격으로 매도할 수가 있습니다. 또한, 이렇게 10년을 보유하다가 팔면 양도세 또한 없으니 더욱 큰 수익을 볼 수 있을 것입니다. 물론 구입하는 사람도 정원수나 유실수에 매료될 수도 있습니다.

전원주택을 지었을 경우에는 3억 원 가깝게 매도하여야 합니다. 그럼 농지 구입비 또는 전원주택지 구입비와 건축비를 따지면 날림으로써 적어도 2억 원, 잘 지으면 3억 원 가까이 들어갑니다. 그러니 3억 원 가까이에 매도하면 그리 수익률이 높지 않다는 것입니다. 거기다가 시간 낭비에 그 고생은 말할 수가 없고 앞에서 언급했듯이 매수자도 매우 제한적으로 쉽게 매도가 되지도 않습니다.

자! 전체적으로 살펴보니 농경지를 구매해서 10년 이상 보유하면서 정원수와 유실수를 잘 가꾸면서 농사를 지으며 전원주택 수요자가 군침 삼키면서 덤벼들게 하는 것이 가장 수익률이 좋고, 다음으로 진입도로 정도만 있는 경우가 수익률이 좋습니다. 그리고는 전원주택 부지로 만들어놓는 것이 좋고, 맨 마지막이 전원주택까지 지어놓은 것이 되는 것입니다.

물론 모두가 이렇게 되는 것은 아니지만 일반 투자자로서의 수익을 볼 때는 대부분 이렇게 수익률을 가지게 된다는 것입니다. 양도세 부분까지 포함하면 그 수익률은 더욱 달라질 수밖에 없습니다.

부동산 투자 재테크! 누가 돈을 먹느냐의 싸움입니다. 누구에게 보여주기 위한 것이 결코 아닙니다. 최종적으로 얼마를 넣고 얼마를 버느냐가 투자의 판단 기준이 되어야 합니다.

땅 투자는 돈 몇 푼 벌겠다고 마구 까뒤집어 놓는 것이 아니라 꼭 필요한 사람들이 쓰도록 하는 것이 땅 투자의 기본입니다.

13.
공청회 주민 설명회 등 주민 의견 청취 참여도 투자다

(법령, 규칙 등 개정 법률안 의견청취 공고에서 적극적인 의견 제출하는 방법에 대하여)

부동산 관련 법이나 세법 등은 매년 개정되고 있고, 이러한 법령들이 개정 입법되는 과정에서 입법예고라는 것을 하고 있으며, 이때 우리네는 의견을 제출할 수가 있습니다. 그에 대하여 한번 알아보고 의견 제출도 투자라는 것을 말씀드리고자 합니다.

지난번 부동산 개정한 내용을 중심으로 설명해 드리고자 합니다. 「주택임대차법」 개정 법률안에 대한 의견 접수 현황을 한번 보세요.

의안번호	의안명	제안자구분	제안일	회부일	의견접수	소관위원회
2101989	주택임대차보호법 일부개정법률안(이원욱의원 등 21인)	의원	2020-07-15	2020-07-16	2,398	법제사법위원회
2101933	주택임대차보호법 일부개정법률안(위성곤의원 등 10인)	의원	2020-07-14	2020-07-15	28	법제사법위원회
2101932	주택임대차보호법 일부개정법률안(윤호중의원 등 11인)	의원	2020-07-14	2020-07-15	4,689	법제사법위원회
2101837	주택임대차보호법 일부개정법률안(정성호의원 등 10인)	의원	2020-07-13	2020-07-14	1,360	법제사법위원회
2101820	주택임대차보호법 일부개정법률안(김상희의원 등 12인)	의원	2020-07-13	2020-07-14	1,399	법제사법위원회
2101808	주택임대차보호법 일부개정법률안(이성만의원 등 17인)	의원	2020-07-10	2020-07-13	1,240	법제사법위원회
2101722	주택임대차보호법 일부개정법률안(이해식의원 등 10인)	의원	2020-07-09	2020-07-10	1,817	법제사법위원회
2101371	주택임대차보호법 일부개정법률안(심상정의원 등 10인)	의원	2020-07-03	2020-07-06	1,825	법제사법위원회
2101342	주택임대차보호법 일부개정법률안(소병훈의원 등 12인)	의원	2020-07-02	2020-07-03	234	법제사법위원회
2100753	주택임대차보호법 일부개정법률안(안규백의원 등 10인)	의원	2020-06-19	2020-06-22	5	법제사법위원회

의견접수 현황도 보셨나요? 이것이 우리의 웃픈 현실입니다.

현재 정부에서는 대의민주주의를 표방하고 각종 법률, 시행령, 규칙 등의 입법, 개정, 변경, 폐지 등에 있어 이를 공고하고, 국민과 이해당사자의 의견을 들어서 만들고 있습니다.

이뿐만이 아니라 각종 사업이나 계획을 수립할 때에도 주민의 의견을 들어서 반영하고 있으니 이해당사자는 물론 일반인도 적극적인 의견을 제출하시기 바랍니다.

내가 강의에서는 도시 개발이나 도시계획 시설 등에서 입안 단계의 주민 사업 설명회 등에서 의견을 제출하여 반영된 사례를 들어 말씀을 드리곤 합니다만 많은 사람이 '너니까 한 것이지 우리가 되겠어?' 하는 식입니다. 그러나 전혀 그렇지 않습니다.

어떠한 계획이나 사업 설명회 등에서의 의견 청취하는 것들은 그 방법도, 설명회, 공청회 등 명칭도 다양하게 주민 의견을 듣고 있습니다. 그리고 이런 의견 청취는 계획이나 입안 단계에서 하는 경우에는 주민 의견이 적극적으로 반영된다고 보시면 됩니다.

그러나 다 만들어 놓고 하는 설명회, 공청회 등에서는 특별한 경우가 아니면 반영되기가 어렵다는 것입니다.

또한, 의견을 내는 것도 여러 가지 방법이 있을 수 있습니다. 여론전으로 갈 수도 있고, 소위 말하는 시위나 항의 집회로도 할 수 있습니다. 그러나 가장 쉽고 정확한 것은 주민 의견 청취 기간에 의견을 제출하는 것입니다. 이것도 그때 엉뚱한 것이 아니라 그때 그때 의견을 듣고자 하는 것에 대하여 해야 합니다.

예로, 신도시를 만들 때는 발표하면서 주민의 의견을 일정 기간 듣습니다. 이때에는 그 구역에 포함이냐 제척이냐 여부를 묻는 것입니다. 들어가 있으면 빼 달라, 안 들어갔으면 넣어 달라 이런 것 또는 경계가 다소 불리하게 책정된 것 아니냐 하는 것 등입니다.

환경영향전략평가 설명회에서는 그 지역의 개발 등으로 인한 주변이나 그 지역의 환경영향에 대한 의견을 넣는 것이고, 그러니 어떠한 대책을 해 달라는 의견을 내는 것입니다.

실시 계획이나 사업 설명회에서는 개발안에 대하여 배치 등이나 시설의 적정성 또는 개선안에 대한 의견을 내는 것이고 보상 평가 시기에는 보상과 그 이후 수용 보상자에 대한 대책 등을 요구하는 것입니다.

그런데 발표할 때 또는 환경영향평가에서 엉뚱하게도 보상을 잘 해 달라고 하는 것이 우리의 현실입니다. 이건 지금 거기까지는 생각도 안 하고 있는 것이므로 무의미한 헛소리를 하는 것입니다. 물론 보상 등을 잘 받기 위해서 뒤에서는 일부 그런 큰 소리를 내야 하지만, 지금 정말 무얼 해야 하는지 앞에서는 조용히 의견을 제때에 내야 한다는 것입니다.

내가 강의에서 그리고 카페에서 이러한 의견을 내라고 그렇게 말해도 안 돼서 다시 한 번 입법예고의 의견 내는 것을 설명해 드리고자 하는 것입니다.

아래는 입법예고에서 누구나 할 수 있도록 아주 쉽게 의견을 제출한 사례를 예시로 올렸으니 참고하시기 바랍니다.

임대차 3법 등 민감한 이슈는 오해나 여러 가지 문제가 될 수도 있어서 비교적 사회적인 이슈가 되지 않을 입법예고로 준비했습니다. 잘 보시고 앞으로는 의견을 적극적으로 개진해 주시기 바랍니다.

입법예고나 의견 청취 기간에 의견을 내는 것도 부동산 투자에서 아주아주 중요한 투자의 일환입니다. 이것도 모르고 부동산 투자를 한다면 그건 눈, 코, 입, 귀 등 오감 중에서 눈을 가리고 서울 찾아가는 격입니다.

이제 눈을 뜨고, 주민 의견 청취도 투자라고 생각하고 적극적인 의견을 개진해 주시기 바랍니다.

중요한 것은 정부 입법예고는 국민참여입법센터에서 국회의 입법예고는 의안정보센터에서 각각 확인을 하고 의견을 접수해야 한다는 것입니다.

국회의안정보시스템 홈페이지
https://likms.assembly.go.kr/bill/MooringBill.do

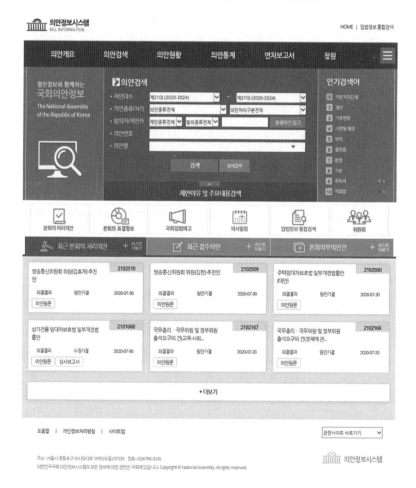

국민과 함께하는 입법처 국민참여입법센터 홈페이지
https://opinion.lawmaking.go.kr/gcom/gcomMain

입법예고를 보면 이렇게 목차가 뜹니다. 여기서 자기와 관련된 것이나 관심 있는 법령들을 찾아봅니다.

오늘은 관심 있는 주택공급에 관한 규칙 개정령 안을 선택했습니다.
그중에서 관심 가는 것이나 관련 있는 법령을 클릭하면 아래와 같이 그 입법예고에 관한 내용이 나오고 관련 법령의 비교표도 나옵니다.
주택 공급에 관한 규칙 일부 개정령 안 중에서도

다. 협의양도인에 대한 특별공급 대상자격 개선 등 (안 제37조)

○ 공공주택 건설사업 지구 내 협의양도인도 주택 특별공급을 받을
수 있는 근거를 마련하고, 특별공급 희망자에게는 선택권 부여에
관하여 관심이 갔고, 일부 완화 의견을 생각했습니다.

* 국토교통부공고 제2020-1012호(2020. 7. 29.) | 부령(일부개정) | 접수기간 : 2020. 7. 29. ~ 2020. 9. 7. [진행]

* 국토교통부 (주택기금과) 전화번호 : 044-201-3351 | 팩스번호 : 044-201-5530 | ceo133@korea.kr | 조회수 : 882회

⊙국토교통부공고제2020-1012호

「주택공급에 관한 규칙」을 개정하는 데에 있어, 그 개정이유와 주요내용을 국민에게 미리 알려 이에 대한 의견을 듣기 위하여 행정절차법 제41조에 따라 다음과 같이 공고합니다.

2020년 7월 29일
국토교통부장관

주택공급에 관한 규칙 일부개정령(안) 입법예고

1. 개정이유

○ 무주택 실수요의 내집 마련 기회를 확대하기 위한 생애최초 특별공급을 확대하고, 생애최초 신혼부부의 경우 신혼부부 특별공급을 받기 위한 소득요건을 일부 완화하는 등 청약제도를 개선하고

○ 공공주택사업의 원활한 추진을 위하여 협의양도 택지소유자에 대한 특별공급 자격을 개선하고, 해외 단신부임 근로자에 대한 예외규정 신설하는 등 제도운영 과정에 나타난 일부 개정사항을 반영하고자 함

2. 주요내용

가. 생애최초 특별공급 확대 등 (안 제43조)

　　○ 국민주택은 20→25%로 확대하고, 85㎡ 이하 민영주택은 공공택지에서 공급되는 물량의 15%, 민간택지는 7%를 생애최초 물량으로 배정 등

나. 생애최초 신혼부부의 소득기준 완화 (안 제41조)

　　○ 생애최초로 주택을 구입하는 신혼부부를 대상으로, 분양가가 6억원에서 9억인 경우에만, 소득기준 10%p 완화

다. 협의양도인에 대한 특별공급 대상자격 개선 등 (안 제37조)

　　○ 공공주택건설사업 지구 내 협의양도인도 주택 특별공급을 받을 수 있는 근거를 마련하고, 특별공급 희망자에게는 선택권 부여

라. 출생자녀 신혼부부 특별공급 제1순위 요건 개선 (안 제41조)

　　○「민법」제855조제2항에 따라 혼인 중의 출생자로 인정되는 혼인 외의 출생자가 있는 경우도 혼인기간 중 출생한 자녀가 있는 경우로 인정

마. 해외근무자에 대한 우선공급 기준 완화 (안 제4조제7항)

　　○ 해외 사업장 등에 단신 부임하고 있는 경우에는, 해외 거주목적이 아닌 것으로 보아 예외적으로 국내에 거주한 것으로 인정

3. 의견제출

이 개정안에 대해 의견이 있는 기관·단체 또는 개인은 2020년 9월 7일까지 국민참여입법센터(http://opinion.lawmaking.go. kr)를 통하여 온라인으로 의견을 제출하시거나, 다음 사항을 기재한 의견서를 국토교통부장관에게 제출하여 주시기 바랍니다.

가. 예고 사항에 대한 찬성 또는 반대 의견(반대 시 이유 명시)

나. 성명(기관·단체의 경우 기관·단체명과 대표자명), 주소 및 전화번호 .

다. 그 밖의 참고 사항 등

※ 제출의견 보내실 곳

   - 일반우편 : 세종특별자치시 도움6로 11 정부세종청사 6동 국토교통부 주택기금과

   - 전자우편 : ceo133@korea.kr

   - 팩스 : 044-201-5530

4. 그 밖의 사항

개정안에 대한 자세한 사항은 국민참여입법센터(http://opinion.lawmaking.go.kr), 국토교통부 홈페이지(http://www.molit.g o.kr)/정보마당/법령정보/입법예고란을 참조하시거나 국토교통부 주택기금과(전화 044-201-3351)로 문의하여 주시기 바랍니다.

➡ 법령안	☑(법령안)주택공급에 관한 규칙 일부개정령(안).pdf 🖺(법령안)주택공급에 관한 규칙 일부개정령(안).hwp
➡ 규제영향분석서	규제대상 없음
➡ 참고·설명자료 (조문별 제·개정 이유서 등)	🖺조문별 제·개정 이유서.hwp

`의견 제출` `목록`

하단부에 우측 편에 의견 제출이란 것이 있지요. 이걸 클릭하면 아래와 같은 화면이 뜹니다. 여기에다가 의견을 간단하게도 아니면 첨부 파일로 자세하게도 자기의 의견을 적어서 내면 되는 것입니다.

오늘은 처음 하는 분들이 형식 등에 얽매이지 않고 할 수 있다는 생각을 갖도록 아주아주 간단하게 의견을 적기로 했습니다.

의견을 낼 때 공개와 비공개 클릭하시면 됩니다. 가급적 나는 공개로 하여 많은 분의 동참을 유도합니다.

해당하는 곳에서 의견을 적고 아래 우측 보안문자를 적어 넣고 클릭하면 완성~.

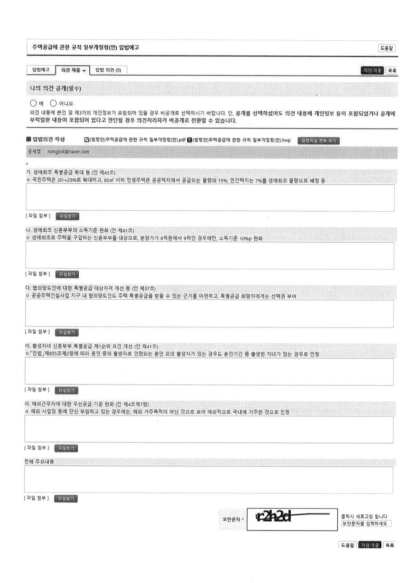

주택공급에 관한 규칙 일부개정령(안) 입법예고 　　　　　　　　　　　　　　　도움말

입법예고　　의견 제출 ✔　　입법 의견 (5)　　　　　　　　　　　　　　저장 저장　목록

나의 의견 공개(필수)

○ 예　　○ 아니오

의견 내용에 본인 및 제3자의 개인정보가 포함되어 있을 경우 비공개로 선택하시기 바랍니다. 단, 공개를 선택하셨어도 의견 내용에 개인정보 등이 포함되었거나 공개에 부적절한 내용이 포함되어 있다고 판단될 경우 의견처리자가 비공개로 전환할 수 있습니다.

■ 입법의견 작성　　🔗(법령안)주택공급에 관한 규칙 일부개정령(안).pdf 🔗(법령안)주택공급에 관한 규칙 일부개정령(안).hwp　관련파일 전부 보기

은세영　nongilok@naver.com

가. 생애최초 특별공급 확대 등 (안 제43조)
o 국민주택은 20→25%로 확대하고, 85㎡ 이하 민영주택은 공공택지에서 공급되는 물량의 15%, 민간택지는 7%를 생애최초 물량으로 배정 등

[파일 첨부]　파일찾기

나. 생애최초 신혼부부의 소득기준 완화 (안 제41조)
o 생애최초로 주택을 구입하는 신혼부부를 대상으로, 분양가가 6억원에서 9억원인 경우에만, 소득기준 10%p 완화

[파일 첨부]　파일찾기

다. 협의양도인에 대한 특별공급 대상자격 개선 등 (안 제37조)
o 공공주택건설사업 지구 내 협의양도인도 주택 특별공급을 받을 수 있는 근거를 마련하고, 특별공급 희망자에게는 선택권 부여

[파일 첨부]　파일찾기

라. 출생자녀 신혼부부 특별공급 제1순위 요건 개선 (안 제41조)
o「민법」제855조제2항에 따라 혼인 중의 출생자로 인정되는 혼인 외의 출생자가 있는 경우도 혼인기간 중 출생한 자녀가 있는 경우로 인정

[파일 첨부]　파일찾기

마. 해외근무자에 대한 우선공급 기준 완화 (안 제4조제7항)
o 해외 사업장 등에 단신 부임하고 있는 경우에는, 해외 거주목적이 아닌 것으로 보아 예외적으로 국내에 거주한 것으로 인정

[파일 첨부]　파일찾기

전체 주요내용

[파일 첨부]　파일찾기

보안문자 *　　ir2h2d　　클릭시 새로고침 됩니다.
　　　　　　　　　　　　　　　보안문자를 입력하세요.

도움말　저장 제출　목록

아래에 보이시나요? 의견이 접수된 내역들이 보입니다. 보세요. 몇 사람밖에는 안 했지요. 인터넷에서는 난리를 치지만 정작 소리 치고 의견 내야 할 곳에서는 너무너무 조용하다는 것이 우리의 현실입니다.

앞으로는 많은 의견을 내서 법 제도가 제대로 민의를 반영하게 하자고요.

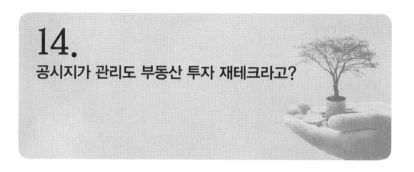

14.
공시지가 관리도 부동산 투자 재테크라고?

매년 4월 중순에서 5월 초는 개별공시지가 열람 및 의견 청취 기간이고, 매년 5월 31일에는 개별 공시지가를 공시하고 이로부터 30일간은 이의신청 기간입니다.

'공시지가의 관리도 부동산 투자 재테크라니? 공시지가는 낮으면 낮을수록 좋은 것 아닌가?'라고 생각하실 수 있는데, 공시지가를 낮게 관리하는 것도 관리이고 공시지가를 올리는 것도 관리이고 투자입니다.

이런 공시지가를 행정기관에서 하는 대로 두는 건 마치 내 재산을 남들이 아무렇게나 써도 쳐다만 보고 있는 것과 같습니다. 높게든지, 낮게든지 투자 차원에서 공시지가를 관리 할 필요가 있다는 것입니다.

공시지가뿐이 아니라 내 부동산의 가치가 있게 관리에 소홀하여서는 안 됩니다. 그런데 대부분의 투자자는 공시지가나 가격을 관리하지 아니하고 있습니다.

이번에는 공시지가의 관리에 대하여 알아보기로 하겠습니다. 단순하게 보유하고 어떠한 것도 하지 않을 것이라면 공시지가를 가급적 낮게 관리하는 것이 유리할 것입니다. 또는 증여나 상속을 하게 될 경우에도 대부분은 공시지가를 낮게 관리합니다.

그러나 반대로 높게 관리해야 할 때도 있다는 것도 명심해야 합니다. 보유하는 기간이 오래되었거나 하여 구매가가 낮을 경우에는 배우자 등에게 감정평가나 공시지가를 높게 관리해서 증여를 한 후에 매도하면 상당한 절세를 할 수가 있기 때문입니다.

요즈음은 사람들이 가격을 매길 때 공시지가를 가지고도 판단을 하므로 지가 관리 면에서도 공시지가를 관리할 필요가 있습니다. 이럴 경우에는 가급적 공시지가를 높게 관리하여야 하겠지요. 이와 같이 공시지가는 단순한 정부의 지가 관리용만이 아닙니다.

물론 공시지가는 각종 세금의 과표 기준이 되기도 합니다. 그래서 취득하거나 보유하거나 팔 때 세금에 영향을 미칩니다. 그러므로 자산의 성격에 따라서 높게도, 낮게도 관리를 해야 합니다. 그것은 행정기관에서 하는 것이지 소유주가 어떻게 하느냐고 한다면 부동산 투자에 대한 관심이 너무 낮다고 할 수밖에는 없을 것입니다.

부동산 투자의 기본은 투자하여 얼마나 많은 수익을 올리느냐

일터인데, 그 기본이 되는 지가관리를 잘 모르거나 소홀히 하고 있다면 이를 어쩔까요?

그럼 공시지가를 관리하는 방법을 알아보기로 하겠습니다. 이걸 그냥 써내려 가면 또 공짜로 보았다고 값어치 없이 보겠지만, 부동산 투자에서는 소홀히 할 부분이 절대로 아니라는 것만 알아주었으면 합니다.

정부에서 관리하고 있는 공시가격으로는 부동산 공시가격 알리미 홈페이지가 있습니다. 여기에서는 개별 단독주택 공시가격, 표준 단독주택 공시가격, 공동주택 공시가격, 개별 공시지가, 표준지 공시지가 등을 관리하고 공표하고 있습니다. 이런 공시가격을 기준으로 취득, 보유, 양도에 따른 과표를 잡고 있으니 컴퓨터에 즐겨찾기에 놓고 자주 들어가서 보고 확인해 보기 바랍니다.

https://www.realtyprice.kr:447/notice/loginCheck.login

자! 그럼 개별 공시지가에 대한 관리를 어떻게 해야 하는지를 설명해 보렵니다. 다른 공시가격들도 이와 유사하게 관리를 하기 바랍니다.

우선은 자산의 목적이 뚜렷해야만 합니다. 그냥 언제 팔지 기약도 없이 그저 이용하며 보유만 하려고 하는 경우라면 대부분은 공시지가가 높지 않은 것이 유리할 것입니다.

그런 경우에는 가급적 공시지가를 낮게 유지해 가는 것이 좋을 것입니다. 반대로 개발이 예정되어 있거나 곧 매도하려고 한다거나 주택연금이나 농지연금 등을 타려고 한다면 공시지가가 높은 것이 훨씬 유리할 것입니다. 이러한 경우에는 몇 년간에 걸쳐서라도 가급적 공시지가를 높게 올릴 필요가 있습니다.

자! 그럼 공시지가를 올릴 기회가 몇 번 주어지는지를 살펴보겠습니다. 언제 하는 것이 가장 좋은가를 보면 공시지가를 이의신청할 수 있는 기회는 1년에 총 3번 주어집니다.

제일 먼저 나오는 것이 12월 말에서 1월 초에 표준지 의견 청취 기간입니다. 그리고 나서 2월에 나오는 표준지 공시지가 열람에 따른 이의신청 기간입니다. 두 번째는 4월에 나오는 개별 공시지가 열람에 따른 의견 청취 기간입니다. 세 번째는 5월 말에 나오는 개별 공시지가 공시에 따른 이의 신청 기간입니다.

소유자는 이 네 번 중 한 번 또는 네 번 다 할 수가 있습니다. 그럼 아무 때나 해도 쉽게 수정하여 원하는 바를 얻을 수 있을까? 그렇지는 않습니다.

제일 좋은 것은 12월과 2월에 나오는 표준지를 조정하는 것이고, 표준지는 주변에 있는 다른 필지에 영향을 미치므로 이를 제대로 관리하는 것이 가장 좋은 방법입니다. 그리고 이 표준지는 흔히들 아는 수용 보상 등 할 때 감정평가의 기준으로 삼는 땅이기도 합니다. 이때에는 표본지로 되어있는 필지를 하기에 이런저런 사유로 이의신청을 하면 웬만하면 조정을 할 수가 있습니다.

다음으로는 4월에 개별 공시지가 열람 기간에 의견 청취 기간의 제출하는 것입니다. 이때에는 개별 공시지가에 한한 것이므로 이러저러한 사유로 낮거나 높다고 이의신청을 하면 됩니다. 개별공시지가 열람 기간에는 아직 확정된 것이 아니므로 신청 사유가 어느 정도 타당하면 조정이 가능하다고 보면 됩니다. 그러므로 웬만하면 조정이 가능하다는 것입니다.

마지막으로 5월 말일에 지정 공시된 개별공시지가에 대하여 이의신청하는 것입니다. 이때는 이미 토지평가위원회 등 행정기관에서 확정하여 공시한 것입니다. 그런데 이의신청을 하면 내가 확정한 것을 내가 다시 뒤집어야 하며, 그러면 내 잘못을 인정해야 하므로 쉽지가 않다는 것입니다.

어느 정도 이해가 되는지 모르겠네요. 글로 쓰자니 어려움도 있고….

그리고 표준지도 공시지가도 의견 청취 기간과 이의신청 기간이 있습니다.

의견 청취는 이렇게 하려고 초안을 잡아놓고 열람을 하면서 의견을 듣는 과정이고, 이의신청은 확정 고시한 것에 대하여 반기를 들고 의견을 내는 것입니다. 이미 여기까지 읽으면서 느끼셨겠지만, 의견 청취가 더 쉽게 반영이 될까요? 이의신청이 더 잘 반영이 될까요? 그럼 언제 의견을 내야 할지는 이제 아셨지요.

부동산 투자에서만 타이밍이 있는 것이 아니라 모든 일에는 타이밍이라는 것이 있고, 이를 잘 맞추어야만 내가 얻으려고 하는 것을 얻어낼 수가 있습니다. 부동산은 취득에서 보유 관리 그리고 처분에 이르기까지 전 과정이 투자 재테크라고 보아야 하며, 그 과정에서 투자자에게 가장 수익이 되는 방법을 찾아서 실천해야만 합니다. 그것이 바로 부동산 투자라고 할 수 있습니다.

15.
부동산 투자 정보 뉴스에서 찾아라

    부동산 투자를 하는 데 중요한 몇 가지가 있습니다. 그중에 가장 중요한 것이 정보와 타이밍이라고 합니다. 물론 정보도 중요하고 타이밍도 중요하지만, 부동산 투자에서 정말 중요한 것은 실천력이라고 말할 수 있습니다.

    여기서는 이 중에서 부동산 투자 정보에 대해 이야기해 보고자 합니다. 부동산 투자 정보 이렇게 말하면 대부분의 사람들이 저기 저 높은 곳에서 나온다는 고급 정보를 생각합니다. 그러나 그건 대부분의 사람이 접근할 수도 없고, 혹여 알았다 하더라도 보통 사람들이 투자하는 자금 규모나 투자 기간으로는 접할 수 없는 것이 거의 대부분이라고 보면 됩니다. 그리고 그것은 성패율이 50:50이라고 보면 보통의 사람들이 투자하기에는 어려운 계륵 같은 것입니다.

잘난 사람들 제쳐놓고 우리 보통사람들이 할 수 있는 방법을 알아보겠습니다. 가장 손쉽게 접하고 누구나 다 할 수 있는 것이 뉴스입니다. 어제도, 오늘도 부동산에 대한 정보는 언론매체에서 차고 넘칩니다. 그런데 이를 뉴스, 즉 소식으로 넘기는 것이 대부분이고, 이를 투자 정보로 활용하는 사람들은 별로 없다는 것을 알고 계신가요?

저는 이걸 모임이나 강의 때 이렇게 얘기합니다. "TV나 라디오에서 노래를 듣는 것은 누구나 똑같습니다. 그러면 그 노래를 듣고 좋은 느낌이 들게 될 것입니다. 그러나 누구는 가사가 목소리가 좋다며 흥얼거리고 관심을 갖고 CD를 사거나 가사를 외우기도 할 것입니다. 그런데 그중에는 진정 노래가 좋아서 가수를 좋아하게 되고 팬이 되고 나아가 자기의 18번으로 만들고 다른 사람들 앞에서도 감정을 담아서 부르게 될 것입니다. 이랬을 때 이 노래는 진정한 나의 것이 되는 것입니다."

바로 이와 같이 똑같은 노래를 듣고 누구는 '그냥 좋았어.'로 끝나고 누구는 가사를 외우고 흥얼거리고, 누구는 팬이 되어 푹 빠져버리고, 어떤 사람은 자기의 18번으로 내 것으로 만들었습니다. 이것이 똑같은 뉴스를 보고 소식을 전달받았는가 아니면 투자 정보로 만들고 실천하였는가로 달라지는 것과 같다는 것입니다.

부동산 투자 정보에서 고급 정보도 좋은 정보도 필요 없습니다. 내 주변에서 듣고 보고 확인할 수 있는 소문과 정보들을 내 것으로 만들 수 있고, 투자로 이어질 수 있는 것으로 만드는 게 더 중요합니다. 내 것이 아닌 것은 그저 보기만 좋을 뿐이고, 가슴도 뛰고 흥분도 되겠지만, 실속 없는 순간의 희열일 뿐입니다.

뉴스에 나왔다. 소문을 들었다. 인터넷 등에서 관련한 정보를 찾아보았다. 그리고 현장을 찾아서 좀 더 자세한 이야기들을 들어봅니다. 이 현장에는 개발 지역도 되겠지만, 행정기관이나 관련 업체나 단체 등도 포함됩니다. 그리고 또 하나 확인해 볼 곳이 이와 유사한 기존 개발지에 대한 추진 정보나 개발 전·중·후 그 지역과 주변 지역의 변화를 찾아보는 것입니다.

뉴스나 소문을 나만의 투자 정보로 만들어야 합니다. 그리고 지금 이곳이 어떻게 변할까를 그려보며, 투자처와 투자 시기를 저울질하며 투자하는 것입니다. 우리 주변에 흔한 뉴스나 소문을 들어 넘기면 그냥 소식이고, 이를 나에게 맞게 분석 가공하면 고급 투자 정보가 되는 것입니다.

부동산 투자 정보 뉴스만 잘 챙겨서 분석하고 확인해도 차고 넘치며, 미처 다 할 수가 없습니다. 부동산 투자 정보 뉴스에서 찾으세요.

최근에 나온 뉴스만 해도 3기 신도시와 소규모 공공주택 개발계획 예타 면제사업 접경지역 개발계획, 공공재 개발사업 등 큰 것만도 수십조 원 투자할 곳이 널려있습니다. 여기에다가 2019년 12월 발표된 제5차 국토종합계획을 비롯하여 수도권 정비 계획, 광역 계획, 철도망·도로망·항만 계획 등 2040년까지의 계획들이 차고 넘치게 나오고 있습니다. 이것들을 살펴보고 내가 투자할 곳을 찾아서 투자로 실천하여 좋은 결과를 얻기를 바라면서 가급적이면 혼자보다는 건전한 모임에서 함께하기를 적극적으로 권합니다.

16.
부동산 투자의 성공 여부는 때(타이밍)를
놓치지 말아야 한다 1

지금 부동산에 투자해야 할까? 당연히 투자해야 합니다. 지금 여기서 질문은 구매하는 것을 의미하였겠지요. 그러나 투자는 구매, 보유 관리, 개발, 세금, 처분 등 모두가 투자입니다. 따라서 질문을 할 때는 '지금 부동산을 사도 될까요?'가 되겠지요.

그럼 당연히 구매해도 된다고 했는데 무슨 자신감으로 그리했느냐 합니다.

누차 강조 말씀드리지만, 부동산 투자에 있어서 시기는 없습니다. 각자의 형편에 맞게 투자를 하면 되는 것입니다. 그 형편이 지금 부동산을 구매해도 괜찮으냐 아니냐에 달렸습니다.

봄에는 씨앗을 어지간한 땅에 뿌려놓으면 싹이 나고, 여름에 그런대로 자라서 가을에 씨앗이 여물어 갑니다. 우선은 그 씨앗이 좋은 것이었으면 더 튼실하게 자라서 좋은 열매를 거둘 것이고,

그 땅이 좋은 땅이었다면 좋은 열매를 많이 얻을 수 있었을 것이고, 척박한 땅이었다면 썩 좋지 못한 열매를 조금밖에 얻지 못했을 것입니다.

이와 같이 부동산 시장이 좋을 때 구매했다면 어느 정도의 수익은 누구나 얻을 수 있었을 것인데 더 많이 벌었느냐 적게 벌었느냐의 차이만 있을 뿐입니다.

또한, 그 수확하는 시기가 가을이면 그래도 많이 거둘 것이고, 그 시기를 놓쳐서 겨울이 되거나 겨울을 지나면 수확할 건 하나도 없습니다. 부동산도 이렇게 처분 시기를 놓치면 거둘 게 없고 오히려 손실을 볼 수 있는 것입니다.

그럼 모든 씨앗은 봄에만 뿌려야 거둘 수 있느냐 하면 그렇지 않습니다. 대부분의 씨앗은 봄에 뿌리지만, 그렇다고 봄날에도 아무 때나 뿌린다고 되는 건 아닙니다. 각각의 씨앗에 따라서 같은 봄에도 초봄부터 초여름까지 뿌리는 시기가 다릅니다.

각각의 씨앗의 적기보다 빨리 뿌리면 얼어 죽고, 늦게 뿌리면 발육상태가 좋지 않아서 결국 원하는 만큼 열매를 얻을 수 없습니다. 또한, 한여름에 뿌려야 하는 씨앗도 있고, 보리, 밀, 마늘 등과 같이 가을에 뿌려야 하는 것들도 있습니다.

그런데 요즈음은 시설 재배라 하여 어느 때라도 특수 재배를 할 수가 있습니다. 그만큼 까다롭고 어렵지만, 그만큼 더 큰 수확을 거둘 수가 있습니다.

부동산 시장에서 우린 이런 걸 '특수 물건'이라고 합니다. 아니면 특정한 정보로 투자하는 비법이라고도 합니다. 그러나 이런 것은 누구에게나 주어지는 것이 아니라 그만큼의 전문성이나 노하우를 가진 자들에게만 허용되는 것입니다. 보통의 사람들은 그저 시류에 따라서 하기만 해도 충분합니다. 다만 이때 가장 중요한 것이 때, 즉 타이밍을 놓치지 말아야 합니다.

들어갈 때와 나올 때를 알면 되는 것인데, 그걸 정확히 아는 자는 한 사람도 없습니다. 만약 그걸 안다면 왜 발에 흙을 묻히고 살겠습니까? 저 하늘나라에서 신선놀음하면서 살겠죠.

그럼 다시 원론으로 돌아와서 지금이 부동산을 구매할 시기가 맞습니까? 맞기도 하고 틀리기도 합니다. 투자하려는 사람의 성향, 목적, 자금 성격, 어디에다 무엇을 이것이 충족된다면 말입니다. 한마디로 내가 꼭 사용하려고 한다면 적정한 가격이라면 하라는 겁니다. 즉 실수 요인 경우에는 시도 때도 필요 없습니다. 왜냐하면, 내가 살거나 내가 사업 등을 하기 위해 꼭 필요하기 때문입니다. 그냥 필요할 때 하는 것이 가장 현명한 방법입니다.

그러나 투자의 목적이라면 이야기는 달라집니다. 일정 기간 후에 수익을 생각해야 하기 때문입니다. 이때에는 부동산의 종류나 지역 등도 고려해야 하고 주변 변수와 미래의 발전 방향, 특히 미래의 수요자를 파악해야 합니다.

또한, 지금 구입하고 보유 관리하며 세금 등도 고려해야 하고 이 부동산을 처분하는 시기도 예상을 하여야 합니다. 언제나 예상은 빗나가는 것이 현실이지만…. 그래도, 바로 구매와 처분의 때(타이밍)를 잘 잡아야만 합니다.

주식이나 부동산에 투자해 보신 분 중에 내가 사면 내리고, 내가 팔면 오른다는 경험을 많이 가지고 계십니다. 이는 바로 때(타이밍)를 잘못 맞추었기 때문입니다.

여기서 가장 좋은 타이밍은 내가 팔고 조금 더 오르고 내가 사고 조금 더 내리는 것이 가장 좋습니다. 왜냐하면, "어깨에서 사고 무릎에서 팔아라." 하는 격언처럼 파신 분도, 사신 분도 일단 기분 좋게 해주고 내가 챙기면 더없이 좋으니까요.

대부분의 개발 지역에서의 사례들을 설명해 드리자면, 개발계획 소문이 돌거나 발표가 나면 외지인들은 구매하겠다고 나섭니다. 그런데 보유하고 있던 분들은 팔지 못해 하다가 가격도 오르고 사는 사람도 생기면 조금 눈치 빠르다 하는 분들은 바로 팝니다.

그런데 오르거나 말거나 묵묵히 계신 분들은 그냥 가지고 갑니다. 누가 더 투자수익률이 좋은지는 말씀 안 해도 알지요. 끝까지 가지고 계신 분들이 달콤한 열매를 따 먹을 수 있었습니다.

우리가 살아가는 데 있어서 사계절은 변함없이 오고 갑니다. 부동산이든, 재테크든 우리에게는 수많은 기회가 오고 갑니다. 그 기회를 잘 잡느냐 못 잡느냐 그 차이만 있을 뿐입니다.

자기가 하는 일에 열심히 하면서 잘 살아가면서 그 기회가 오면 잡을 수 있는 지식과 정보 자금을 준비하여야 합니다. 아무리 따뜻한 봄이 온들 종자가 없거나 땅이 없으면 심지를 못하는 것이고, 아무리 풍성한 가을이 왔다 한들 봄에 뿌린 것이 없으면 내가 거둘 것이 없습니다.

부동산 투자 때가 있습니다. 나에게 오는 그때를 놓치지 말고 잡아야 합니다. 그때를 잘 맞추어서 투자하시고 부자로 잘 살아가시기 바랍니다.

나도 재산세 아니 종합부동산세 한번 내보며 살아보자. 이 글을 보시는 분들은 몇 년 후 종합부동산세 내시면서 살아가시리라 믿습니다.

17.
부동산 투자의 성공 여부는 때(타이밍)를 놓치지 말아야 한다 2

앞서 부동산 투자의 성공 여부는 때(타이밍)를 놓치지 말아야 한다고 하면서 봄이 오면 씨앗을 뿌리고 여름이면 가꾸고 가을이면 거두어들인다고 했습니다. 이렇게 제때에는 대충해도 어느 정도는 거둘 수가 있습니다.

그런데 중요한 것은 그 봄이 어느 때이냐는 것입니다. 봄이 오는 것은 입춘(立春)이 되면서부터이지만, 입춘인 2월 초에는 오히려 겨울보다도 더 춥게 느껴집니다. 정작 봄이라고 느낄 무렵은 우수 경칩이 지나고 춘분이 되는 3월 말에서 청명이 되는 4월 초에나 봄이라고 느끼게 됩니다.

그러니 부동산시장에서도 봄이 오는, 즉 회복되는 것을 감지하기에는 어렵습니다. 어느 정도 가격도 회복되고 거래가 일어나야만 그제야 대부분의 사람은 상승기가 되었음을 알게 되는 것입니다. 그러니 상승세인 줄 알고 뛰어들다 보면 대부분은 끝자락에서 상투를 잡게 되는 것입니다.

내릴 때 역시 어물어물하다가는 결국 끝판에서 팔게 되고, 그래서 내가 팔고 나면 다시 오르게 되는 것입니다.

이런 흐름을 잘 알려면 결국은 경험이 풍부한 전문가이거나 아니면 정확한 데이터를 가지고 활용하는 전문가들이어야 하며, 일반인은 부동산이나 경제에 관심의 끈을 놓지 않고 지속적으로 관심을 가진 사람이라야 할 것입니다.

또한, 계절적으로 파종하는 씨앗이 다르듯이 부동산 시장에서도 부동산별로 오르고 내리는 순서가 정해져 있습니다. 요즈음은 특수 재배로 계절과 관계없이 재배해서인지 부동산의 경기 순환도 따로 함께 뒤죽박죽으로 얽혀 돌아가고 있기는 합니다만, 대체로 주택이 오르고 수익형인 상가나 공장 등이 오르고 토지가 오르고 있습니다. 내릴 때도 비슷한 순서를 두고 순차적으로 오르고 내리는 패턴을 보였는데, 요즈음은 그런 패턴이 없어졌다고 할까, 뒤섞여 오르고 내리고 합니다. 설사 오르고 내리지는 않더라도 거래량이라도 늘어 숨통을 틔워주며 이것이 부동산의 변동순환이 아닌가 싶습니다.

주거용은 임대차 시장이 움직이고 다음으로 매매가 움직이며, 그러는 사이에 상가에서도 임대차가 움직이다가 매매가 이어지고 어느 정도 부동산이 달아오를 때에서야 토지시장에 투자자들이 몰리기 시작을 합니다. 물론 토지시장은 몇몇 투자자들이나 하는 그런 시장이기도 합니다.

　이왕에 말이 나왔으니 토지에 투자하는 매수나 매도 타이밍을
잡는 법 몇 가지를 소개하고자 합니다.
　우선 농지의 거래는 추수가 끝나고부터 설날까지 거래가 활발합
니다. 대부분의 농지 거래가 이때 이루어졌으나 요즈음은 다소 분
산되기도 합니다. 어찌 되었던 추석을 지나면서 거래되는 건수나
가격대를 보면 그해 겨울에 토지시장이 오를지 내릴지 거래가 활
발할지 침체할지를 알 수가 있습니다.
　물론 일반인들은 이런 사실을 알기가 쉽지는 않지만 그래도 관
심을 가진다면 농지은행이나 국토교통부 등의 토지거래량을 가지
고 짐작은 할 수 있을 것입니다.
　그저 관심을 가지지 않고 남들이 장에 나가면 시래기 타래 메고
따라가기만 하기 때문에 모르고 있을 뿐입니다. 준비 없이 있다가
부동산 시장에 뛰어들었으니 성공 투자를 할 리 만무한 것입니다.

　개발 예정 지역에 대한 투자에서는 그 지역에서는 개발한다는
소문이 나기 시작합니다. 그때가 입춘을 조금 넘긴 우수 경칩쯤으
로 보면 될 것입니다.
　씨앗은 이때 뿌리면 싹이 트지 않거나 싹이 터도 얼어 죽지만
부동산은 이때 투자를 하면 일부 손해를 보기도 하지만, 그래도
큰 이득을 볼 수가 있습니다.
　그리고 얼마를 지나다 보면 개발계획 수립 또는 개발된다는 소

문이 납니다. 아마도 이때가 춘분쯤은 되지 않을까 싶습니다.

자! 춘분이 되면 아쉬운 대로 웬만한 씨앗은 다 자랄 수 있을 것입니다. 늦추위만 오지 않으면 말입니다. 부동산 투자도 이때 하면 크게 잘못된 투자는 아닐 것입니다. 다만 그 계획이 취소, 변경 등 추진에 어려움이 있지만 않다면 말입니다.

이제 완연한 봄이 온 청명과 곡우가 되면 웬만한 씨앗은 대충 뿌려도 잘 자라게 됩니다. 이때가 개발계획이 고시되는 정도가 아닐까 싶습니다. 이때 하면 그 지역에 하든지 그 인근 지역에 하든지 일정 수익을 올릴 수는 있을 것입니다. 물론 요즈음은 보상이 현실적이기도 하고, 대토 등 재투자로 이어지는 것이 과거와는 달라서 큰 수익을 올릴 수는 없기도 합니다.

이제 입하부터 여름으로 들어섰으니 식물이 잘 자랄 터인데, 이때 씨앗을 뿌리면 곯거나 웃자라서 제대로 결실을 거둘 수가 없습니다. 부동산 투자에서도 이렇게 인정고시가 된 후에 투자한다면 보상이나 세제에서도 차별을 받고 투자 수익도 제대로 거둘 수가 없습니다.

하물며 봄과 여름에도 이러할진데 가을이나 겨울에 씨앗을 뿌리면 모두 썩거나 얼어 죽어버릴 것입니다. 보상이 임박하거나 보상 후 대토를 바라고 인근에 뒤늦게 잘못 투자하면 원금을 손해 보거나 오랫동안 묶여버리는 투자를 하게 되는 것입니다.

이렇게 씨앗들이 제때에 심어야만 가을에 거둘 것이 있듯이 부동산 투자에서도 제때 투자해야만 나중에 투자 수익을 거둘 수가 있는 것입니다.

그래서 부동산투자는 때(타이밍)를 놓치지 말아야 합니다.

부동산 공부를 많이 했거나 전문 지식을 가진 사람들이 투자에 실패하는 것도 이론적으로는 회복기인지 하락기인지를 알 수가 있는데도 불구하고 확신이 안 서서 우물쭈물하다가 남들이 수익을 내거나 손해를 보거나 또는 시장에서 거래 물량이 부족하거나 넘쳐나거나 하는 것을 확인하고서야 그제야 그것이 회복기였고, 하락기였다고 판단을 하고 투자를 하기 때문입니다. 오히려 뒷북 투자로 손해를 보는 경우가 더 많은 이유이기도 합니다.

그러나 실전 투자자들은 그동안의 투자경험을 바탕으로 시장의 흐름을 감지하게 되면 곧바로 투자하여 크게 수익을 내곤 합니다.

여기서는 일 년으로 이야기했지만, 실제 부동산 시장은 일 년 단위가 아니라 3~5년의 단기파동과 10년의 중기파동 그리고 20여 년의 장기파동으로 이어집니다.

부동산뿐만 아니라 인생살이와 모든 세상까지도 봄여름가을겨울을 반복하고 있으니 결실의 계절 가을을 풍성하게 맞이하려면 봄에는 씨를 뿌리고 여름에는 잘 가꾸어야 하고, 특히나 가을에는 제때에 거두고 겨울에는 잘 보관하고 준비해야 할 것입니다.

지금이 부동산 시장에서는 어느 때인지 굳이 말하지 않아도 아시죠? 특히나 주거용 시장은 이미 전세가가 매매가를 넘어간 뜨거운 삼복더위를 지나서 지역이나 유형과 관계없이 오르고, 또 오른 상태에서 서서히 거래가 줄고 상승폭이 둔화되고 대출 규제가 강화되는 등 된서리를 맞고 있습니다.

그다음 상가 등 수익형은 그런데 별로이고, 그럼 그다음 토지는 어떨까요? 호재가 터져 나오고 했지만, 정부의 투기 단속 등과 법령 개정 등으로 다소 위축되어 가는 시장이 아닌가 합니다.

'2040 국토종합개발계획'이 발표되었고, 현재 개별 계획들이 만들어지고 발표되고 있고, 이제 시군의 도시 기본 계획이 2040년 계획을 담아서 발표가 될 것입니다.

이러한 개발 계획들이 발표가 되는 시기가 바로 좋은 먹잇감을 가지고 흔들어 대는 것입니다. 잘 물면 배부르게 될 것이고, 잘못 물면 이가 빠지거나 죽을 수도 있겠지요. 눈 부릅뜨고 지켜보며 먹잇감을 잘 고르세요. 그리고 제때에 낚아채세요.

18.
흙수저 물고 태어났지만,
금수저를 들고 사는 방법은?

요즈음 금수저론이 많이 회자되고 있습니다. 나름대로 설득력도 있고, 현실에서 확 와 닿는 이야기이기도 합니다. '비록 나는 흙수저를 물고 태어났지만, 내 자식은 금수저를 물고 살게 할 수는 없을까? 아니, 나는 금수저를 들고 사는 방법은 없을까?' 있습니다. 그게 바로 부동산 투자 재테크라고 봅니다.

요즈음 기관들도 부동산 투자를 늘리고 있다 하죠? 또한, 해방 이후 2015년까지 50년간 땅값은 3,030배나 올랐다고 하지 않는가? 우리는 심심치 않게 주변에서 땅으로 벼락부자가 되었다는 이야기를 듣습니다. 그것이 어느 날 하늘에서 그냥 땅을 준 것은 아니고, 조상님이 물려주거나 본인이 사놓은 땅이 어느 날 대박을 쳐 보답하는 것입니다. 결국, 원천은 땅이 부자를 만들어 주었다는 것입니다. 동서고금을 통틀어 땅을 지배하는 자 세상을 지배하였습니다.

우리는 누구나 직장에서 사업장에서 열심히 일을 하고 있습니다. 그러나 열심히 일만 해서는 잘 살 수 없다는 것을 잘 알고 있습니다. 그 분야 최고의 경지에 이르러야 하겠지만, 그건 1%에 해당하는 사람들이고, 대부분은 그저 꿈만 꾸고 있을 뿐입니다. 그만큼 잘 산다는 것은 쉽지 않은 일입니다. 또한, 부자로 잘사는 것을 지킨다는 것도 쉽지는 않습니다.

우리 보통의 사람들이 부자로 잘살 수 있고, 부를 유지할 수 있는 것도 부동산이 아닌가 싶습니다. 대부분의 부자는 물론 재벌기업들도 모두 알짜 부동산을 가지고 있지 않은가 말입니다.

부동산 투자를 하면 잘살 수 있다고 하는데, 그렇다면 부자로 잘살 수 있는 좋은 부동산을 어떻게 가질 수 있고, 잘 관리하여 부자로 잘살아갈 수 있을까 하는 문제에 봉착하게 됩니다.

그런데 내가 사면 내리고 내가 팔면 오르지를 않나, 좋아 보여서 사고 보면 영 쓸데가 없어 찾는 사람이 없는 가치 없는 부동산이나 사게 되고, 도대체 부동산은 나와 궁합이 맞지 않는다고 조상 탓이나 할 것인가 말입니다.

부동산이나 재테크에 관심도 없고, 준비도 안 된 상태에서 투자하기에 벌어지는 일입니다. 하다못해 직장을 가도 사업을 해도 몇년, 몇십 년 준비해서 하는 것입니다.

그런데 부동산 투자는 남들이 했다고 하니까 준비도 없이 그냥하게 됩니다. 그렇게 해서는 다른 사람을 이길 수 없습니다. 피나는 노력과 땀의 결실 없이 돈을 벌 수 있던가요? 그런데 부동산 투자는 대충 아는 상식으로 하면서 떼돈을 벌 생각을 하고 있습니다. 이 세상에 이런 투자나 돈벌이는 있을 수가 없습니다. 부동산은 대충한다거나 대박을 낸다는 생각부터 버려야 합니다. 자기가 관심 갖고 준비하고 노력한 만큼 보답으로 주어지는 것이 부동산 투자입니다.

저는 감히 이야기합니다. 흙수저이든, 금수저이든 계급을 올라갈 수 있는 것은 열심히 일하고 노력만 해서는 한계가 있다는 것입니다.

흙수저를 물고 태어났지만 금수저를 들고 살 수 있는 방법은, 바로 돈벌이를 할 때 부동산에 투자를 하고 이를 잘 관리하고 가꾸어 가다가 수익형이나 연금형 등으로 이용을 하던가, 필요로 하는 사람에게 넘겨주어 자본금을 챙기는 것입니다.

그동안 경제성장기에는 무척이나 올랐지만, 앞으로 저성장시대에는 부동산이 별로일 것이라고 합니다. 그러나 선진국의 예를 보더라도 부동산은 더욱 치솟고 있다는 것을 보면 흙수저에서 금수저로 가는 길은 부동산에 투자하는 것밖에는 없다고 봅니다.

물론 직장에서 최고의 자리에 오르거나 사업장에서 사업 수익을 올려서 부를 창출하는 것이 가장 좋으련만, 앞서 이야기했듯이 이는 1%에 드는 몇몇 안 되는 사람 몫이니 내 몫은 아니라고 봅니다. 내가 할 수 있는 일은 근근이 모으고 불려서 부동산에 투자하여 이용하거나 처분을 하여 부를 이루는 방법으로 단계적 상승을 이루어 가야 한다는 것입니다.

이런 방법은 우리 대부분의 사람이 조금만 관심 가지면 누구나 할 수 있을 것입니다.

예나 지금이나 동서고금을 통틀어 계급론은 존재합니다. 이 자체를 부정할 수는 없는 것이고, 이번에 나온 자료에서도 우리나라뿐만 아니라 선진국에서도 금수저와 흙수저는 존재하고 있습니다. 언제까지 타고난 운명을 탓하고만 살 것인가? 그렇게 한다고 해서 나의 삶이 나아질 것이라고 보는가?

타고난 운명을 송두리째 바꿀 수는 없다 하더라도 자기의 노력 여하에 따라서 어느 정도는 바꿀 수는 있지 않을까 싶습니다.

땅에 투자하여 금수저를 물게 된 실사례를 소개하면서 글을 맺고자 합니다.

임대 사장님은 10여 년 전에 2억도 안 되는 돈으로 도시 인근의 자연녹지 지역의 땅을 구매한 후에 그동안 길도 만들고 농사도 짓고 관리를 하다가 얼마 전에 7억여 원을 들여 지상 4층의 근린주택을 지어서 임대를 하게 되었습니다.

건축공사비 6억 원은 땅에서 대출을 받아서 하고 기타 비용은 보증금으로 해결하였습니다. 지금 보증금 1억에 월 1,000만 원에 임대를 하고 있으니 대출이자를 제하고 월 800만 원의 수익형 부동산, 즉 연금형 부동산이 되었습니다.

매도 사장님은 10여 년 전에 3억도 안 되는 돈으로 개발 가능성이 있는 농촌의 농지를 구입하여 길도 잘 만들고 관리를 하다가 지난해에 공장을 구하는 사람에게 일부 허가를 내서 10억 원에 팔았습니다.

그런데 8년 이상 재촌 자경으로 양도세는 안 냈으니 온전히 돈이 남았습니다. 금년에는 나머지 땅에다가 공장 허가를 내서 임대를 주어 월 수익이 800만 원이나 되니 꿩도 먹고 알도 먹는 부동산 투자를 한 것이 아닌가 합니다.

위 두 사례에서 임대 사장님과 매도 사장님은 땅을 구매하여 보유 관리를 하다가 적정한 시점에서 수익이 있는 연금형 부동산으로 만들고 또 자산 회수하는 퇴직금형 부동산으로 만들었습니다.

부동산 투자는 돈을 벌 때 이렇게 투자를 해놓고 있다가 돈을 벌지 않게 되거나 주변이 성숙되었을 때에 연금형이나 퇴직금형으로 만들어서 금수저를 손에 쥐라는 것입니다. 이것이 땅 투자의 매력이고 부로 가는 방법입니다.

흙수저를 물고 태어났으나 금수저를 들고 사는 길은 결국 땅에 투자하는 것입니다. 땅 투자로 금수저에 한번 도전해 봅시다.

19.
농업인이라면 지역농협 조합원 가입으로
더 많은 혜택을 누려보자

 이번에는 일반인들은 잘 알지 못하는 또 일부 농지를 가진 사람들도 잘 모르는 지역농협 조합원 가입(저는 이것도 투자라고 이야기합니다.)에 대하여 알아보고자 합니다.

 농지를 소유·경작하고 있다면 농업경영체를 만들어서 농업인이 되어야만 합니다. 그래야 이런저런 혜택들을 볼 수가 있으니까요.
 이렇게 말을 하니 '농지를 소유하고 농사를 짓고 있으면 농업인이 아닌가요?' 하는 의문을 가지는 분도 있습니다. 그러나 그것은 나만의 농업인이고, 농업경영체에 등록하면 누구나 인정하는 진짜 농업인이 되는 것이랍니다.

 '그까짓 농업인이 무에 그리 중한데?' 할지도 모르겠습니다. 그러나 농지를 소유하고 농사를 지으면 마치 아이를 낳아 키우는 것과 비슷합니다. 아이를 낳아 출생신고를 하지 않고 기른다면 아이가 우리나라 국민이지만 제대로 혜택을 못 받겠지요. 그러나 출생 신고를 하면 온전한 국민 대우를 받게 됩니다. 이와 같이 농사를 짓고 있더라도 농업경영체에 등록해야만 제대로 된 농업인이 되고, 혜택 등을 받을 수가 있다는 것입니다.

이제 농업인이 되었다면 가급적 주소지 지역농협의 조합원에 가입해 보세요. 왜냐하면, 조합원에게는 보다 더 많은 혜택이 주어지기 때문입니다. 그 많은 혜택 중에서 2020년 지난해의 배당금에 대하여만 알아보겠습니다.

농협의 조합원이라면 출자금(회사로 말하자면 주식)을 내야 하고, 그 출자금의 범위 등은 제각각이니 차치하고 몇백~몇천만 원의 출자금을 가진 회원의 경우에 출자금 배당은 4% 전후이고(실제 배당기준은 그 농협의 정기예금이자에 2%를 더해서 배당함), 이용고 배당은 그 조합의 실적과 본인의 이용실적에 따라서 달라지지만 읍면의 경우는 1~5% 정도가 되는 듯하고, 도시지역의 농협들은 1~10% 정도가 되는 듯합니다. 그래서 출자배당금을 포함하여 이용고 배당과 사업 준비금 등을 다 합하면 읍면의 경우 5~10% 정도 도시의 경우 5~15% 정도가 되고 있습니다.

아래의 2020년도 실제 배당 사례를 보아도 송포농협은 11.5%의 배당을 받았고 부천농협의 경우에도 8.92%의 배당을 받았습니다. 웬만한 수익형 부동산보다도 높은 수익률이 됩니다.

그리고 해마다 나오는 이런 배당금 중에서 현금으로 지급되는 배당금은 종신형 보험을 든다 생각하고 재출자를 한다면 10년, 20년 후에는 상당한 금액으로 불어납니다. 마치 복리의 마술에라도 걸린 것처럼 말입니다. 난 이를 조합원 투자라고 합니다. 농지 투자에서 얻어지는 부수적인 수입이라고나 할까요?

특히나 대출을 많이 활용하는 경우라면 대출 금리의 할인도 받지만 이용고 배당에서 많은 혜택을 볼 수가 있습니다.

그 외에도 환원사업이라 하여 아래 첨부된 자료와 같은 지원이 있어서 조합원 1인당 10~100여만 원 전후가 지원되고 있습니다. 물론 이는 도시지역의 농협들이 지원이 더 많다고 보면 되며, 대도시의 농협의 경우에는 100여만 원 정도로 보아도 무방할 것입니다.

다음은 2020년도의 송포농협의 배당표와 오정농협의 배당표 그리고 부천농협의 이용고 배당결과 통보 내역입니다.

구분		전년말기준 총지분	금차 배당금	배당금에 대한 원천 징수액			세후 지급액		직립후 총지분
				소득세	주민세	계	연금배당	지분적립	
출자금(1.5%)		6,030,000	211,259	0	0	0	511,542	0	6,030,000
이용고 배당금	지급금		300,283						
	원천충자	0	0					0	0
사업준비금		19,170,990	693,639					693,639	19,864,629
계		25,200,990	1,205,181	0	0	0	511,542	693,639	25,894,629

왜 조합원을 하라고 할까?

▪ 배당금합계는 (출자배당+이용고배당+사업준비금) 이며, 사업준비금은 조합원 탈퇴시 지급합니다.

1. 배당현황

구분	출자배당	이용고배당	사업준비금	회전출자금	배당금합계
금차 배당 대상 여부	여	여	여	부	-
본인 배당금액	745,745	476,449	740,606	0	1,962,800
수입제세	소득세	58,200	주민세	5,820	1,898,780

2. 이용사업 구분별 배당 상세내역

이용사업구분	배당대상여부	이용금액	환산점수	이용고배당금	사업준비금
구매	여	164,600	2,425	2,424	3,769
마트	여	526,000	26,019	26,018	40,443
보험	여	5,212,378	155,083	155,080	241,059
수신	여	47,056,190	82,488	82,484	28,217
여신	여	296,072	13,697	13,696	21,290
카드	여	28,718,732	196,751	196,747	305,828

조합원님께서
부천농협 사업을 이용하시면!!

▨ 조합원 이용고배당금 산출 예시

(단위 : 원)

배당구분	이용액 기준	이용고배당금	사업준비금	총 배당금	이용효과
대 출 금 평잔	1,000만원 이용시	30,550	26,600	57,150	대출금리0.58% 인하효과
입출식예금 평잔	1,000만원 납입시	68,980	60,060	129,040	예금금리 1.29% 인상효과
정기예금 평잔	1,000만원 납입시	27,600	24,030	51,630	예금금리0.52% 인상효과
신용카드 이용액	1,000만원 이용시	68,980	60,050	129,030	이용액의 1.29% 환원
보 험 수 수 료	10만원 발생시	11,500	10,010	21,510	보험수수료의21.51%환원
마트사업 이용액	100만원 이용시	36,790	32,030	68,820	이용액의 6.88% 환원
구매사업 이용액	100만원 이용시	20,660	17,990	38,650	이용액의 3.87% 환원

조합원님께서 이용하시는
부천농협의 모든사업
(예금, 대출, 카드, 보험, 하나로마트, 농산물출하, 구매)은
이용실적만큼 이용고배당으로 환산되어
조합원님께 돌아가므로
앞으로도 많은 이용 부탁드립니다.
감사합니다.

알아두면 좋은 정보

1 조합원 건강검진 안내
- 조합원 본인만 검진 가능, 가족 등 대리검진 불가(직계가족 검진 희망 시 30만원 지불하고 검진 가능)
- 대상포진, 폐렴 예방접종을 선택항목으로 추가하였습니다.(세종병원)
- 복부정밀CT 검진을 선택항목으로 추가하였습니다.(세종병원, 순천향병원)
  ※ 순천향은 10만원 추가 비용 발생※
- 세종병원, 순천향병원 : 조합원 및 직계가족 입원, 외래진료시 일부 진료비의 10% 감면혜택입니다.

2 장례용품 지원사업 : 6만원 상당 장제용품 지원 또는 계좌입금, 근조화환 배송.

3 경조사비 지급기준
- 조합원 칠순 : 15만원
- 조합원 자녀 결혼 : 30만원
- 조합원 본인 사망 : 50만원
- 조합원 부모 사망 : 30만원
- 조합원 배우자 사망 : 30만원
- 조합원 본인 생일 : 한우, 미역 지급(7만원 상당)
- 조합원 자녀 장학금 : 국내 대학교 재학 중 1회 지급(150만원)

4 2021년도 비료, 농약, 영농자재 등 환원사업지원기준
- 지원대상 : 2020년 12월 31일 현재 농지 신고한 부천농협 조합원
- 지원금액 : 평당 250원, 최대 150만원 (6,000평)
  예) 1000평*250원 = 250,000원

5 2021년도 조합원 유기질비료, 가축분퇴비 조합 지원사업
- 지원대상 : 가. 2020년 12월 31일 현재 농지 신고한 부천농협 조합원
  나. 농업경영체 등록 된 조합원
- 지원내용
  가. 조합원이 신고한 토지를 바탕으로 3평당 1포 지원(최대220만원까지 지원)
  나. 조합보조는 정부지원금을 뺀 나머지 자부담금의 50%를 지원.
  가축분퇴비는 1포당 최대 1,100원, 유기질비료는 3,100원 지원.

6 농기계임대사업 : 관리기, 탈곡기, 파종기, 열풍기, 예초기 등 최장 7일간 임대 가능

7 농기계 수리 지원사업
- 농기계 수리비의 50% 지원(엔진오일 및 소모품은 제외)
- 전기구동 농기계의 경우 소유권 증빙 서류 제출시 지원 가능
- 대형농기계는 최대 1년 50만원, 중형농기계 30만원, 소형농기계 15만원 지원 가능합니다.

※이용고 무실적 조합원은 각종 복지사업 지원이 불가하며 제규정에 의거 제명될 수도 있습니다.

※ 문의 : 부천농협 지도과 (032-320-2017)
- 자세한 사항은 소식지를 참고하시기 바랍니다 -

이 외에도 생일이나 농업인의 날 명절 등에 환원사업 지원이 있습니다.

☞관련 자료

2020년 00농협 조합원 배당금 통지서 설명 영상

https://cafe.naver.com/dabujadl/140856

농지에 투자하여 농사를 짓고 있다면 반드시 농업인을 만들어서 정부지원 등을 받도록 하고, 지역농협의 조합원이 되어 그 혜택을 누린다면 일반인들이 투자하는 수익형 부동산에서 얻는 3~7% 정도보다 훨씬 더 높은 수익도 얻게 될 것이기에 조합원 가입하는 것을 조합원 투자라 하며 권하고 있는 것입니다.

그럼 실사례를 하나 들어보고자 합니다. 2015년의 일입니다. 농협에 정기예금 2억 원을 넣어두고 생활하는 은퇴자의 사례입니다. 그중에 1억 원을 농협에 출자하도록 권했습니다. 가지고 있는 2억 원 전부를 출자하도록 하지 않은 것은 농협출자금은 탈퇴나 제명 등 조합원 자격을 상실해야만 찾을 수가 있기 때문이기도 하고, 또 노후자금이니 비상시에 사용할 수 있도록 하기 위함이었습니다.

그동안 정기예금의 이자는 연 2%가 조금 못 미치는 수준이었습니다. 그런데 농협 출자로 인하여 직접적인 이득이 현금배당 4~3.6%로 정기예금의 두 배를 넘었습니다. 여기에다가 이용고 배당 사업준비금 등으로 부수적으로 얻어지는 수입이 연 3~8% 정도는 됩니다. 그럼 정기예금 2% 전후와 조합원 배당 등 6.6~12% 중 어느 것이 더 좋은 방법인가요?

그리고 여기에 더해서 조합원 출자를 하면 자식들에게 이건 나 죽어야 타므로 돈 받아낼 생각 말라는 노후의 최후의 보루를 지키는 안전 수단이 될 수 있습니다.

아직 농업인이 아니라면, 조합원이 아니라면, 올해는 농지를 구입하여 농사를 짓고, 그리고 농업인과 조합원이 되는 농지 투자에 도전해 보세요!

20.
직장인이나 사업자는 농업인이 될 수 없고, 농사를 지으면 농지법에 저촉될까?

LH 직원들이 시흥·광명 신도시 지역의 농지를 구입한 것을 놓고 전 국민이 분노하고 정부는 호통치며 난리 법석입니다.

☞ **그리고 이런 기사가 나왔습니다.**

농부 겸 LH 직원?…농지법 저촉 인정될까?
http://naver.me/5U11J6XU

이런 기사를 보고 혹여 오해가 있을까 싶어서 직장인이나 자영업자 등은 농사를 지을 수 없거나 또는 농업인이 될 수 없는가에 대하여 살펴보고자 합니다. 그럼, 먼저 이보다 직책도 더 높고 농사짓는데 더 제약이 많을 법한 문 대통령의 사저 구입 때는 어땠을까?

당시 기사를 살펴보자. 문 대통령 사저용 부지, 농사 안 짓는 농지 있다.
http://naver.me/x6i44hHY
이런 기사도 있었다. 靑 "문 대통령 사저 부지 '농지법 위반' 주장, 사실 아니다"
http://naver.me/GbxNMBoc

그런데 참 이상합니다. 지난번에 대통령은 되고 지금 LH 직원은 왜 안 된다는 것일까요? 물론 단순 비교를 할 수는 없습니다. 문 대통령은 퇴임 후에 거처할 사저를 구매한 것이고, LH 직원들은 신도시 개발 지역에 투자하였다는 것입니다. 그러나 근본적으로 구매에 대하여는 크게 다를 바가 없으며, 구매 시점 이후 농지법이 개정되었나요? 그런 일이 없었으니 달리 생각이 나지 않습니다.

난 투기세력들을 옹호할 생각은 터럭만큼도 없습니다. 그보다 더 농사짓기가 어려운 대통령은 되고 이래저래 더 농사지을 시간이 있는 직원들은 안 된다니, 그리고 엄벌하라는 말은 대통령 자신이 온 국민에게 대놓고 하는 것을 보니 농지법에 의한 농지의 취득에서는 문제가 없었다는 것을 밝히고자 합니다.

물론 정책 입안자나 그런 계통에 있는 사람 중에 혹시라도 신도시 개발에 대한 내부 정보를 이용하여 투자를 하였거나 하는 부분과 특수작물 재배로 업무상 알게 된 지식을 동원하여 개발이익과 보상을 노린 투자를 하지 않았나 하는 의심과 의혹의 눈초리와 사회적인 지탄을 받는 것이고, 대통령은 은퇴 후 귀촌을 위한 사저 구매를 위해서 농지를 사들인 것이어서 문제가 없다는 것이라고 이해하고 싶습니다.

그럼 이렇게 정치적 정파적인 이야기 이래저래 열 받는 이야기는 이쯤에서 줄이고, 누구 말처럼 법대로 농지법 저촉 여부를 살펴보겠습니다.

이번 파문에서 문제가 되는 부분은 농지 구매를 직장인인 LH

직원이 할 수 있는가, 직장인이나 자영업자도 농사를 지을 수 있는가 하는 것이며, 그다음에 농지원부 농업경영체 등록으로 농업인이 될 수 있는가 그리고 지역농협 조합원으로 가입이 가능한가 등 농지 관련한 부분만 살펴보고자 합니다.

농지를 취득할 때에는 농지법에 의거 농지취득자격 증명을 발급받는 데 관련한 법이나 규정 등을 보면 구매 당시에 농지로 사용할 수 있는 농지인지 구매자가 농사를 지을 수 있는지를 판단하여 발급해 줍니다.

물론 새로 개정된 농지법에서는 영농거리나 직업 등 종합적으로 판단하도록 하고 있습니다.

그럼 위에서 거래된 농지가 당시에 농지이었고 나아가 농사를 지을 수 있는 땅이었다면 일단 대상 농지는 구매하는 데 하자가 없다고 보입니다.

다음으로 구매자가 미성년자나 거동불능자 등 농사를 지을 수 없는 자였는 지인데, 잘은 모르지만 직장인이었으니 정상적으로 농사지을 수 있다 할 것입니다. 혹여 다른 직장에 근무하거나 사업을 하면 안 된다는 규정이 있을까요? 농지법에는 이러한 규정은 그 어디에도 없습니다. 혹여 각 회사 등의 내규에 있다면 이는 농지 부서의 농지취득자격증명 발급에서는 확인 불가한 사항이니 농지취득자격증명 발급이 부당하거나 잘못 발급되었다 할 수는 없다고 보입니다.

다음으로 농지를 구매하고 자경을 하였는지에 대한 여부인데,

이 부분은 농지원부나 농업경영체 등록 관리를 위하여 현장을 방문하여 작물이 심겨있으면 농작물 재배로 보고 누가 농사를 짓는지를 소유주나 주변 탐문 등으로 파악하여 자경 타경으로 조사를 하여 등재 관리를 하게 됩니다.

그리고 직접 농사를 지었는지에 따라서 농지법의 농지취득자격증명 허위 발급이나 처분명령 대상으로 처벌 대상이 됩니다. 농지취득자격증명을 신청할 때 자경하겠다고 하면 이를 심령술사도 아니고는 가려낼 수가 없으며, 자경 여부를 농지 부서에서는 수시 또는 정기 조사를 하지만 소유자나 인근 농사짓는 사람들이 본인이 짓는다고 하면 강제성도 없고 조사 인력도 부족하여 제대로 조사관리가 쉽지 않은 부분이기도 합니다. 물론 자경을 하지 않는 것이 확인되면 농지처분명령 예고와 청문 그리고 처분명령 등을 통한 조치를 취할 수 있습니다.

위에서 살펴본 바와 같이 농지 구입 과정에서는 자경을 하겠다고 하였을 것이고, 현재 조경수, 정원수 등을 식재하였다면 농작물을 자경하고 있다고 볼 수 있을 것이므로 크게 문제 될 바는 없어 보입니다.

이제 보유 관리를 하면서는 실제 직접 농사를 짓지 아니하고 임대를 주거나 휴경을 한다면 사안에 따라서 농지취득자격증명의 허위 발급이나 농지처분 명령으로 농지법에 의한 조치를 할 수 있을 것입니다. 헌데 이번 사안의 경우 위와 같은 법 위반으로 처벌 시에는 농지취득자격증명 허위 발급은 과태료가 적고 처분명령으로는 1년 이상의 시간이 소요되어 법적 제재의 효과가 상당히 미약한 것은 사실입니다.

이번에 개정된 농지법에서는 다소 처벌 규정이 강화되었습니다.

다음으로 지역 농협 조합원 가입과 대출 부분인데, 지역 농협의 가입 조건은 농업인이면 가능하고, 가입 농협은 주소지나 토지 소재지 농협에 가입이 가능합니다. 그렇다면 토지가 있는 지역 농협에 가입하는 것은 아무런 문제가 되지 아니합니다.

대출 부분 또한 토지를 담보로 하여 대출을 받는 것은 크게 문제가 되지 않아 위법하다 보기는 어려울 것입니다. 오히려 지역 농협 조합원으로 가입하지 아니하는 것이 진짜 농사를 지을 마음이 없거나 할 생각이 없다고 보는 것이 더 맞습니다.

위와 같이 문제가 된다고 여론재판을 하는 이 사안을 살펴보았으나 농지법에서는 직장인이나 자영업자 등도 얼마든지 농지 투자도 하고 농업인도 되고, 조합원도 될 수 있다는 것을 알 수 있었다고 할 수 있습니다.

다만 "한 명의 도둑을 열 명이 못 잡는다."라고 법망을 피하며 하는 행위는 그 법의 입안자나 집행자나 어찌할 수가 없는 것이라고 봅니다.

일반인들은 이런 일에 내가 돈 못 벌었다고 그들이 그렇게 해서 얼마나 벌었는지에 열 받고 흥분하여 온 세상을 떠들썩하게 하지만, 투자자들은 이들이 언제 어디에 어떤 방법으로 투자하였는지를 차분히 살피고 유사한 개발 지역이나 투자처에서는 언제 어떻게 투자할 것인지를 익히는 좋은 기회로 삼고 있습니다.

같은 사안을 가지고 일반인과 투자자들이 보고 살피는 관점이 다르다는 것이 일반인과 투자자들이 접근하는 방법의 차이이며, 뉴스나 정보를 보는 접근법이 다른 것입니다.

지금 못한 것이 화나서 흥분할 때인가? 새로운 투자법을 알게 되어 가슴이 뛰어야 할 때인가? 나는 지금 어디에 흥분하고 있는지 조용히 돌아보았으면 합니다.

결론적으로 현행법상으로는 직장인이나 사업자가 농지를 취득하거나 농업인이 되는 것이 결코 위법 사항이 아닙니다. 다만 내부 정보를 이용하여 투자를 했느냐 하는 것은 별개의 문제로 보았으면 합니다.

이는 지난 농지법에 의거 투자한 사례를 가지고 말한 것이며, 새로이 개정 시행되는 농지법에서는 직업이나 영농거리 등 취득 심사나 처벌 조항 등이 강화가 되었으니 이러한 점을 잘 살펴보시기 바랍니다.

21.
농사나 귀농 농지 투자와
돈 되는 농지 투자는 투자처나 투자법이 완전히 다르다

우리는 '농지 투자! 땅 투자!'라고 하면 다 같은 투자로 여깁니다. 그러나 농사나 귀촌 귀농을 위한 농지 투자와 돈 되는 농지에 투자하는 것은 투자처나 투자 방법이 완전히 다릅니다. 그런데도 많은 투자자가 농지 투자를 뭉뚱그려서 한 묶음 하나의 방법으로만 생각합니다. 이 둘은 완전히 다르다는 인식하에 투자에 임해야만 성공적인 투자를 할 수가 있습니다.

농사용 농지 투자라고 하면 값도 저렴하고 토질도 좋고 농업 기반도 잘 갖추어진, 그리고 영원히 농업 생산에 이용될 수 있는 그런 농지에 투자해야 할 것입니다. 물론 재배하려는 작물이나 유통 등 지원 시설도 보아야 하고 투자라 하는 것이 그렇게 단순하지만은 않지만, 농업 생산성이 높고 보존의 가치가 높은 곳을 찾아야 할 것입니다.

귀농이나 귀촌을 하려고 한다면 고향이나 산 좋고 물 좋은 살기 좋은 동네 부근의 농지나 전원주택에 투자해야만 제대로 정착을 할 수가 있을 것입니다. 이 역시 투자로 하는 것으로는 단순하게 판단할 사항은 아니지만, 그래도 정착하기에 편하고 또 자기가 원하는 삶을 살아가는 데 있어서 가장 적합한 지역이고 장소라야 할 것입니다.

돈 되는 농지에 투자한다고 하는 것은 그야말로 가치가 상승하는 등 돈이 될 지역이나 물건이나 개발하여 이용이나 개발 압력 수요가 높은 곳을 찾아서 투자해야 하는 것입니다.

돈 되는 농지 투자는 단순하게 보기는 어렵고, 투자하는 사람의 성향이나 희망지역 그리고 투자하는 자금이나 투자방법 그리고 하는 일이나 투자 마인드 등 아주 복잡하고 다단한 여러 가지 요소들과 조건을 충족할 수 있는 그런 대상이라야 할 것입니다.

그러나 어느 경우가 되었든 간에 나는 먼저 농업인용 농지에 투자하라고 권하고 있습니다. 이유는 농지를 가지고 농사를 짓고 하면서 농지에 대한 속성과 농사에 대한 기본 지식을 습득하고, 특히나 내가 농지를 가지고 있는 경우 자꾸만 더 농지 투자에 관심을 갖게 되고, 지식이나 정보를 습득하는 능력이 배가 되기 때문입니다.

일례로 부모님 밑에서 살고 있는 자녀들은 집에 대한 관심도가 낮습니다. 그러나 독립을 하거나 결혼을 하여 전세든 작은 내 집이든 살게 되면서 그때부터는 집을 보는 눈이 떠지고, 생각이 달라지고 어떤 곳이 살기 좋고 어떤 집이 더 나은 집이며, 특히나 투자가치가 좋은 지역이나 물건에 대한 관심도도 높아지고 투자하려는 의욕도 고취가 되는 것과 같기 때문에 농업인용 농지를 우선 투자하고 준비하고 배우는 기회를 가지라는 것입니다.

농업인용 농지를 가지라고 하면 대부분의 사람은 자기 주변에 있는 농사용 농지에만 관심을 갖게 됩니다. 이제는 돈 되는 농지에 관심을 가져야 하는데, 농사용 농지는 어느 정도 알게 되었기 때문에 현재 내가 가진 것보다 조금 나은 그런 농사용 농지는 눈에 보이고 판단이 서기 때문입니다. 이 유혹을 잘 넘겨야 돈 되는 농지로 갈 수가 있습니다.

돈 되는 농지에 투자하려고 한 단계 도약하려면 농업용 농지를 마련하고 관리하고 한 이후에는 주변의 어떤 유혹에도 농사용 농지에는 관심을 갖지 말아야 합니다. 이때부터는 돈 되는 땅에 대한 눈을 틔워야만 합니다.

그럼 돈 되는 농지란 어떤 것들일까? 우선은 지역이 향후 발전할 곳이냐 개발이 될 가능성이 큰지, 또 이러한 계획들이 국토종합계획이나 도시기본계획 등에 있느냐 이런 여러 가지를 가지고 지역을 선정하고 그러고 나서 그 지역에서 좋은 물건이거나 싼 물건에 투자하면 됩니다.

마치 서울이 좋으냐 경기도가 좋으냐, 강남이 발전성이 있느냐 양평군이 발전성이 있느냐, 강남역 사거리의 상권이나 아파트단지가 좋으냐, 저기 산 밑에 붙은 빌라촌이나 단독지가 좋으냐 이건 여러분들이 읽으면서 뭐하는 수작이야 했을 것입니다.

이미 이런 말을 하는 이유를 잘 알고 있듯이 바로 돈 되는 땅을 볼 때도 투자를 할 때도 이러한 방법으로 투자처나 투자 물건을 찾아간다는 것입니다. 양평군에서 살면서 빌라에서 아파트만 본다든지 하는 것보다는 서울 청량리에 있는 다세대나 아파트를 분양받든가 아니면 강남의 저 변두리 빌라를 구매하는 것이 나중에 애들을 주든, 세를 받든, 매매를 하든 더 좋다는 것은 다 알지 않는가요? 바로 이와 같이 농업인용을 했다면 다음번에는 돈 되는 투자처나 물건에 관심을 가지라는 것입니다. 그것이 부자로 가는 길이면 투자자가 지향해 나아가야 할 일이라고 봅니다.

농사나 귀농용 농지 투자와 돈 되는 땅 투자의 투자처나 투자법은 다르다는 점을 명심하고, 투자 지식이나 정보 그리고 투자 실행은 다르게 임하시기를 권합니다.

일부 전문가나 투자자들이 농사용을 돈 되는 농지로 투기를 부추기거나 이용하기도 하여 농사를 짓는 사람들에게 허탈감과 좌절을 안기고 투자자들에게는 잘못된 투자로 인하여 건전한 투자 의욕을 꺾기도 하지만 이는 농사용 땅과 돈 되는 투자용 땅을 구분하지 못하고 대박 환상에 빠져서 덤벼드는 투자자들이나 이를 이용하는 이들의 장난에 놀아난 탓입니다.

부동산 투자를 하면서 수익률이란 걸 보고 하시지요? 그럼 농사용 농지는 생산한 수익률을 따지는 것이라고 보면 되고, 돈 되는 농지라고 하는 것은 일정 기간의 자산의 가치 상승으로 인한 수익률을 보는 것이라고 하면 명확히 투자에 대한 기준이나 판단이 되리라고 봅니다.

그래서 농사용은 생산성에 따라서 가격이 변동되는 것이고, 돈 되는 농지는 그 지역 발전성이나 개발 가능성 등에 따라서 가격이 변동되고 조정되며 거래되는 것입니다. 그래서 농촌의 저 드넓은 들판의 논밭들은 가격 변동 폭이 작고 도시 내 또는 도시 인근의 볼품없는 농경지들은 가격이 폭발적으로 오르는 것입니다.

당신이라면!
농사짓는 농지에 투자할 것인가?
아니면 돈 되는 농지에 투자할 것인가?

부자들이 알음알음하는
대한민국 땅 투자

Part 2
부자들이 알음알음하는
농지 투자

1.
아는 사람들만 알음알음하는 부동산 투자의 꽃, 땅 투자

농지에 투자하자고 하면 저 푸른 들판 초원 위의 집 그리고 웰빙이 떠오르나요? 그렇다면 에코세대시군요.

그럼 산골짜기에 포근하게 자리 잡은 마을과 문전옥답에서 일하는 어머님이 생각나나요? 그럼 베이비붐세대이시군요.

농지를 개발하여 근린생활시설이나 공장을 하고 있는 도시 근교가 눈에 들어오나요? 아! 투기꾼이시군요.

내자남기(본인은 투자자, 남들은 투기꾼), 바로 부동산 투자의 본류이겠지요.

땅에 대한 투자를 선뜻 못하는 이유는? 또 얼떨결에 하고 나서 후회하는 이유는? '땅은 보유하는 동안 수익이 없다', '오랫동안 팔리지 않고 묶이므로 환금성이 없다', '잘못 투자하면 본전도 못 건진다.' 이런 고정관념 또는 투자의 속설 때문이라고 봅니다.

또 하나는 땅은 몇몇 투자자들만 좋아하는 것이고, 중개업소도 전문가도 그리 많지 않습니다. 내세우거나 떠벌리지 않는 보수적인 투자 습성이 있기 때문이기도 합니다. 또 대부분의 주거·상업·분양 등 하는 중개업소나 전문가들이 땅으로 가는 것을 막기 위해서, 아니 그보다는 자기의 고객으로 하기 위하여 땅에 대한 부정적 이미지를 부각시켰기에 많은 사람이 땅을 어려워합니다.

장기간 물려있고 환금성도 없다는 것과 그렇지만 대박은 땅에서 난다 하는 땅에 대한 이중적 편견을 가지게 된 것은 아닌가 싶습니다.

그런데도 우리 주변에서는 다른 사람, 그 누군가가 땅을 가졌다니까 시샘으로 또 누가 돈을 벌었다니까 나도 해보자는 의욕으로 덤벼들었다가는 코피가 터지는 것입니다. 그러니까 주식이나 주택 등은 투자라 하고, 땅은 투기라고 생각들을 하는 것이 아닌가 합니다.

주택이나 상가 등 건물의 부동산은 현재 가치를 보고 투자하지만, 땅은 미래 가치를 보고 투자하기 때문에 어려운 것이 사실입니다. 다시 쉽게 정리해보자면, 건물은 아파트, 상가, 공장 등 이미 그 사용하는 용도가 어느 정도 정해져 있으니 그것들을 이용하는 방법이나 사람들을 파악하기가 쉽습니다. 그러나 땅은 현재 나무가 자라거나 농사를 짓고 있는 땅이기에 여기에다가 무엇을 어떻게 이용하고 활용해야 하는지를 가늠하기가 쉽지 않은 것입니다. 그래서 건물은 현재 가치를 보는 것이고, 땅은 미래 가치를 보는 것입니다. 미래를 본다는 것, 예측한다는 것은 신의 영역이라고 하는데, 그렇다고 요즈음 좋아하는 과학이나 통계로 입증 가능할까요? 그것도 역시나 추측이지 불가한 영역입니다. 하지만 그래도 농지의 속성 등과 그동안의 투자 사례 등을 알고 하면 적어도 리스크를 줄일 수는 있다는 것입니다.

농사를 생업으로 삼고 거기서 생산하여 생활과 부를 누리는 것도 농지 투자라 할 수 있으며, 이것이 진정한 농지의 투자라 할 수 있겠으나 이제부터 이야기하려는 농지 투자는 내자남기 투자법에 관해서 이야기하려고 합니다. 내가 하면 투자이고, 남이 보면 투기라고 할 만한 것들. 그렇다고 불법이나 위법이 아닌 정당한 투자를 말합니다.

돈 벌어서 잘살아보자고 하면서 불법이나 탈법으로 사회질서 어지럽히고 소위 말하는 빨간 줄이나 남의 손가락질 받으면서 하는 투자는 하지 맙시다.

농지에 투자하여 성공하려거든 농지 구매에서 보유 관리 전용 개발 세금 처분 등 농지 투자 전반에 대하여 제대로 알고 하기를 권합니다.

주거·상업·공업 등 건물에 대한 투자는 현재 가치를 더 높이 보고 투자하는 것이라고 했으니 현재 주변 상황과 그 건물의 상태 그리고 가격만 알면 거기에 미래 가치를 보태기 하여 투자를 하면 됩니다.

산지에 대한 투자 역시 농지 투자와 비슷합니다. 원래 산지는 조림과 육림으로 풍수해 등 재해 예방과 마을 등을 보호하기 위하여 또는 산채나 버섯 등을 재배나 채취하기 위하여 투자하게 되는 것입니다. 물론 과거에는 분묘 등을 위한 투자가 많았으나 지금은 우리 장례문화의 변화로 거의 사라져 가고 있습니다.

농지와 산지처럼 미개발지에 대한 투자는 미래의 가치를 보고 투자를 하는 것이기 때문에 지역의 발전성과 개발 가능성 등을 살펴야 하고, 보유 관리 하면서 가치를 높일 수 있는지를 먼저 보고 현재의 상태와 가격 등을 보고 투자를 하는 것이므로 상당한 지식과 경험 그리고 노하우가 필요합니다.

인생살이 60년이던 과거에는 평생에 기회가 세 번 온다고 했습니다. 그러나 지금은 100세 시대이니 적어도 5번 이상은 기회가 올 것입니다. 그러니 서두르지 말고 준비해서 제대로 된 물건을 만들어 보아야 할 것입니다. 10년에 세 배를 버는 투자를 한다고 할 때 첫해부터 꾸준히 적금식으로 투자하여 하는 방법도 있고, 첫해에 목돈을 투자하여 기다리는 방법도 있을 것이기 때문입니다.

그러나 종잣돈은 처음부터 차곡차곡 준비하면서 적어도 4~5년간은 지식과 정보 등 투자 공부를 하고, 2~3년간은 실전과 같은 현장 답사 등 투자 감각을 익힙니다. 그리고 돈이 될 가치가 있는 그런 땅에 투자하고, 그렇게 하다 보면 다음번에는 성공의 길이 열려있는 것 아닌가 합니다.

이렇게 하는 것은 따분하고 싫다고 남들이 돈 된다는 곳에 투자하고는 나도 땅임자라고 좋아만 한다면 과연 대박을 낼 일이 많을까요? 무슨 복에 그런 물건이 나에게 올까 한번 생각해 보시기 바랍니다.

부동산 투자의 꽃이라는 땅 투자는 그래서 아는 사람들만 알음알음하는 투자이고, 해본 사람들만 하는 투자라는 말이 회자되고 있습니다. 또 실제로 그런 사람들만의 놀이터가 되고 있는데, 이는 앞에서 설명한 것처럼 오랜 세월의 노하우를 가지고 투자해야 그만큼 성공을 할 수 있기 때문이기도 합니다.

처음 땅에 투자하는 분들은 이걸 개발해서 이렇게 저렇게 하면 대박이 날 것이라는 기대에 부풀어 자기가 아는 기준으로 그림을 그리는 경우가 대부분입니다.

예로, 저기 저 농촌에 서울에서 잘 나가는 명품샵이나 유명한 가든을 하면 그곳에서도 잘 팔릴까요? 고급 다세대나 전원주택이 용산 종로의 단독주택과 맞먹을까요? 그런 수요는 있긴 있지만, 그런 사람들은 내가 지어놓은 그런 것은 쳐다보지도 않는다는 것입니다. 그저 내 물건은 내 수준에 맞는 고객들이기 때문입니다.

그래서 난 개발을 하고자 한다면 농지, 산지보다는 도심지의 단독 등 대지나 차라리 택지개발 지구의 부지를 개발을 하는 것이 훨씬 좋다고 말을 합니다.

땅 투자는 쉽고도 어렵습니다. 그러나 알고 하면 영원한 블루칩(blue chip)이 땅 투자라고 말할 수 있습니다.

지금 부동산 시장은 20년 전인 2000년 초반의 상황과 같습니다. 20년 전 IMF로 인한 경기 침체와 그 이후의 부동산 시장 그리고 한 가지 더 20년간의 국토 계획이 나왔던 시기, 지금이 바로 그때 그 시절과 같다면, 지금 바로 내가 할 일은 무엇일까요? 기회는 누구에게나 주어지지만 그 기회를 잡는 사람은 준비된 자의 몫입니다. 우리는 이 기회를 잡기 위해서 어제도 오늘도 부동산 투자 재테크에 관심을 갖고 부동산 소식과 정보를 모으고 살피며 투자에 관심을 갖고 준비하고 있습니다.

부동산 투자의 시작은 관심에서 출발하고, 준비를 어떻게 하느냐 그리고 실천으로 결판이 납니다. 그 관심과 실천이 어느 것이고, 어떻게 하였는지에 따라서 그 결과는 달라지는 것입니다.

2.
부동산 투자 재테크 최대한 일찍 관심 갖고 시작하자

부동산 투자 재테크는 평생을 함께해야 하는 필수 요소입니다. 태어나면서부터 죽을 때까지 심지어 죽어서까지도 우리네 삶과 떼려야 뗄 수 없는 것이 부동산과 경제인데 우리는 때로는 터부시하거나 애써 외면하려 하고 오히려 부동산 투자 재테크를 하는 사람들을 투기꾼 취급을 하며, 멀리하며 또 한편으로는 부러워하기도 합니다.

저는 가급적 부동산 투자 재테크는 일찍 관심을 갖고, 일찌감치 접하고 배웠으면 합니다. 또 모든 가정에서 사회에서 그렇게 가르쳤으면 하고 바랄 뿐입니다. 그렇다고 부동산 투자하는 기술을 배우라는 것이 아니라 경제와 투자의 기본 정석과 순환 굴레를 이해하고 배우라는 것입니다. 그래야만 살아가면서 어렵지 않게 잘살아갈 수 있다고 보기 때문입니다.

우리가 초등·중등·고등·대학까지 16년간 무얼 배우나? 그것이 우리가 살아가는 데 있어서 반드시 필요하기만 한 것인가? 물론 각자 사정에 따라서 판단은 다르리라고 봅니다. 어떤 사람은 전혀 필요가 없거나 상관이 없다고 느낄 수도 있고, 어떤 사람은 원과 한이 서릴 만큼 간절함을 느끼기도 할 것입니다.

아직도 무슨 이야기인지 모르는 그대는 그래도 가진 사람의 여유일 것이고, 많은 성공한 분이 학교를 나오고 안 나오고가 무슨 상관이냐고 합니다. 그런데 살면서 한글도 몰라, 영어도 몰라 때로는 전문용어를 몰라서 답답하고 좌절하거나 학교 졸업장에 막혀서 어떤 일을 하고 싶어도 하지 못하는 그들을 조금이라도 헤아린다면 그런 남의 가슴 후벼 파는 소리를 하지 말기를 바랍니다. 그렇기에 우리는 의무교육으로 기본적인 공부를 하고 또 남들처럼 대학을 나오려고 하듯이 부동산 투자 재테크에도 기본적인 지식과 상식을 함양하는 것이 반드시 필요합니다.

우리는 10여 년 이상을 학교에서 배운 것을 기본으로 하여 평생 돈도 벌고, 생활하며 살아갑니다. 배우고 못 배우고에 따라서 그 삶의 질이나 성공 여부도 많이 달라집니다.

그런데 우리 삶의 영향을 가장 크게 주는 경제와 부동산 투자 재테크에 대하여는 누가 알려주지도 않고, 알려고 하지도 않습니다. 그러다가는 살다가 부닥치니까 집도 사고 사업장도 마련하고 그러다가 돈이 되니 투자를 하고 이러면서 살아가고 있습니다. 그러니 이렇게 중요한 부동산 투자 재테크 경제에 대하여 조금이라도 일찍 접하고 익혔으면 하는 것입니다. 물론 지금은 어려서부터 많은 사람이 관심을 갖고 투자도 합니다.

과거에는 부동산 투자를 한다고 하면 50~60대가 대부분이었지만, 지금은 30~40대가 가장 많이 하는 것 같습니다. 아니 오히려 '2030 영끌'이라는 신조어가 있을 만큼 많이 젊어지고 일찍들 하고 있습니다. 그러나 체계적이지도 않고 일부만의 이야기인 듯싶으니 차라리 어려서부터 체계적으로 경제와 투자 공부를 하였으면 하는 것입니다.

이제 좀 다른 이야기를 해보려고 합니다. 요즈음 부동산 투자자를 보면 마치 돈에 미쳐 돌아가는 사람들 같습니다. 돈이 된다면 불법이든 무엇이든 가리지 않고 하는 것을 보면 말입니다.

세상에는 정도라는 것이 있습니다. 투자에서도 어느 정도의 선을 지켜주었으면 합니다. 하긴 위에서부터 아래까지 모두 하는 것이 다 그 모양이지만 그렇기에 무엇보다도 경제 부동산 투자 기본 정석을 제대로 학습시키는 경제 교육을 일찍 시작을 했으면 싶다고 하는 것입니다. 또 요즈음 부동산 투자를 배우겠다고 오는 사람들을 보면 그저 한탕으로 크게 벌 수 있는 것을 원하고 있는 경우가 허다합니다. 그야말로 부를 축적하고 불리는 방법을 터득하고자 하는 것이 아니고 얄팍한 기술로 상대의 이익까지 내가 모두 챙기려고 하는 그런 것, 그러니 부동산 투자나 하는 사람을 사기꾼 투기꾼 정도로 취급하는 것이 아닐까 싶기도 합니다.

부동산 투자는 제대로 알고 하고 보듬고 가꾸고 키워 나가면 얼마든지 좋은 물건이 되어 보답하는 것이란 것을 알았으면 합니다.

마치 농부가 씨앗을 뿌리고 가꾸고 거두어들이듯이 말입니다. 그런데 씨앗을 뻥튀기 기계에서 튀겨서 그걸 먹으려고 하는 그런 마음으로 뛰어드는 걸 보면 안타깝기 그지없습니다.

 과거에는 투자하면 10년에 10배가 오른다고 했습니다. 물론 지금 같은 저금리시대에서는 맞지 않는 이론입니다. 매년 조금조금 올라서 10배가 되는 것이 아니라 3년에 약 두 배 4~5년에 3배가 오름으로서 10년에 10배가 됩니다. 그러니 몇 년간 잘 배우고 익히고 한 후에 제대로 된 곳에 투자를 제대로 하면 되는 것인데, 막 집어 던져 놓고는 빨리 두 배가 되게 하려고 별의별 짓을 다 해대니 시장이 문란해지는 것이라고 봅니다.

 그래서 일찍 경제나 부동산 투자에 관심을 가지라는 것은 처음부터 투자에 적극적으로 나서라는 것이 아니라 우리가 학교에서 공부를 하고 사회에 나오듯이 경제나 부동산 투자에 대한 것도 기본 정석을 기초부터 제대로 잘 배우고 익히고, 그리고 정보와 돈을 모아서 투자하여 잘 보듬고 가꾸고 하면서 제대로 된 물건으로 만들어 사용과 활용과 재테크를 하였으면 좋겠다는 것입니다. 그래서 일찍 시작을 했으면 한다는 것입니다.

 결론적으로 내가 부동산 투자 재테크에 일찍 관심 갖고 시작하자는 것은 복리의 마술이라는 72의 법칙 때문도 아니고, 또 일찍 시작하여야 선점이니 또 잘살 수 있다느니 이런 것도 아닙니다.

부동산 투자를 마치 장난감 사듯이 한다든지, 여기저기 잘 알지도 못하고 휩쓸려서 한다든지 하는 투기성의 투자를 하지 않기 위하여 일찍부터 기본 정석 투자 재테크에 대한 이론과 실무를 접하면서 그리고 작은 것 하나하나를 직접 실천해 가면서 키워가자는 것입니다.

마치 농부가 씨 뿌릴 농지와 종자를 준비하고 봄에 씨앗을 뿌리고 자연의 섭리에 순응하며 가꾸고 거두어들이고 또 다음 해를 준비하듯이 말입니다.

3.
땅의 주인이 되어야만 여유롭고
행복한 부자로 잘 살 수 있다

부동산하면 무엇이 떠오르시나요? 아마도 대부분 아파트가 떠오를 것입니다. 그러나 진정한 부동산은 땅이란 걸 알아야 합니다. 땅만이 불변의 가치를 가지고 있기 때문입니다. 땅 위에 지어진 아파트나 건물은 일정 기간이 지나면 그 가치가 하락하거나 비용이 들어가지만, 땅이란 것은 그 가치가 더 돋보이게 되는 것입니다.

자 한번 살펴볼까요? 아파트에는 땅이 얼마나 지분으로 있나요? 아파트 보다는 못한 빌라 다세대는 지분이 얼마나 있나요? 아! 그 잘나가던 주상복합은 지분이 얼마나 되기에 요즘 선호도가 떨어질까요? 지금까지 빛을 발한 오피스텔이나 원룸은 지분이 얼마나 하는지 아시나요? 요즘 와서 대접받는 단독주택이나 전원주택은 대지가 얼마나 되더라?

세월이 지나면서 땅의 면적에 따라서 그 가치가 빛을 발하는 이유를 이제 알 수 있나요? 바로 부동산의 가치는 결국 땅이라는 것을 알아야만 투자에 성공할 수 있습니다.

이만큼 이야기를 했으면 이젠 알겠지요? 이제 주거비율이 100%를 넘어섰다고 하는 시대이니 과거와 같이 단순히 아파트 등 주거 시설로 투자 이익을 남기기는 어려운 시절이 왔습니다. 그럼 어디에 무엇을 기준으로 투자를 해야만 할까요? 바로 부동산의 가치를 결정짓는 땅을 보고 투자를 하라는 이야기를 하고 있는 것입니다.

지금은 소유가 아니라 사용이라고 하던가요? 그런 이야기를 누가 하던가요? 가진 사람이 하지는 않던가요? 요즈음 한참 회자된 갑과 을의 관계로 보면 땅을 가진 자가 갑인가요? 을인가요? 이제 갑의 시대는 가고 을의 시대가 도래했나요? 영원한 갑도 영원한 을도 없지만, 을이 갑을 이길 재간은 없습니다. 공연히 을의 세상이라는 허황된 망상에 빠지지 마십시오.

갑은 갑이고 을은 을일 뿐입니다. 이는 동서고금을 통틀어서 아니 앞으로도 영원히 변치 않을 진리입니다.

요즈음 부동산 시장에서 일어나는 그동안 보지 못했던 현상을 아시지요? 전세난에 월세는 다락같이 오르고 집값은 집값대로 천정부지로 치솟고, 그동안 여러 차례 언급하였지만 임차료는 집값의 110%는 되어야 정상 시장이라고 한 것 기억나시지요? 정부에서 세금으로 임대주택을 제공하지 않는 한 이는 당연한 귀결입니다.

또 하나 정부의 전세자금이나 저리대출로 전세나 월세로 살아가면 된다고 하는데, 그럼 소득이 없어지는 은퇴 후에는 무엇으로 대출이자나 월세를 내며 살아갈 건가요?

과연 그 이후의 삶은 어떻게 될까요? 저는 이것이 가장 궁금합니다. 그동안 돈을 많이 벌어서 그 돈으로 살아가게 될까요? 아니면 정부의 생계지원비로 연명하면서 살아갈까요? 아이들을 낳지 않아서 연금도 바닥난다고 난리인데 세금은 무한정 나올 수 있을까요? 하긴 요즈음 은퇴 세대들은 '복지 재테크'라는 용어가 생겼더라고요. 어떻게 하면 정부에서 주는 지원금이나 보조금을 많이 타서 편히 살 수 있는가를 재테크 수단으로 삼는다는 웃픈 이야기입니다.

이야기가 옆으로 새려고 하네요. 우선 내 집 마련은 해야만 노후를 안전하게 보낼 수 있습니다. 이미 자녀들이 부모를 봉양하는 시대는 지났습니다. 자기들 먹고살기도 바쁜데 부모를 챙길 여유가 없기 때문입니다. 아니 오히려 부모 세대보다도 가난한 자식 세대가 도래하고 있다고 합니다. 그렇다고 선진국처럼 사회보장제도가 완벽하지도 않습니다. 아직은 많은 부분을 개인들이 준비해야만 하는 그런 사회가 되었습니다. 그렇다면 대안은 내 집에서 살면서 생활비도 걱정하지 않는 내 집 하나는 꼭 있어야 합니다. 앞에서 말했지만, 집의 가치는 땅이라고 했습니다. 이왕이면 넓은 땅을 차지하면 더더욱 여유롭게 지낼 수 있을 것입니다.

집이 있고 상가든 공장이든 다른 부동산이 있다면, 더 넓은 농지나 임야가 있다면 좀 더 여유롭게 부자로 살아갈 수가 있다는 겁니다. 어떻게 해서든 이왕이면 넓은 땅을 가지는 욕심을 부려야 하고, 그래야만 여유롭게 노후를 부부가 자녀들과 보낼 수가 있을 것입니다.

다시 한 번 말하지만, 동서고금을 막론하고 땅을 가진 자가 세상을 지배했습니다. 과거에는 땅을 가진 자가 그 지역의 백성을 지배하였습니다. 지금도 땅의 지배권을 가진 국가는 각종 규제로 관리하고 세금을 거두어들이며 주변국에도 영향을 미치고 있습니다.

그러나 땅을 가진 개인은 땅을 이용하려는 그 사람들에게서 이익을 취하고 있습니다. 바로 땅을 가진 자가 땅을 갖지 못한 자에게 지배권을 행사하며 이익을 취하는 것은 과거나 지금이나 또 앞으로도 영원히 변치 않을 것이라고 본다면, 그렇다면 땅을 가지려고 노력을 해야 하고 또 그 땅을 소유하여야만 한다고 주장하는 것입니다. 땅은 소유가 아니라 이용이라는 달콤한 가진 자들의 말에 놀아나서 나만이 아닌 내 자식들까지 영원한 지배를 받는 리스인생으로 전락하도록 하지 마시기 바랍니다.

혹시 땅으로 기업이나 재벌들이 부자가 되었다는 사실을 아십니까? 우리나라 아니 세계의 기업들도 대부분은 부동산으로 돈을 벌었다고 해도 과언이 아닐 정도입니다.

도시의 변두리에서 공장 등 대규모 부지를 형성하고 기업 등을 운영하다 보면 종사자 등이 모여들면서 도심화가 이루어집니다. 그로 인해 개발 압력이 가해지고 결국은 인심 쓰며 그 자리가 필요한 수요자들에게 넘겨주고 또다시 값싼 변두리 토지에 기업을 이전하고 생산을 하면서 연명하게 됩니다. 그러다 보면 또다시 개발 압력이 주어지고 또 큰돈을 벌어서 이전하게 되는 투자 선순환이 이어지면서 땅 투자로 큰 수익을 창출하는 부가 이루어진다는 것을 말입니다.

글로벌 금융위기 이후부터, 아니 어찌 보면 코로나 이후의 부동산 시장은 물론 전체의 경제가 과거와는 완전히 다른 새로운 패턴으로 흘러갈 것이라고 말합니다. 또한, 지금 어디에 어떻게 투자를 해야 하는지 한 치 앞을 알 수가 없다고 말들을 합니다. 그동안 다락같이 오른 부동산은 조정을 받을 것이고, 폭락을 할 것이고, 이제 부동산은 끝났다고들 말하기도 합니다. 그럼 다른 투자 수단으로 재테크로 대박을 내셨나요? 누구에게나 다 좋은 그런 재테크 수단은 존재하지 않습니다.

사람이 단 한 순간이라도 부동산과 떨어져서 살 수가 있을까요? 아닙니다. 비행기나 배를 타면 된다고 그것도 부동산입니다. 그리고 아주 잠시 떨어져 살 수 있을지는 모르지만 먹고 마시는 것이 어디서 나오나요? 바로 땅에서 나온다는 것 부동산이란 걸 혹시 망각하지는 않으셨겠지요.

땅이란 내가 사는 한, 아니 내 후손들이 사는 한, 언제까지나 함께할 수밖에 없다는 걸 명심하십시오. 부동산은 땅이란 것을 인식하시고 부동산 투자는 결국 땅에 투자해야 한다는 걸 잊지 마시기 바랍니다. 땅을 가진 자가 세상을 지배합니다. 땅의 주인이 되어야만 여유롭고 행복하게 살 수 있습니다. 내가 가진 땅만큼 나의 지배권이 있고, 그만큼의 여유와 부를 누릴 수가 있습니다.

　부동산 투자 아직도 늦지 않았습니다. 이는 평생 동안 내가 실천해야 할 과제입니다. 꾸준한 관심을 갖고 정보와 지식을 습득하고 자금을 준비하다가 기회가 주어질 때 투자로 실천하면, 누구라도 여유롭게 부자로 행복하게 잘 살 수 있습니다. 세상은 누구에게나 공평하게 기회를 줍니다.

　어제의 삶이 지금 나의 모습이며, 지금 나의 삶이 내일의 나의 모습입니다.

　어제보다 나은 내일을 위해서 오늘도 열심히 살아야 하는 이유입니다.

4.
부동산 투자! 이제부터 대세는 농지 투자다

　부동산 시장에서 투자 대상인 부동산은 언제나 돌고 도는 순환 주기를 갖고 있습니다. 그러다가 이번 금융 위기 이후에는 이러한 순환 주기가 없이 거의 혼재하거나 주거용 부동산 등 일부 부동산에만 몰리는 기현상이 일어났습니다. 특히나 미분양사태는 물론 새로이 부동산을 구매하지 않는 병목현상 내지는 거래 절벽이라는 용어가 나올 정도의 거래가 단절되는 특이한 현상이 일어났습니다.

　이로 인한 폐해는 경제 전반에 걸쳐 심히 우려스러운 결과로 나타나고 있고, 급기야는 '돈맥경화'라는 신조어가 나올 정도로 서민 경제에 악영향을 초래하고 있습니다.

　부동산 투자는 주거용 다음에 상업용 다음에 산업용 다음에 토지 등으로 순환하면서 투자가 이루어져 왔고, 주거용에서도 월세에서 전세로 빌라나 소형 아파트로 좀 더 큰 아파트로, 그리고 상업용 등 추가 투자로 이어져야 하는 선순환 거래가 이루어져 왔던 것이 그동안 부동산 정상 시장이었습니다. 그런데 월세에서 전세로가 아닌 집 있는 사람들조차도 이를 처분하고 임대나 전세대출 등 임대로 주거를 해결하는 이상한 패턴으로 바뀌었습니다. 하긴 정부나 전문가들조차도 이를 장려하고 있지요.

대중적으로 투자를 했던 주거용 아파트 빌라 요즘 어떠신가요? 수익형 부동산이라고 하는 오피스텔, 고시텔, 원룸 투자 요즘 어떠신가요? 돈 좀 된다고 사들인 상가 투자는 어떠신가요? 그럼 그래도 좀 낫다는 사업용, 임대용으로 투자하신 공장들은 어떠신가요? 요즈음 잘나간다는 아파트형 공장이나 전원주택은 어떠신가요? 부동산 투자는 이제 끝났고, 사업용 수익형이라고 하던데 이런 부동산은 어찌 될까요?

우리의 부동산 시장은 2005년 부동산 대책과 2008년 글로벌 위기 이후에 과거엔 경험하지 못한 패턴으로 완전히 바뀌었고, 또 코로나 이후로 바뀌어 가는 것이 아닌가 합니다.

원시부터 개발시대 등 주택이나 사업장이 부족하던 시대와 이제 부동산이 충족되고 고급화·편리화 등 고급 사양을 요구받으면서 또 부동산만 독단이 아니라 금융과 정책 등과 혼합된 복합적으로 돌아가는 시대에서는 부동산 투자나 이용 등 부동산 투자 관리에서 이제는 남다른 발상으로 그 시대에 요구하는 그런 부동산 투자가 이루어져야 한다고 봅니다.

그럼 이런 시대에도 살아남을 영원한 가치가 있는 부동산은 무엇일까? 부동산은 움직이지 않는 자산이라고 하던가요. 움직이지 않는 부동산이 과연 이런 건물들인가요?

부동산이란 이런 건물이 아니라 바로 땅만이 부동산이란 겁니다. 위에 건물이 용도가 아무리 변해도 땅은 항상 그 자리에 있으면서 이용하는 용도에 따라서 그 가치를 지니고 있는 겁니다. 자기가 처한 그 자리에서 소유주나 이용자가 제대로 알아주고 최유효 이용을 하면 그대로 보답하고, 그렇지 않으면 보복을 가하는 것이지요.

새로운 시대 새로운 패러다임에 울고 웃는 부동산을 선택하면 돈을 벌 수도, 돈을 날릴 수도 있을 겁니다. 그러나 선진국 등에서 참고는 할 수 있을지 모르지만, 영원한 블루칩 부동산을 찾아서 투자 재테크로 부를 축적해 가기는 매우 어려울 것이라고 봅니다. 그러나 앞서 말한 대로 어떠한 용도로 사용하려는 부동산이든 간에 땅을 떠나서는 생각할 수가 없는 것이 현실이라면 그럼 영원한 블루칩은 변치 않을, 모두가 원할만한 땅에서 찾아야 할 것입니다.

그러나 누구나가 다 알고 있고 갖고 싶은 명동, 강남, 용산 등 기타 각 지방이나 도시에서의 랜드마크 부동산은 투자가 어렵겠지요. 그렇다면 아직은 저평가되었거나 알려지지 않은 곳, 개발 가치가 있거나 향후 가치가 상승할 지역에 투자해야 할 것입니다. 그곳이 어디냐, 저도 몰라요. 여러분도 몰라요. 누구도 다 몰라요. 다만 정부 정책이나 지방정책 개발계획 등에서 살펴보아야 할 것이고요, 또 과거 개발이나 발전 사례 등에서 찾아보아야 하겠습니다. 그리고 그런 곳에 투자해야 할 것입니다. 그리고 그곳을 그 물건을 찾고자 이 책도 보는 것이고, 투자 공부도 하고 있는 것이 아닌가 합니다.

부동산 투자 그리 만만한 게 아닙니다. 부동산 한두 번 사고팔았다고 다 아는 게 아닙니다. 꾸준하게 관심을 갖고 좋은 소식 정보를 수집하고 분석해 가면서 투자금이나 지식을 축적해야만 합니다. 그리고 기회가 오면 투자로 실천해야만 얻을 게 있는 것입니다. 노력하지 않은 자에게 주어질 것은 아무것도 없습니다. 지금은 아니 앞으로 영원한 블루칩인 땅에다 투자하십시오. 다만 땅 투자나 부동산 투자를 할 때에는 반드시 전문가의 조력을 받으십시오. 세상에 널린 게 너도나도 외쳐대는 부동산 전문가들이라고 합니다. 그러나 그중에서 진정한 전문가를 찾아 영원한 동반자가 되십시오.

전문가가 되려면 적어도 1만 시간 이상을 투자해야 한다고 합니다. 1일 10시간 이상 3년 이상을 하거나 적어도 10년 이상을 꾸준히 해야만 얻어지는 시간이라고 하며, 여기에다가 교육이나 언론, 인터넷 등에서 얻는 지식만이 아니라 현장에 다니면서 보고 듣고 직접 몸으로 부딪혀 얻는 경험이란 자산이 보태져야만 합니다.

부동산 투자 전문가 몇백, 몇천에서 수십, 수백억을 투자하는데 어설픈 전문가가 되거나 무늬만 전문가와 함께해서는 안 됩니다.

인생에서 좋은 부모를 만나고, 좋은 배우자를 만나고, 좋은 멘토를 만나야 성공할 수 있듯이 부동산 투자에서도 영원히 함께할 수 있는 win-win 할 수 있는 동반자들을 만나야만 합니다.

20세기의 주거용 부동산 시장에서 21세기 초반부 수익형 부동산이 대세였다면 이제부터는 영원한 블루칩 부동산인 땅 투자가 대세입니다. 그중에서도 개발되지 않고 개발 가능성이 무궁무진한 농지와 임야에 투자하십시오. 농지와 임야는 미혼자와 같습니다. 배우자를 누구를 만나서 어떻게 살아가느냐에 따라서 달라지듯이 부동산 투자자의 손길에 따라서 그 가치는 무궁무진하게 바뀔 수 있습니다.

그렇다고 아무 곳에나 아무렇게나 아무 때나 투자한다고 결실을 맺지 못합니다. 개발 가능성이 있으면서도 소외되거나 저평가가 된 지역에 각종 개발계획이나 주변의 수요 등을 감안하여 최적기에 사서 보유 관리하거나 개발하여 사용하거나 하다가 원하는 수요자들에게 넘겨주어야만 합니다.

부동산 투자, 땅 투자도 대부분의 곡식이 봄에 씨 뿌리고 가을에 거두어들이듯이 부동산 시장에 봄이 오는 시기에 투자하고 관리하고 무르익었을 때 처분해야만 합니다. 물론 일부는 그런 것과 달리 역발상 투자가 성공할 수 있습니다. 그러나 그것은 여름에 뿌리는 메밀이나 가을에 김장배추나 보리, 밀이나 또는 아주 특수한 지역에 재배하는 고랭지 채소나 비닐하우스의 작물들과 같을 뿐입니다. 좀 더 많은 지식이나 경험을 가진 사람들의 몫이니 일반 투자자는 언감생심 꿈도 꾸지 마시기 바랍니다.

이제 서서히 땅 투자에 관심 갖고 실천해 보세요. 반드시 미래의 부자로 보답할 겁니다.

5.
부동산 투자 재테크 정답은 없다
(투자자와 상담자에 따라서 투자 대상이 달라지는 이유)

　부동산 투자나 재테크를 하려고 할 때는 투자 정보나 상담을 어디서 누구와 하느냐에 따라서 그 대상이나 내용이 달라집니다. 정보를 금융계통에서 얻거나 금융 전문가와 한다면 저축, 연금, 보험 등 금융 재테크로 가게 될 것입니다. 그러나 부동산에 대한 정보를 갖고 있거나 부동산 전문가와 만난다면 아마도 부동산에 투자하게 될 것입니다.

　우리의 인생살이처럼 우리의 삶이 어떤 선택을 하느냐에 따라서 달라지듯이 부동산 투자 재테크에서도 어떤 정보를 어디에서 어떻게 얻었고, 또한 그 길을 안내하는 선도자나 멘토를 누구를 만나느냐에 따라서 크게 갈릴 수 있습니다. 그만큼 우리 삶이나 부동산 투자 재테크에서도 어떠한 정보를 가지고 언제 어디에 어떻게 어느 방법으로 실행하느냐가 매우 중요하다는 것입니다.
　여러 가지를 놓고 이야기를 하면 복잡하니까, 부동산 그중에서도 토지에 투자할 때를 가정해 보고자 합니다. 우선은 투자자가 투자 목적을 확고히 정하고 하는 경우입니다. 농사를 지으려고 한다면 농사짓기 좋은 땅을 원할 것이고, 집을 지으려고 한다면 집을 짓기가 좋은 땅을 원할 것입니다.

자기가 직접 사용을 하려고 하는 경우는 그 목적에 맞는 땅을 구할 것이고, 개발하여 매도하려고 한다면 그 용도에 맞는 땅을 구하게 될 것입니다. 그런데 그런 땅을 직접 구한다는 것은 어려운 것이 현실이니 아무래도 각종 정보를 보고 찾거나 중개업소 등 누군가를 통하여 구매하게 될 것입니다. 바로 이때 이러한 정보를 어디에서 구했느냐에 따라서 다르고, 또 어떠한 사람을 만나느냐에 따라서도 달라진다는 것입니다.

이렇게 목적이 뚜렷한 경우에도 그 투자처나 대상이 달라지는데 하물며 막연히 부동산 투자 재테크를 꿈꾸며 덤빈다면 어떠할까요?

우리가 쉽게 이야기하는 농지를 한번 이야기해 보려고 합니다. 흔히들 비법이라며 마을 이장을 찾아가서 알아보라고 합니다. 사놓기만 하고 농사를 짓게 한다고 하면 자기가 농사짓기 좋은 땅을 소개할 것이고, 내려와서 전원생활을 하려고 한다면 자기가 가진 땅을 비싸게 팔려고 할 것입니다. 또는 전원주택단지를 만들겠다고 하든지 하면 자기가 돈을 만질 수 있는 것을 소개할 것입니다. 지금 농촌의 이장이나 중개하시는 분들은 순진무구한 양반들이 아니라 도시 사람들 찜 쪄 먹을 만큼 잇속에 밝은 분들이라는 것을 명심하시기 바랍니다.

다음으로 소개하는 그 지역의 개발업체나 건축사 사무실에 가라고 권합니다. 그곳에 가면 어떤 땅을 소개할까? 바로 개발을 하고 건축을 해야 한다며 그런 땅을 소개합니다. 그것도 싸고 개발가치가 있는 것이 아니라 비싸더라도 개발이 용이한 물건을 소개하거나 자기가 갖고 있거나 자기가 돈이 되는 물건을 소개하게 되는 것입니다. 그럼 투자자는 돈만 많이 들이고 별로 돈을 남기기는 쉽지 않습니다. 개발이나 건축업자는 이것을 하나 저것을 하나 돈이 남는 것은 마찬가지입니다.

이와 같이 부동산 투자 재테크는 어디에서 어떤 정보를 가지고 접근하느냐, 또한 투자할 때 상담이나 알선을 누구에게 하느냐에 따라서 달라집니다. 따라서 가장 좋은 방법은 올바른 정보를 가지고, 투자 목적이나 기간 그리고 자금 등을 가지고 어느 정도의 수익을 바라는지 아니면 장기적으로 보유하면서 자산 가치 상승이나 유산으로 남기려는지 등 어느 정도의 투자 방향을 설정하고 사이비가 아닌 진정한 전문가의 조력을 받아서 투자해야만 합니다.

이글을 보고 또 우리나라는 부동산 보유 비중이 높으니 어쩌니, 부동산은 이제 끝났느니 어쩌니 하는 말은 토 달지 말아주기를 바랍니다. 우선 살아야 하는 집은 있어야 하니 소득이 낮으면 부동산 비중이 높은 것이고, 소득이 올라가면 자연스레 상업, 공업, 토지 등으로 확대하고, 또한 채권이나 주식, 예금 등 부동산 보유

비중은 작아지는 것입니다. 동서고금을 막론하고 부동산을 가진 자가 이 세상을 지배해 왔고, 가진 사람들이 그 힘을 가지고 다른 가지지 못한 사람이나 나라를 지배해 왔습니다.

지금 당장 우리네 주변에서도 권력이든 금력이든 가진 자들이 갑이요, 못 가진 자들은 그들에게 몸 바쳐 일하며 급료라는 것을 받는 것이 현실 아닌가 합니다.

가진 자들의 말놀이에 놀아나지 말고, 한 푼이라도 더 아끼고 모으고 불려서 나도 그들에게 맞서고 다른 사람들을 부려가며 살아가려면 어찌해야 할지를 생각해 보시기 바랍니다. 바로 부자가 되거나 대통령이나 국회의원 등이 되는 것입니다. 지금 당장 검찰총장이나 의원이 되어보거나 지금 당장 그대에게 로또 복권으로 몇백억만 당첨되어 보면 많은 것이 달라질 것입니다. 그것이 바로 힘입니다. 그러나 그건 이룰 수 없는 꿈일 뿐입니다.

부동산 투자 재테크?

어떤 정보를 어디서 얻고, 어떤 전문가를 만나서 언제, 어디에, 어떻게 실천해 가느냐에 달렸습니다. 지금부터라도 부동산 투자 재테크 제대로 준비하고 실천해 잘살아봅시다. 갖지 못한 사람들이 힘을 가질 수 있는 유일한 방법은 부동산 투자 재테크를 제대로 하여 돈의 힘을 가지는 것입니다. 의지만 있고 노력만 한다면 누구라도 가능한 일입니다.

6.
부동산 투자? 무엇을 할 수 있느냐가 아니라, 무엇이 돈이 되느냐를 먼저 봐라

부동산 투자 재테크는 선택이 아닌 필수입니다. 그래서 많은 사람이 부동산에 관심을 갖고 배우고 준비하고, 그리고 투자를 실행하고자 합니다.

그런데 왜 많은 사람이 돈을 벌지 못하는 걸까? 아니, 많은 사람이 돈을 벌었지만 다른 사람에 비해 적다고 느끼고 항상 더 노력을 하고 있을까?

아예 준비도 시작도 안 해본 사람들은 부동산은 불로소득이고 투기라고 치부하며 부동산 투자자들을 시기하고 질투하고 헐뜯어 내리는 것이 현실입니다. 하지만 부동산 투자를 하는 많은 사람은 엄청난 노력을 하며, 배우고 익히고 준비를 하고 그러다가 투자를 합니다. 그들은 결코 부동산 투자를 불로소득이라고 보지 않습니다. 노력하고 투자한 것의 결과물이고 보답이라고 생각합니다.

여기쯤에서 많은 사람이 부동산 투자를 하면서 놓치는 부분이 있습니다. 여기서는 그 이야기를 해보고자 합니다.

부동산 투자를 할 때 무엇을 보고 하는가? 당장에 어떻게 사용할 것인가를 대부분은 보고 합니다. 그렇습니다. 아파트도 그렇고, 상가도 그렇습니다. 내가 살 집이고, 내가 장사를 할 것이고, 아니면 임대소득이라도 올리려는 것이니, 그리고 이미 용도가 명확하게 정해져 있기 때문에 그 안에서만 생각합니다.

그런데 땅에 투자하면서는 이제 다양해집니다. 농사를 지으려고 하기도 하고, 전원주택으로도 쳐다보고, 누구는 그냥 가지고 있다가 나중에 차익 실현하고 팔려고도 하고. 많은 사람은 땅을 사서 바로 개발을 하거나 먼 훗날 개발을 해서 차익을 많이 거두려고 합니다. 그래서 파헤쳐 보는 것이 법이고, 그곳에서 이 땅에는 무엇을 할 수 있는가를 보게 되며 그러다 보니 현미경으로 들여다보듯이 파헤쳐 보기도 합니다.

진짜 투자자들은 그 땅에 어떤 수요자들이 올까를 가장 중요하게 살펴봅니다. 어떠한 것으로 활용해야만 사람들이 몰려올까? 그래서 많은 사람이 몰려올 수 있는 그런 구상을 합니다. 그다음에 그럼 그걸 어떻게 활용을 할까를 살펴보고 나서 개발이든 허가든 풀어나가는 것입니다. 땅에 투자하는 방법이 이렇게 다른 것입니다.

대부분은 그 땅에 어떤 것이 가능한가를 보고 하지만, 진짜 선수들은 돈 되는 것이 무언가를 보고 그걸 어떻게 개발할까를 궁리합니다. 그러니 돈을 버는 사람과 항상 뒤통수 긁적거리는 사람으로 나뉩니다. 땅의 활용은 내가 좋아하는 것으로 한다거나 쉽게 개발이 가능한 용도로 한다면 가치가 낮습니다. 모든 사람이 좋아하고, 다소 어렵더라도 투자가치가 높은 것으로 활용해야 합니다.

잘 몰라서 개발업자에게 가서 그냥 '이거 개발해 주세요.' 하거나 '여기 어떤 거로 개발해야 하나요?' 한다면 어떤 걸 해줄까요? 농가주택이나 1종 근린생활시설 정도로 하면 대부분 지역에서 쉽게 허가가 나니까 손쉽게 가능한 것으로 해줄 것입니다.

그럼 이런 게 희소성이 있고 가치가 높을까요? 그 지역에서 돈이 될 만한 펜션 또는 공장 물류창고 등 '다소 희소성이 있고 개발이 어려운 것으로 개발을 해주세요.' 해야 하는 것입니다.

저기 깊은 산속에다 수목장이나 농가주택을 지으면 수요자가 얼마나 있고 가치가 높아질까? 관리지역에 주택을 지어봤자 전원주택입니다.

그런데 펜션을 지으면 숙박업이 되며, 좀 더 다양한 투자가 가능하게 되는 것입니다. 물론 현실에서는 민박 몇 개를 묶어서 펜션으로 운영하고 있기도 합니다.

부동산 투자를 하면서 그 땅 하나만 보고서 투자가치를 찾으면 안 됩니다. 가장 중요한 것은 지역 또는 권역입니다. 그 땅이 어느 곳 어디에 속하고, 어디에 영향을 받는지를 알아야 합니다. 조그만 길 하나, 개천 하나가 이용도를 가르기 때문입니다.

쉽게 이해하자면 강남 아파트는 금으로 지어서 비싸고, 면 단위 아파트는 흙으로 지어서 싼 것이 아닙니다. 똑같이 땅 위에 철근콘크리트로 지어졌지만 강남은 사람이 몰려들고 편의시설이 좋은 지역에 지어졌고 주변에서 강남, 강남 하면서 모여들기 때문이고, 면 단위 아파트는 그 지역에 사는 일부층만 관심을 갖기 때문입니다.

부동산 투자는 무엇을 할 수가 있느냐로 보지 말고 어떻게 쓰는 것이 많은 사람이 관심 갖고 모여들고 활용가치가 높으며 이곳에 와서 돈을 쓰고 싶어 할까를 먼저 구상하고, 다음으로 그 용도로 허가나 개발을 할 수 있도록 해가는 것이 중요합니다. 당장은 아니더라도 후일에라도 말입니다.

이런 개발은 꼭 개인이나 그 주변 사람들만이 해야 하는 것은 아닙니다. 내가 아니라 나라나 다른 단체에서 신도시 개발을 해도 되는 것과 같은 이치입니다. 오히려 개인이 하는 것보다도 전체 지역이 개발되는 것이 더 투자 효과가 큽니다. 투자는 큰 그림인 지역을 보고 해야지, 개인들이 할 수 있는 개발이나 하는 작은 것을 보고 해서는 하수가 되는 것입니다. 다만 동일 지역에서는 개발 등으로 가치가 있는지를 볼 필요는 있습니다. 지역을 보고하고, 그 다음이 물건을 보고 하라는 것입니다.

많은 분이 땅에만 오면 개발허가에만 집착하고 있습니다. 이건 개발업자가 할 일입니다. 투자자는 투자 대비 수익이 날 수 있는 곳에다 하면 됩니다.

7.

농지 투자! 농사를 지으려 하는가?
돈 되는 토지 투자를 하려고 하는가?

오랫동안 부동산 투자시장에서 중개컨설팅과 저자로 강사로 활동하면서 많이 듣는 말이 "농지는 농사를 짓기 위한 땅이지, 투기의 대상이 아니다."라는 말과 "토지 투자로 땅값이 올라서 돈을 버는 것은 불로소득이고, 투기꾼들이 하는 짓이니 엄벌하여야 한다."라는 말입니다. 여기에서 이런 이야기에 대하여 농지 투자에 대한 생각을 정리해 보고자 합니다.

농지 투자! 농지는 농사만 지어야 하는 것인가? 또 토지 투자는 모두 불로소득인가? 이에 대하여는 여러 의견이 있으니 여기서는 논외로 하고자 합니다.

농지 투자를 하려고 한다면 가장 먼저 정해야 할 것이 있습니다. '농사를 지으려고 하는가? 돈이 되는 토지에 투자하려고 하는가?' 이것만 결정되면 그다음에는 술술 풀립니다.

부동산 투자를 하면서 아니 어떠한 일을 하든지 간에 가장 중요한 것이 목적을 분명히 정하고 실행을 해야 합니다.

우리가 흔히 하는 말 중에 "고기를 잡아줄까? 고기 잡는 법을 알려줄까?"라는 말이 있습니다. 그 고기를 무엇에 쓰려고 하는지에 따라서 강으로 갈지 바다로 갈지 낚시로 잡을지 그물로 잡을지, 적당히 잡을지 많이 잡을지 등이 결정이 되듯이 부동산 투자에서도 하고자 하는 목적이 분명해야 농촌으로 갈 것인지 도시로 갈 것인지, 아파트나 건물을 살 것인지 땅을 살 것인지 등등 그 투자처나 물건 등이 다 달라지는 것입니다.

원래 농지나 산지 등은 생산과 보존에 그 의미가 있고, 또 우리가 살아가기 위해서는 지켜나가야 할 미래의 자산이기도 합니다. 그래서 전원생활이나 농사를 하려고 하는 사람들이 하는 농지 투자와 돈을 벌려고 하는 농지 투자는 지역이나 물건 등 그 대상이 완전히 다릅니다.

전 국토의 19.28%인 19,354,974,657.7 제곱미터의 농지 중에서 대부분을 차지하는 농촌 지역의 농지는 생산과 보존을 위한 유산이자 투자의 대상이 아닙니다. 물론 크게 보면 농사를 짓는 것도 투자이기는 합니다만, 투자 대상의 물건은 아니라는 것입니다.

일반적으로 이야기하는 농지 투자의 대상은 전체 농지 중에서 아주 미미한 5% 이내에 해당하는 도시 주변이나 개발지 주변 정도의 땅에 해당한다고 보시면 됩니다. 그런데도 땅 투자라고 하면 큰돈이 되는 줄 알고 일부 극성 개발꾼이나 투기꾼과 투기자금이 투자시장을 혼란스럽게 흔들어 놓기 때문에 많은 투자자는 물론이고, 일반인들이 편견을 갖고 오해하고 있다고 봅니다.

전원생활을 하고자 하는 사람들의 투자는 고향이나 경치 좋고 안락한 곳에서 편안하고 쾌적한 환경에서 여유로운 삶을 살고자 하는 것이거나 일부 그래도 수익을 올리자고 민박이나 펜션을 운영하며 지내고자 농촌 지역을 찾는 것이라 할 수 있습니다. 그러므로 투자한 자산이 몇 배로 불어나리라는 기대는 없어야 합니다.

주로 은퇴 세대들이 농촌으로 가는 귀농 귀촌 즉 농사를 짓고자 하는 투자는 그 지역의 개발 등 발전성보다는 농사를 짓는 데 편리하고, 무엇보다도 가격이 싸서 생산성이 높은 농지에 하는 것이니 애초부터 땅값이 대박을 칠 것이라는 기대와는 거리가 먼 투자입니다.

물론 개중에는 농촌의 농지에 투기하여 분할, 합병, 개발, 지분, 매매 등으로 폭리를 취하는 일부 못된 사람들도 있는 것이 사실입니다.

어디에나 일부 이런 세력들은 존재하기 마련이고, 이런 꼬임에 넘어가지도 협조하지도 말아야 하는데 돈 되는 일이라고 협조하거나 돈 될 것이라고 믿고 투자를 하는 사람들이 있기에 가능한 일입니다. 누구를 탓하겠습니까? 다 같은 사람들이지요.

농지 투자하면 많은 사람이 생각하는 투자 방법, 대다수의 투자자가 하고 싶어 하는 돈 되는 농지 투자는 언제 개발이 되거나 발전하게 될지도 모르는 저렴하고 생산성이 높은 농촌 지역의 농지에 투자하기보다는 땅값이 비싸고 농사짓기 불편하거나 생산성이 떨어지는 도시 근교나 개발계획 등이 있는 지역의 극히 일부 농지에 투자하는 것입니다.

그러니 투기꾼으로 치부하거나 터부시하지 말고, 그 이용과 활용하고자 하는 용도나 투자금의 용처에 따라서 투자처와 대상 물건은 확연히 구분되는 것이니 편견이나 오해를 갖고 부동산 투자, 농지 투자를 바라보지 않았으면 합니다.

실제로 성공하는 많은 투자자는 오랫동안 꾸준하게 관심을 갖고 강의나 세미나, 모임 등을 가지면서 지식과 노하우를 습득하고 다른 투자자들이 하는 것을 보고 들으며 직간접 경험으로 충분하게 역량을 키운 후에 정보에 바탕하여 좋은 물건을 적정한 시기에 투자를 하는 것입니다.

이런 준비도 없이 지식이나 노하우도 없이 부동산 투자로 돈을 벌겠다고 투자하는 그 사람들이 바로 투기꾼이고, 도둑놈 심보입니다.

비유를 하자면 가족이 암에 걸렸는데 의과대학도 안 나온 사람이 암 건강 교실에서 몇 번 수강하고 전문가라고 암 수술하겠다는 가짜 의사와 무엇이 다를까요. 이렇게 하면 사람을 잡겠지요? 부동산 투자도 똑같습니다.

생산과 보전을 위한 농사짓는 농지 투자와 개발과 최유효 이용과 활용으로 가치를 증대하는 돈 되는 농지 투자는 근본적으로 투자하는 지역이나 대상 물건이 달라지는 것입니다. 생산성이 낮은 토지는 최유효 이용을 하는 것이 좋은 것이고, 생산성이 높은 농지는 생산을 위해서 활용하는 것이 좋은 것일 겁니다. 투자니 투기니 하는 이분법적으로만 보지 말고, 국토의 효율적 이용과 자산 증식을 위한 투자 재테크의 활용도 있다는 생각으로 농지 투자에 대하여 널리 이해하여 주시기를 바랍니다.

돈이 되는 농지라고 반드시 파헤쳐 개발하는 것도 아니고, 신도시나 택지 개발 또는 기반 시설 부지로 공익적 차원에서 활용되기도 하는 경우가 많습니다. 사용 수익용으로 사용하기 전까지는 주말농장 등으로 도시민에게 웰빙 먹거리나 소일거리를 제공하기도 하고, 또한 농지연금처럼 노후에 여유롭고 안정된 생활을 할 수 있는 그런 기반을 마련해 주기도 하는 유익한 면도 많이 있습니다. 물론 자산의 증식으로 부를 이루기도 하지만 농지 투자는 모두가 투기가 아니라 이러한 좋은 투자 대상이라는 것을 알아주었으면 합니다.

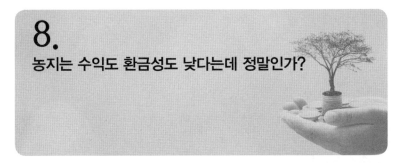

8.
농지는 수익도 환금성도 낮다는데 정말인가?

부동산 투자 재테크?

부동산 투자는 크게 사용가치와 투자가치로 나눌 수 있을 것입니다. 그래서 상가나 공장 등은 수익형 부동산, 토지는 자산형 부동산이라고 말을 합니다. 물론 수익이나 자산과 관계없이 투자를 해야 하는 부동산? 어찌 되었든 그런 주거용 부동산도 있습니다.

그런데 현실에서는 뒤죽박죽이고 구분이 뚜렷하지는 않습니다. 지금 대다수 투자자는 주거용을 투자의 대상으로 하고 있고 일반 투자자가 많이 하는 수익형 투자 대상인 상가, 그리고 많은 사람이 수익형이라고 투자하는 오피스텔은 주거로 사용되고 자산형이라고 하는 토지는 수익형 모델로 변해가고 있으니 말입니다.

여기쯤서 툭 터놓고 얘기해 봅시다. 토지가 수익형이 못 되는 이유를 대부분의 투자자는 구매하면서 수익을 올리는 데 열광하기 때문입니다. 즉, 돈을 모아서 대출을 받으면서 처음에는 토지를 구매하고 그리고 몇 년간 그 용도대로 사용하면서 대출금도 갚아 가다가 이제 필요한 시기에 사업장으로 또는 고정수익 임대 등으로 개발을 하여 활용을 하면 훨씬 적은 비용으로 큰 수익을 올릴 수가 있는 것이 땅 투자입니다. 그것도 내가 가장 필요로 하는 시기에 또는 노후에 안정적인 생활을 할 수가 있습니다. 바로 이런 부동산이 토지입니다.

그동안 투자자들을 지켜보고 또 부동산 시장에서 보니, 돈을 벌고 있을 때 수익형 부동산이라고 월세가 나오는 부동산에 투자하는 사람들이 가장 잘못된 투자를 하고 있는 것 같습니다. 내가 돈을 벌고 있을 때는 자산형 부동산 투자를 해야만 합니다. 물론 종잣돈을 불리기 위한 투자라면 이해할 수도 있겠으나 부동산 투자란 내가 아는 것에만 투자를 계속하려고 하기 때문에 다른 유형의 부동산에 투자한다는 것이 쉽지가 않아서 그런 것이라고 봅니다.

대기업은 물론 많은 기업이나 사업을 하는 분 중에도 도시 변두리에 땅을 사놓고 사업을 하며 이자와 대출금을 갚아 갑니다. 그러다가 그곳에 개발 압력이 높아지면 개발을 하여 직접 사용하거나 매도하거나 임대를 주거나 하는 것입니다.

우리 일반인들도 대기업들처럼 돈을 벌고 있을 때 수입이 조금 더 들어오는 것보다는 미래 가치가 있는 곳에 투자하고 저축하듯이 이자와 대출을 갚아 가는 것이며, 그러다가 은퇴 무렵이나 은퇴 후 사업용이나 임대수익으로 사용하면 이것이 진짜 수익형 부동산 투자가 되는 것입니다.

다음은 환금성이 없다는 데 대하여 살펴보겠습니다. 토지도 아파트처럼 환금이 잘 되는 것도 많이 있습니다. 문제는 큰 욕심 부리며 독특한 부동산에 투자하기 때문에 그런 물건을 찾는 사람들이 없으므로 환금성이 낮은 것입니다. 경지정리된 들판의 농지는 언제라도 사고 팔리지만, 가격이 많이 오르지 않지만, 마치 아파트처럼 보고 하면 수익률이나 환금에서 다르지 않습니다.

그런데 특수하게 전원주택이나 공장 부지 할 것을 했다면 수요자와 경기에 민감하여 안 오르거나 대폭 오르거나 하고 어떤 때는 밑지고 내놔도 팔리지 않고 어떤 때는 천정부지로 오르기도 합니다. 마치 허름한 단독주택과 같습니다. 욕심내고 특수한 토지에 투자하고는 수익형을 바라거나 큰 차익을 바라기에 환금성이 없다고 하는 것입니다.

토지 투자도 그 목적에 따라서 잘 활용하면 수익형으로도 사업용으로도 자산형으로도 그 어느 투자 수단보다도 더 사용됩니다. 수익형이 되고, 환금성도 좋은 투자 물건이 될 수가 있는 것입니다.

농지 투자는 이왕이면 농부가 농사를 짓는 심정으로 자기의 노력을 들여서 잘 가꾸다가 은퇴 무렵에 잘 활용하면 그 어떤 투자보다도 수익형이 되고 자산형성이 되는 대상이니 눈앞의 이익에 현혹되지 말고 한번 도전해 보시기 바랍니다.

농지나 산지는 아직은 덜 성숙된 부동산입니다. 투자를 하고 그 지역 그 땅이 개발가치가 있을 때까지 기다려야 합니다. 마치 어린아이를 낳아서 학교도 보내고 사회도 알게 된 후 돈벌이 전선에 뛰어들게 하는 것과 같습니다.

모든 것에는 때가 있으니 기다리는 것도 투자로 접근한다면 때가 되면 그 어떤 부동산보다도 수익이나 자산가치가 높다는 것을 알게 될 것이라고 자신합니다.

토지는 대부분이 생산에 활용되는 농지나 임야를 말합니다. 이런 생산과 보존을 해야 하는 토지는 별로 오르지 않습니다. 또한, 매매도 많이 이루어지지 않으므로 환금성도 떨어지는 것이 사실입니다.

그러나 우리가 보통 말하는 토지 투자 물건은 도시 주변, 산업단지 주변 또는 개발이 가능한 극히 일부의 토지를 말하는 것입니다. 부동산 투자 대상의 토지 투자 대상 역시 이런 물건을 말합니다. 이러한 물건은 환금성이나 수익성에서 다른 부동산에 결코 뒤처지지 않습니다. 또한, 이러한 사례는 대기업 등 사업체들이 한 사례나 도시의 개발로 인한 수용 보상 등은 물론이고, 우리 주변의 부자들이 토지를 개발하여 벼락부자가 된 것을 보면 잘 알 것입니다. 이러한 사례들은 부지기수로 보았을 것이고, 아직도 잘 모르겠으면 주변을 한번 둘러보시기 바랍니다.

토지가 환금성 수익성에서 다른 부동산에 뒤처지는가를 말입니다. 다만, 대박이라는 환상은 금물입니다. 일정 수익 이상 정도로 투자 목표를 정하고 하면 이보다 더 좋은 투자 물건은 없습니다.

토지도 수익형, 자산형 그리고 환금성도 매우 좋다는 걸 알고 나면 투자 대상 물건들이 보일 것입니다. 앞으로 다가오는 토지 전성시대를 잘 활용하면 나도 부자로 잘살 수 있을 것입니다.

9.
농지 투자는 수익성 부동산이 아니라고?
이런 매력 덩어리인데도

흔히들 농지 투자는 장기 투자를 해야 하고, 수익성이 없다고 합니다. 수익성의 판단을 어디에 두고 하는지 알긴 알겠는데 투자 하자마자 바로 매월 수익이 생겨야만 수익형이란 말인가요? 그렇다면 주식은 수익성 투자인가요? 바로 매월 수익이 생기는가 말입니다. 주식도 장기 투자를 해야 한다며? 참으로 논리적으로도 상식적으로도 맞지 않는 말들을 합니다. 자기 수익을 챙기려는 얄팍한 사람들의 꼬드김이 아닌가 싶을 뿐입니다.

투자는 장기적으로 하는 것이 투자고 단기에 하면 투기라고 하면서 개발을 위한 투자를 권유하니 이건 투자인가 투기인가 장기적으로 이용, 관리, 보유하면 수익성이 없으니 투자하지 말고 바로 개발하여 수익을 창출하는 것이 투자라고 하니 헷갈리기만 합니다.

여기서는 오래전부터 알고 지내는 지인이 투자한 사례를 소개하고자 합니다. 이렇게 하는 것이 잘 된 것인지, 잘못된 것인지 잘 모르겠지만 토지 투자를 장기적으로 하면서 자기가 사용 수익 할 수도, 임대 등 수익형으로 바꿀 수도, 차익 실현을 하고 매도할 수도 있다는 것에서 임대 수익형으로 전환한 사례를 소개함으로써 과연 구매해서 바로 개발을 해야만 수익형인가를 생각해 보고, 토지 투자란 이래서 부자들이 한다는 토지투자의 진면목을 보여주고자 하는 의미도 있습니다.

여기 이글은 사실을 바탕으로 하여 이해를 돕기 위하여 작성한 것이니 일부 사실과 다른 면도 있고, 많은 부분이 생략되어 있으니 절차나 내용 그리고 숫자에 대하여 딴죽 걸지 말고 그냥 그 내용으로 보고 이해하여 주기를 간곡히 부탁드립니다.

또한, 이해를 쉽게 하도록 제곱미터가 아닌 평을 사용하였으니 양지하기 바라며, 여기에서 제시되는 금액 또한 이해를 위해서 대략적으로 계산된 것이니 따지지 말아주었으면 합니다.

지인은 2004년도에 평택에다가 산과 농지 8,000평을 8억 원에 샀습니다. 2010년에 이 땅을 평당 50만 원, 40억 원에 사겠다는 사람이 있다고 상담을 왔습니다. 6년여 만에 5배나 올라서 세금을 내더라도 4배 가까이 되기도 했고, 마침 직장에서 은퇴를 앞두고 있던 터라 솔깃해서 매도 희망 의사를 보였습니다.

그리고 상가를 사서 세나 받으며 살겠다고 하는 것이었습니다. 당시 상가 수익률이 5~6% 정도이니 잘 살 수 있었을 것입니다.

그러나 저는 그대로 보유를 하고 가면서 꼭 필요하다면 일부를 팔거나 아니면 대출을 받아서 공장을 지어 수익형 부동산으로 만들어 볼 것을 권했습니다. 그리고 평택에 있는 측량설계 사무소와 건축사 사무소에 상담해 보았습니다.

2013년 우선 3,000평에다가 공장을 짓기로 했습니다. 자금은 전체 면적에서 25억을 대출을 받아서 사용하기로 했습니다. 공장 면적 1,100평을 짓고 월 2,000만 원씩 통장에 꽂힐 것이라고 예상을 하고 실행을 한 것입니다. 이자로 1,100여만 원이 나가도 900여만 원이 남고, 세금을 제해도 돈이 될 것이라고 보았습니다.

우선 임대를 하고 나면 이미 입주한 업체들이 동종 업체를 유치할 수가 있도록 하기 위하여 인근에 나머지 땅 3,000평에다가 1,100평의 공장을 또 짓기 시작하였습니다. 이때는 기존 공장 부지가 있어서 대출 25억을 받는 것이 더 용이하였습니다. 그리고 2015년 또다시 2,000평에다가 800평의 공장을 15억을 대출받아서 지었습니다. 3년여에 걸쳐서 8,000평 부지에 총 3,100평의 공장을 짓게 되었습니다.

사용검사가 나지 않은 상태에서 이미 임대는 예정되어 있었고, 미리 보증금을 받아서 건축공사비 일부로 사용할 수도 있었습니다.

땅을 가지고 이렇게 하는 것은 수익형 부동산이 아닌가 묻고 싶습니다.

자! 이해를 위하여 정리해 보자면, 2004년에 8,000평을 8억 원에 구매하였습니다. 그리고 2013~2015년까지 3,000평의 공장을 지었습니다. 공장을 짓기 위하여 총 55억 원이 들어갔으며, 대출을 50억 원이나 받아서 하였습니다. 보증금 6억 원에 월 6천만 원의 수익을 보게 되었습니다. 그럼 월 수익 중에서 대출이자로 약 2천만 원이 나가고, 세금 등 유지관리비가 1천만 원 남짓 지출로 잡으면 월 3천만 원의 수익을 올리게 된 것입니다.

그럼 지금 이 땅은 얼마나 할까요? 주변 시세로 어림잡아서 250억이 넘는다면 무리라고 우겨대려나? 소위 말하는 상업용 등 수익형 부동산을 8억 원을 들고 레버리지를 동원하여 월 3천만 원이 넘는 수익형으로 할 수 있는 것이 과연 얼마나 될까요? 더군다나 자산 가치를 250억 원 이상으로 할 수 있는 투자 대상은?

결국, 토지는 이와 같이 내가 돈을 벌 때는 투자를 하고 보유하며 이용하다가 필요할 때에 다른 여유자금이나 대출 등을 활용하여 새롭게 탄생시키면 되는 것입니다.

이걸 또 경매나 단기 투자하는 분들은 대출을 끼고 어쩌고 하기 때문에 자기 투자금에 대한 수익률이 매우 높다고 이야기를 할 수도 있습니다. 그러나 이러한 방법은 토지에서도 마찬가지 방법을 쓸 수가 있습니다.

당초 구매할 때 60% 대출을 받아서 하고 1~3년 후에 땅값이 오르면서 추가로 대출을 받았다면 이 건의 경우에도 개인 투자금은 0원이 되었을 것입니다.

자기자본 투자비용도 최종 회수 금액을 가지고 수익률을 따지지만, 그것은 경매나 상가나 아파트나 토지나 다 비슷하게 적용되는 것입니다. 다만, 토지는 그 회수가 다소 늦거나 또 다른 변신을 하여 가치를 높이는 작업이 있을 뿐입니다.

결론적으로 얼마나 남았을까요? 만약 2010년에 40억에 팔았다면, 그리고 좀 늘렸다면 그럼 지금 적게 잡아서 250억이라면 대출금 50억 빼면 200억! 머리 좀 굴리고 몸이 좀 고생을 했더니 고수익을 냈다고 할 수 있습니다. 이것이 토지가 가진 매력이라 할 수 있습니다.

그럼 토지는 어떻게 투자하라고? 돈을 벌고 있을 때 향후 가치가 있는 토지에 투자하고 투자 자금이 부족하면 대출이자를 감당할 수준의 대출을 받아서 투자하고 돈 버는 동안은 그냥 못 본 척, 못 들은 척 가지고 있다가 주변이 개발되고 성숙되거든 돈 버는 동안이든, 그만둘 무렵이든 내 돈이나 대출을 활용하여 개발하고 매도하든지, 직접 사업에 이용하든지, 아니면 월세를 받는다면 바로 이것이 다들 수익이 안 된다고 기피하는 부동산인 토지를 도깨비방망이로 만드는 투자법인 것이라고 할 수 있습니다.

부동산 투자 재테크, 하루라도 빨리 시작하되 처음에는 꾸준하게 관심을 갖고 준비하다가 기회가 오면 투자 실천을 하여야만 거둘 것이 있습니다.

앞에서 언급할 기회가 없었으니 한마디만 더하고자 합니다. 토지를 구매하면서 바로 개발을 한다면 초기 자금이 엄청나게 들어갑니다. 그러므로 투자 자금에 비하면 수익은 별로가 되는 것입니다.

이것을 다시 풀어서 설명해 보자면 지금 이 지역에서 개발 가능한 토지는 평당 150만 원 선에 거래됩니다. 그리고 공장이 지어져 있는 부지는 건물포함 300~400여만 정도에 거래됩니다. 보통 땅을 개발하는 비용은 3.3평방미터당 70~120만 원 정도가 들어갑니다. 그럼 투자자는 220~270만 원을 투자하여 그럼 300~400여만 원이 되니 별로 남는 것이 없다고 하는 것입니다.

그러나 위에서는 토지가 쌀 때 사서 10여 년을 묵히니 그 자체로도 10만 원짜리가 100만 원 선까지 올라왔고, 또 그로 인해 대출을 활용해서 추가적인 비용 부담 없이 개발을 할 수 있었으니 투자수익률이 높은 것입니다.

투자는 장기, 투기는 단기라는 말 이제 실감 나는가요? 적어도 10년을 넘게 부동산을 보유 관리하고 있다면 이는 투기가 아닌 투자인 것입니다.

꼭 이런 사람이 있습니다.

이런 성공 실패 사례를 소개하다 보면 얼마 투자해서 얼마나 벌었는지에만 따지고 드는 사람들, 이렇게 해서는 안 됩니다. 어떻게 투자를 하였고, 어떻게 하였기에 수익을 창출했는지를 살필 줄 알아야 합니다. 그래야만 나도 그런 돈 되는 투자를 할 수 있기 때문입니다. 얼마를 벌었는지 따져보았자 나에게 밥도 안 살 것이고, 배 아프고 골 아파서 돈 만들고 몸만 축이 납니다.

부동산 개발로 돈을 벌 수는 있지만, 구매하여 바로 개발하여서는 큰돈 벌 수가 없습니다. 또 이는 가진 자들이 회전율을 높이면서 투자하는 방법이며, 일반적인 투자자들이라면 가치 있는 부동산에 투자하여 보유 관리하다가 필요한 사람에게 넘겨주거나 그 시대 그 지역의 목적에 맞게 개발하여 매도하거나 사용하거나 임대수익을 창출하는 부동산, 즉 토지 투자의 패러다임을 재정립하는 계기가 되기를 바라는 것입니다.

기회는 누구에게나 주어진다고 합니다. 다만 그 기회를 잡느냐 못 잡느냐 하는 것은 얼마나 준비를 하고 노력을 하였느냐에 달렸다고 할 수 있습니다.

10.
농지에 투자하여 보유하다가 수익형 부동산으로 대박 상품을 만들다

부동산 투자, 특히 토지 투자는 개발이라는 인식이 팽배하고, 그래야만 수익이 높거나 수익형 부동산이 되는 것으로 아는 경우가 많습니다. 저는 부동산은 개발이 아니라 좋은 곳에다 적절한 시기에 투자하고 이용하면서 보존·관리를 하다 보면 꼭 필요한 용도로 사용하게 되거나 그런 사람에게 넘겨주거나 후손들에게 넘겨주어야 한다고 강조를 합니다.

그래서 강의에서도 '땅 투자의 꽃, 농지 투자. 이 정도는 알고 하자.'라는 타이틀로 개발보다는 보존을 더 강조하다 보니 마치 개발을 하지 못하는 사람이거나 단순한 차익만 노리는 사람으로 아는 듯하여 이번에도 앞에서처럼 농지 투자도 보유하다가 수익형으로 할 수 있다는 것을 사례를 통하여 보여드리고자 하는 것이며, 추진 내용 전부를 실을 수 없어서 일부는 설명을 누락하였고, 수치도 설명을 위해 다소 변경하였으니 그런 수치 등보다는 이렇게 농지 투자로 수익형을 만들 수도 있다는 것으로 보아주기 바랍니다.

여기서는 도시지역의 자연녹지 농지에 투자하여 수익모델을 만든 사례를 보기로 하겠습니다. 2003년도에 자연녹지 지역 내 농지 230평을 평당 100만 원, 2억3천만 원에 구매하였습니다. 그리고는 농사를 짓고 있다가 사무실과 작업장으로 불법 사용하여 농지 부서에서는 처분명령과 이행 강제금을, 건축 부서에서는 건축물 철거와 이행 강제금을 물기도 했습니다.

그러면서 앞에 도로로 사용하는 시유지 땅을 시청에 쫓아가서 보채고 늘어져서 도로로 지목을 변경하는 작업을 했습니다. 왜일까요? 현황 도로가 있고, 지목상 도로가 있으면 건축이 가능하니까 그리한 것입니다. 그런데 이런저런 사유로 건축 허가가 되지 않는 것이었습니다. 이 사이에 진입로 초입의 토지주와 협상도 해보고 별짓을 다했지만 별무소득이었습니다.

또다시 참고 기다리기를 몇 년, 드디어 앞에 시에서 도시계획시설로 추진하는 공공시설물이 확정되면서 진입도로 6미터가 내 땅 앞 도로에 연결되게 되었습니다. 오히려 다소 개발이 늦어졌지만, 진입로 부지 구매비 2억 원은 절감하게 된 것입니다. 이걸 전화위복이라고 하는 건지 아니면 농사짓는 옛말에 "게으른 놈도 한몫 부지런한 놈도 한몫"이라는 건지는 모르겠지만, 부동산 투자에서는 종종 이러한 일들이 일어나는 것을 보았습니다.

드디어 진입 도로 확정 고시가 나자마자 건축 허가 신청을 하려고 하는데 때마침 도시 기본 계획이 변경되면서 이 지역이 시가화 예정 지역으로 편입되는 것입니다. 공청회에서 이 소식을 접하는 순간부터 정말 정신없이 건축 허가를 진행하였습니다. 자연녹지 지역이니 건폐율 20%, 용적률 100% 이 정도는 다들 아실 것입니다. 그래서 바닥면적 45평에 4층으로 180평의 건축을 하면서 엘리베이터 시설까지 완벽하게 하였으며, 건축 허가가 나오고 건축을 하면서 임차인을 구하여 완공만을 기다리도록 하였습니다. 건축 허가는 주택이 아닌 상업과 업무시설로 하였고, 행위제한 허가지역으로 지정되기 바로 직전에 사용검사까지 받아내게 되었습니다.

형질변경비용과 농지보전부담금 기반시설비와 건축비 등 총 7억 2천만 원이 들었으며, 이 중에서 5억5천만 원은 해당 토지에서 대출을 받았습니다. 공사비 잔금은 임대보증금 2억 원을 받아서 사용했으니 건축비가 별도로 들지는 않았습니다.

자 여기서 궁금해하시는 투자수익률을 한번 살펴보기로 하겠습니다. 농지 구매비 2억3천만 원 공사 비용 7억2천만 원이니 총 9억5천만 원이 들었습니다. 이 중에서 건축 비용은 대출금과 보증금으로 해결하였으니 실제 들어간 비용은 농지 구매 비용 2억3천만 원 정도가 될 것입니다.

그럼 지금 현재 시가는 얼마나 할까요? 주변 농지가 600~1,200만 원이고, 근거리에 가든이 감정가 1,200만 원이었으니 새 건물인 점을 평가하지 않더라도 보수적으로 잡아 23억 원은 약하게 잡은 것이 아닌가 합니다.

그럼 수익률은 어떻게 될까? 현재 평가액으로 23억 원이라고 하면 토지구입비와 건축비를 합하여 9억5천만 원이 들어갔으니 차

익은 12억5천만 원이고, 이를 수익률로 보면 543%로 약 5배가
남았습니다.

1층에서는 가든 음식점을 직접 운영하고 있고, 2~4층에서는 월
세가 450만 원이 나오고 있습니다. 직접 식당을 운영하고 있으니
요즘 대세인 수익형 부동산으로 이제 평생 먹고 살 수 있을 터인
데 이제 곧 수용 보상을 하게 되니, 그것도 환지로 해준다니 근생
부지를 받아서 멋진 인생을 살 수 있는 터전을 마련한 것이 아닌
가 합니다.

이것을 만약 지금 구매하여 개발을 한다면 농지 구매비 15억 원
에 개발 비용 7억2천만 원, 즉 22억여 원이 들어갑니다. 지금 평가
액 23억이라면 1억여 원이 남으니 거의 남는 것이 없습니다. 투자
수익률로 대출 포함한다 하여도 그리 좋다 할 수 없을 것입니다.

그럼 구매 당시에 그렇게 했다면 (물론 당시엔 개발할 수도 없었
지만) 농지 구매비 2억3천만 원에 공사비 약 5억 원이라 해도 7억
여 원이 들었을 것이며, 그렇다면 투자 규모를 줄이거나 또는 그
만큼의 추가 비용이 더 들었을 것인데 그런 부담 능력을 할 수가
없을 것입니다.

또다시 이야기하지만, 일반 투자자에게 부동산 개발은 쉬운 것이
아닙니다. 결국은 내 돈으로 허가, 공사, 건축 등등 업자들 먹여 살
려주고 나도 조금 돈을 버는 구조인 것입니다. 물론 빨리 투자금과
수익을 회수할 수 있으며, 년 수익률로 따지면 높게 나오는 것이 사

실입니다. 그렇지만 일반 투자자가 돈이 나오자마자 또다시 투자하고 할 수가 있는가 말입니다. 결국은 숫자 놀음일 뿐이고, 이론과 실제는 다르다는 걸 알았으면 합니다. 그렇게 개발해서 돈이 잘 된다면 개발업자나 전문가들이 직접 투자하여 개발하지, 왜 투자자들을 끌어들여서 개발을 유도하면서 자기들은 인허가나 개발을 하면서 돈을 벌어 가는지 그 구조를 이해하면 될 것입니다.

그러니 함부로 덤비지 말고, 장기적으로 투자하면서 그때그때 할 수 있는 일을 하며 자식 키우듯이 가꾸어 나가라는 것입니다. 그러다 보면 추가적인 부담 없이 개발도 할 수 있고, 또는 개발행위허가만 받아서 후하게 돈 받고 필요한 사람에게 넘겨줄 수도 있는 것입니다. 그것도 여의치 않으면 자손에게, 즉 후손들에게 사용할 기회를 주면 더욱 좋은 일이 아닌가 합니다.

돈을 버는 일이란 내가 직접 일을 하거나 내 돈을 다 집어넣어서 불리는 것보다는 다른 사람이 나를 위해 일을 해주고 다른 사람 돈으로 내가 돈을 벌 수 있는 방법을 찾아서 실행하는 것이 가장 좋은 돈벌이 수단입니다. 개발업자나 전문가들이 왜 직접 자금을 투자하여 개발하지 아니하고 투자자를 끌어들여서 투자와 개발을 하는지에 답이 있습니다.

부동산 투자 재테크는 당장 해야 하는 경우도 있고, 시간을 갖고 해도 되는 경우도 있습니다. 누구나 똑같이 빨리해야만 하는 것은 아닙니다. 그런데 우리는 왜 서두르는지 모르겠습니다. 당장 활용을 해야 하거나 공동 투자라면 바로 개발을 해야 유리할 것이고, 은퇴자가 수익이 되는 부동산을 만들려고 한다면 개발을 해야 합니다. 그러나 현재 직장 생활을 하고 있거나 다소의 이자 부담도 가능하다면 좋은 위치에 적정한 시점에 땅을 구매해 놓고 관리를 하며 자산이 커 나간 다음에 활용해야 하거나 일정 수익을 필요로 할 때 개발하는 것이 가장 좋은 방법입니다. 위에서 보았듯이 구매비 빼고는 별로 돈도 안 들이고 할 수 있으니 말입니다.

여러분 부동산 투자 재테크!
새로운 취미로 삼고 실천하면 부자로 잘사시게 될 겁니다.

11.

도시지역 편입 농지 3년 이내 처분과 지속적인 보유, 과연 어느 것이 좋은 방법일까?

도시지역 편입 농지, 일반 투자자에게는 다소 생소한 이야기일 수 있으나 도시 주변에서는 흔히 있는 일들입니다.

도시 외곽지역의 자연녹지나 개발제한구역의 농지 등이 용도지역이 변경되거나 해제되면서 주거지역, 공업지역, 상업지역으로 변경되는 경우가 있는데, 이를 도시지역 편입이라고 합니다. 물론 자연녹지 지역도 크게 보면 도시지역이라 할 수 있지만, 실상 도시지역이란 주거, 상업, 공업지역을 말하며, 녹지지역은 유보지역이라고 말할 수가 있는 것입니다.

자연녹지 등에서 용도지역이 변경되면서 도시지역으로 편입되면 허용 행위가 많아지면서 지가가 뛰어오르게 되어있으며, 특히나 농지나 산지가 이렇게 된다면 그 폭은 상상을 초월하게 되는 것입니다.

그런데 이럴 때 가만히 차려주는 대로 그냥 있으면 나중에 세금

폭탄을 맞게 되는데, 많은 분이 이에 제대로 대응하지 못하고 그냥 지나쳐 버리고 있습니다. 물론 남은 것에서 세금을 내니 사실상은 부담이 되는 것은 아니지만 부동산 투자자 측면에서는 바보 같은 짓이 아닐 수 없습니다.

부동산은 개인의 소유인지 국가의 소유인지 구별이 가지 않는다 할 수가 있습니다. 저는 소유는 국가이고, 개인은 잠시 맡아주는 관리인이라고 이해를 합니다. 무슨 이야기인가 하면, 취득할 때는 구매를 하든, 상속을 하든, 증여를 하든 무엇을 하든 취득세를 주인(나라)에게 내야 하고, 보유하면서는 재산세며 종합부동산세를 주인(나라)에게 바쳐야 하고, 개발이나 재개발 재건축 등등을 하려면 부담금이나 비용을 또 지불해야 합니다. 처분할 때는 양도세, 상속세 등등 주인(나라)에게 꼬박꼬박 바쳐야만 할 수가 있기 때문입니다. 즉, 부동산을 취득하고 보유하고 처분하는 전 과정에서 나라에 승인 허가 등을 받아야 하고 세금을 내야 하니 이게 나라 땅이지 내 땅인가 이 말입니다.

자! 땅이 속한 용도지역이 변경되었다고 왜 가만히 있으면 세금 폭탄이 되는지를 한번 살펴보기로 하겠습니다.

어딘가 개발제한구역 내 집단취락 지역이 해제되어서 제1종 주거지역으로 고시가 되면 이를 도시계획 편입지역이라고 합니다. 이때 어떻게 변해 가고 세금이 어찌 되는지를 보고 그럼 어떻게 관리를 하는 것이 좋은지를 살펴보고자 합니다.

개발제한구역에서 해제되기 직전의 농지 가격은 주변이나 이 지역이나 같은 용도지역이었으므로 가격이 동일할 것입니다. 즉 해제 당시에 평당 50만 원이었다면 아마도 구매가는 5만 원도 되지 않은 경우가 많을 것입니다. 이 땅을 15년 이상 보유하고 있었다고 하면 해제 고시가 되고 난 후에는 100만 원 이상으로 값이 뛰어오릅니다. 처분하면서 혜택을 볼 수 있는 유예 기간 3년 정도가 되면 적어도 200~500만 원 정도로 올라있을 것입니다. 그리고 이제 본격적으로 개발이 추진되거나 하게 되면 이때에는 500만 원~1,000만 원 이상으로 솟아오르게 되어있습니다.

여기서 한번 세금을 살펴본다면, 이 땅을 200만 원에 판다고 하면 양도차익은 195만 원이 될 것이고, 세금은 약 30~50%가 될 것입니다. 그런데 이 땅을 개발을 못 한 상태에서 팔면 비사업용으로 세금은 여기서 다시 10% 가산이니 26~65%가 될 것이고, 세금을 빼고 나면 참으로 손에 쥐는 것이 별로 없을 것입니다.

그럼 이것을 도시지역 편입 후 3년 이내에 팔거나 정리를 한다면, 8년 이상 재촌 자경을 하였다면 50만 원까지는 양도세 감면으로 낼 것이 없고, 그 이후에 오른 150만 원에 대하여 비사업용 토지로 세금을 내게 되므로 내야 할 세금은 확 줄어들게 된다는 것입니다. 따라서 이때 세금을 줄이면서 팔고 사고를 하거나 교환을 하면서 절세를 하는 방법을 찾을 수가 있다는 것입니다. 물론 이를 잘 아는 사람이라면 해제되기 전에 증여나 명의 이전 등으로 정리를 하면 더욱 잘 관리하는 것이 되겠지요.

그럼 그 방법 말고는 달리 방법이 없을까? 아니, 있습니다. 도시지역으로 가지고 있는 땅이 편입되거든 배우자나 자녀 등에게 증여를 하는 방법도 있습니다. 5만 원에 사서 가지고 있던 땅을 나중에 세금 내면 얼마나 될까? 그러나 도시지역에 편입되고 일정 기간이 지난 후에 배우자 등에게 증여를 하게 되면 비록 공시지가이지만 또는 감정평가로 증여가액을 높인다면 그 구매가를 높일 수가 있으므로 나중에 양도세 등을 절감할 수가 있으니 반드시 전부가 아니라 일부라도 서로서로 증여를 통하여 절세하는 방법이 가장 좋은 절세 방법입니다.

앞에서 매도 부분을 설명하려고 수치를 제시하다 보니 설명이 잘 안 돼서 여기서는 이렇게 하는 방법이 있다는 정도로 설명하니 한번 직접 시뮬레이션을 해보시기 바랍니다. 얼마나 절세가 되는지 말입니다.

도시지역 편입농지라 하더라도 나중에 혜택을 볼 수 있는 곳이 있으니 바로 읍·면 지역의 도시지역 편입농지들입니다. 이 지역에서는 어느 정도 보유하면서 가더라도 세금을 절세할 수가 있으나 구매가가 낮거나 오래된 땅이라면 역시나 매도·매수나 증여라는 절차를 거쳐서 절세를 찾는 것이 좋은 방법입니다.

세금을 많이 내면 애국자이긴 하지만, 개인적으로 투자자는 돈을 많이 버는 것이 목적이니 공연히 착한 일을 할 필요는 없다고 봅니다. 그 돈으로 가족이나 지인들에게 좋은 일 하시기 바랍니다.

우리나라에서는 나라 주인은 세금을 많이 거두어들이면 되는 것이지 관리인인 우리들이 절세하거나 하는 것에는 관심이 없습니다. 부동산 투자는 내가 돈을 벌려고 하는 것이지 다른 사람이 돈을 벌게 하려고 하는 것은 절대로 아닙니다. 따라서 어떻게 하면 내가 돈이 될 것인가를 생각해야 하고, 또 이를 실천해야만 합니다.

부동산은 개발 가치나 지역 발전성에 따라서 토지의 이용도나 희귀성에 따라서 가치가 올라갑니다. 구매할 때나 보유하고 있으면서 내 땅의 가치가 올라가도록 노력을 해야 하고, 그러다가 땅의 용도지역이 변경되거나 규제가 완화되거나 할 때에는 가만히 있지 말고 능동적으로 세금이나 개발에 대응해야 합니다. 그래야 오르는 가치의 과실을 제대로 내가 따 먹을 수가 있는 것입니다.

부동산 투자는 돈을 벌기 위한 것임을 명심하세요. 부동산을 가진 사람이나 못 가진 사람이나 이용을 하려고 하는 사람이나 돈이 싫다는 사람은 보지 못했습니다.

12.
수용 보상 지역이 돈이 된다는 것을
입증해 준 사례에서 배워두자

지난 2021년 3월 3기 신도시 발표 지역에 LH 직원들이 투기를 했다고 난리 법석을 치고, 또 그로 인해 투기 근절 대책과 대응 방안 그리고 후속 법안들이 제출되어 개정 시행이 되는 일이 있었습니다. 그때 투기 발표와 대응책을 보면서 저는 빙긋이 웃었습니다. 개발 예정 지역이 돈이 된다는 것을 입증해 준 사례이기 때문입니다.

먼저 그때 기사 중 하나를 보겠습니다. 〈보상 기준 땅 쪼개고, 나무 심고, LH 직원들의 익숙한 '투자신공'〉

(『한국일보』 2021. 3. 5.)

LH 직원들 광명시흥지구 투기 의혹 사례	
	내용
필지 쪼개기	면적 5,025㎡ 필지 1,000㎡ 이상 네 필지로 분할→ 대토보상 노린 의혹
작물 심기	수천 그루 묘목 급히 식재 → 보상가 높이기 의심
금융권 대출	토지 매입비 약 100억원 중 58억원 대출 → 수익에 대한 자신감 추정

이러한 기사가 나오면 그냥 흥분해할 필요가 없다고 봅니다. 그들이 투자한 것이 적법이냐 불법이냐, 투기냐 투자냐, 차익이 얼마냐 하는 것은 나나 우리들의 관심 밖의 문제입니다. 오히려 이러한 기사를 보면 그들이 언제 어떻게 투자를 했고, 그 투자한 물건을 어떻게 관리를 해야 돈이 되는지를 살펴야 합니다.

그리고 다음에 나는 이런 곳에다가 언제 어떻게 투자를 할 것인지를 습득해야만 하는 것입니다. 이것이 진정한 투자자들이 갖추어야 할 습성이고, 또 본받아야 할 덕목이기도 합니다.

투자 노하우를 적나라하게 잘 알려주었는데 손가락질하고 욕할 시간이 없습니다. 이런 방법들을 습득하기에도 바쁜 시간입니다. 개발 예정 지역에 투자하는 것에는 개발하는 데 따른 단계에서부터 투자하는 여러 가지 방법이 있습니다.

미리 대상 지역을 예상하고 하는 방법이 있고, 발표가 되면 하고 또 지구지정 등 거의 확정단계에서 하기도 합니다. 분양할 때에

하는 방법도 있고, 완공된 것이나 완공된 후 일정 기간이 지난 후
에 투자하는 방법 등이 있을 것입니다.

☞**관련한 유튜브 동영상 자료 참조**

신도시 등 개발 예정 지역이나 개발 지역에서 성공 투자하는 법에 대하여는
제가 일전에 강의하고, 유튜브에 올려놓은 자료를 보아주시기 바랍니다.
https://youtu.be/np9NlXPoSNI

또한, 개발 가능 지역들은 대략 어디가 될 것인지, 또한 어떤 기준으로 살펴보
는지 등은 '3기 신도시 확장 추가 신도시. 택지 개발 가능 지역은 어디인가?'
라는 유튜브 강의 자료를 보면서 나름대로 정리하고 찾아보시기 바랍니다.
https://youtu.be/fkDOdsbtTlo.

자, 우선 여기서 나온 투자법을 살펴보도록 하겠습니다. 개발이
예정된 지역에 농지를 구매했습니다. 그것도 최근 거래가 없었던
시기에 했습니다. 또 하나는 투자 금액은 60% 정도를 대출, 즉 레
버리지를 활용하여 투자를 했습니다. 이로써 자기자본 대비 투자
수익을 극대화하려고 했습니다.

투자한 후에 관리를 한 부분을 살펴보자면, 농지를 구매하고 나
서 아주 촘촘하게 관상수 등을 심었습니다. 그것도 별로 돈이 안
드는 아주 어린나무들로 요건 보상을 많이 받기 위한 수법이었습
니다. 그럼 우리 일반 투자자들도 따라 하면 좋겠지요.

또 하나 한 것이 있더라고요. 공동으로 구매한 후에 필지 분할

을 일정 면적 이상으로 하였습니다. 이건 협의자 택지를 노린 투자법이란 건 아시죠? '바로 이런 방법으로 하는 것이구나!' 또 하나 배우셨나요.

지금까지 나온 기사에서 찾을 수 있는 투자법에 대하여 다시 한번 정리해 보자면 구매는 남들이 안 할 때 예정 지역을 했다는 것입니다. 구매하면서 대출이라는 레버리지를 활용했다는 것이고, 구매할 때는 큰 땅을 공동으로 싸게 구매했습니다. 그리고 협의택지 등 수용 보상법을 활용하기 위한 분할을 하였고, 이 땅에다가는 수용 보상을 잘 받고자 관상수 등을 식재를 하였다 하는 것입니다.

나도 할 수 있을까? 그럼요. 누구라도 할 수 있는 방법이지요. 다들 멍청히 있었다는 겁니다. 이렇게 전문가들이 투자법을 알려주었는데 우리는 왜 그들을 욕해야 할까? 그런 시간에 이들에게 감사하면서 이제 앞으로 큰돈 벌 궁리를 해보아야 한다는 것입니다.

'우리는 누가 돈을 벌었대!' 그러면 '얼마나 벌었대?' 하는 데 관심을 갖습니다. 그러나 부자들은 '어떻게 벌었대?' 하는 데 관심을 갖습니다. 바로 일반인과 부자들의 차이점입니다. 같은 상황을 보는 관점이 다르기 때문입니다.

이번 신도시 투기 관련 기사에서도 내가 어디에 관심을 가졌었는지 되돌아보고 이제는 '어떻게?'라고 하는 것에 관심을 갖는 계기가 되었으면 합니다. 정말로 부자로 잘살고 싶다면 말입니다.

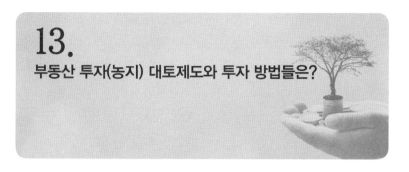

13.
부동산 투자(농지) 대토제도와 투자 방법들은?

부동산 투자 재테크는 우리가 살아가면서 선택이 아닌 필수입니다. 얼마나 알고 어떻게 하느냐에 따라서 그 결과는 천양지차로 벌어집니다.

부동산 투자를 하면서 대토라는 말이 많이 나옵니다. 특히나 농지에 투자하면서는 더 자주 나오기도 합니다. 대토란 사전적 의미로는 대신 토지를 받는 것이라고 정의되어 있습니다. '무엇 대신에 토지를 받는 것을 말한다.'라고 할 수 있겠습니다.

그럼 부동산 투자를 하면서 나오는 대토에 대하여, 즉 속 시원하게 하나하나 파헤쳐서 정리해 보겠습니다.

첫 번째로 농지의 대토가 있습니다. 다음으로 수용 보상 지역에서의 대토 그리고 사실상 대토는 아닌데 많이 대토로 통용되는 수용 보상 받은 후 다른 부동산을 사는 경우로 나누어서 살펴보겠습니다.

첫 번째로 농지의 대토에 대하여 알아보겠습니다. 농업인이 재촌 자경하던 농지를 팔거나 수용 보상 받고 다른 농지를 사는 것을 농지의 대토라고 합니다. 이에 대하여는 「농지법」에서 대토의 요건을 명시했고, 「조세특례제한법」에서 세금 감면에 관한 규정을 만들어 놓았습니다.

농지법과 세법 규정을 요약·정리해 보면 농업인이 4년 이상 재촌 자경하던 농지를 팔고 새로운 농지를 1년 이내에 구매하여 종전 농지와 신규 농지 합산 8년 이상을 재촌 자경하면 종전 농지의 양도세를 1억 원까지 감면해 주는 것입니다.

공익사업 등으로 개발하는 지역에서는 2년 이상 재촌 자경한 농지가 수용 보상으로 농사를 지을 수 없게 된 경우에는 2년 이내에 농지를 구매하여 종전 농지 합산 8년 이상 재촌 자경하면 종전 농지의 양도세를 1억 원까지 감면해 주기도 합니다.

양도세 감면은 종전 농지의 양도세 신고 기한 내에 대토하고, 감면 신청을 할 수도 있고, 또는 1년 이내에 농지를 구매하였으면 그때에 대토 감면 신청을 하고 이미 낸 양도세는 환급받으면 됩니다. 즉 양도세 기한 내에 농지를 구매하지 못하였으면 종전 농지의 양도세를 우선 납부하고 대토 농지를 구매한 후에 양도세 정정 신고를 하고 낸 양도세를 환급받을 수 있습니다.

따라서 투자 방법으로는 농지를 구매하여 재촌 자경을 하다가 4년 정도가 지난 후에 매도하고 또 새로운 농지를 사서 재촌 자경하다가 또다시 매도하고, 또다시 새로운 농지를 사서 재촌 자경하다가 매도하는 것을 반복해 가되 매도를 반복해 갈 때마다 매도 면적의 2배 가까이 되는 농지를 구매해 가는 것 또는 매도 면적과 비슷하게 가되 매도 금액의 절반 정도를 다른 부동산에 투자하는 것 등 투자자의 사정에 따라서 할 수가 있을 것입니다.

두 번째로 「토지수용법」에 의한 대토에 대하여 살펴보겠습니다. 수용 보상 지역에서의 대토에는 순수한 농지 대토, 수용 보상 지역에 토지로 주는 대토가 있고, 다른 곳에 부동산을 취득하는 대체 부동산 취득이 있습니다.

농지 대토는 8년 이상 재촌 자경하지 못한 농지로 앞에서 말한 농지 투자 법에서 정하고 있는 대토를 하는 것과 같습니다.

요즈음은 수용 보상 협의하면서 개발 지역 내의 단독, 상업, 기타 토지를 대신 주는 대토가 있습니다. 이에 대한 조건은 사업의 성격이나 사업시행자에 따라서 다르며, 협의 보상 통보 시에 대부분 그 내역을 고지합니다.

예를 들면 택지개발지구에서 수용 보상된다면 보상금을 수령하지 아니하고 협의 보상일 마지막 날까지 대토 신청을 하면 단독택지 330제곱미터나 상업용지 1,000제곱미터를 받을 수 있습니다. 이때에 대토 부지는 조성가 + a 로 책정하였고, 수용 보상 금액과 대토 부지 평가액을 서로 상계 처리하고 정산하게 되는 것입니다. 요즈음은 공동주택 부지를 집단 환지처럼 주기도 하고, 아파트 입주권을 주기도 하므로 잘 살펴볼 필요가 있습니다.

대토를 받으면 혜택으로는 과세이연이라고 하여 대토 부지를 팔 때까지 현재 토지의 양도소득세를 이연, 즉 연기해 주고 있습니다. 곧바로 양도소득세를 내는 경우에는 40%까지 감면 혜택을 받을 수가 있습니다. 이는 당사자가 잘 따져보고 능력에 맞게 이로운 것을 택하면 될 것입니다. 과세 이연과 세금 감면은 어느 것이 더 나은 것인지 아니면 더 유리한지는 각각의 사업에 따라서 다르므로 잘 판단하여 결정해야 할 일입니다. 즉 단기간에 매도할 것이라면 양도세 감면이 유리하고, 장기간 보유할 것이라면 과세 이연이 더 유리한 것이라고 말할 수 있습니다.

세 번째 대체취득은 수용 보상을 받고 다른 부동산을 취득하면 보상 금액 범위 내에서 취득하는 부동산에 대하여는 취득세를 감면해 주는 제도입니다. 이 역시 반드시 대체취득을 해야 하느냐의 여부는 그때그때 또는 지역에 따라서 대체취득이 유리할 수도 있고, 또는 대체취득이 아닌 아주 다른 곳에다가 투자하는 방법이 있으니 이것도 각각의 사정에 따라서 판단하고 실행할 일입니다.

수용 보상 대토의 투자 방법으로는 개발 소문이 날 시기 이전부터 소유하다가 수용 보상 시에 대토를 받아서 수익을 극대화하는 방법이 가장 좋으나 시간이 오래 걸리기도 하고, 개발 여부도 불투명하기도 합니다. 일부 가진 사람들은 지정고시 1년 전쯤에 안전하게 들어가서 대토를 받아서 자기의 거주 또는 사업장으로 활용하기도 하고, 그냥 대토를 받아서 그 수익을 챙기기도 합니다. 단 전자처럼 미리 투자한 것보다는 안전하나 수익률은 낮지만 그래도 분양하는 것을 받는 것보다는 훨씬 수익률이 높아서 일부 투자자는 선호하고 있습니다.

그럼 지금 개발계획이 발표가 난 3기 신도시 투자는 어떨까? 3기 신도시는 2018년 11월부터 발표가 났고 이미 여러 곳이 지구지정이 되었으며, 그럼 이렇게 개발이 되는 곳에 투자하면 대토 보상을 받을 수 있을까? 아마도 십중팔구는 받을 수가 없을 것입니다. 지구지정 1년 이내에 취득하는 것이기 때문에 대토 보상을 받기가 쉽지 않을 것입니다. 그래서 부동산 투자는 타이밍이란 것이 있으니 이점도 눈여겨보고 투자에서 참고해야 할 사항입니다.

그 외에 대토와 유사한 이주자 택지와 협의자 택지도 있습니다. 그러나 이건 대토는 아닙니다. 수용 보상의 일환으로 자산을 보전해 주려는 제도인데, 대토처럼 인식되고 활용이 되고 있습니다. 그리고 개발제한구역에서 개발할 때에는 수용 보상을 받고 그 사업지구에서의 이주자 택지로 받지 아니하고 개발 지역 밖의 개발제한구역으로 나가서 건축할 수 있는 이축권이라는 것도 있습니다.

또한, 농지에서는 경작상 필요에 의하여 농지를 서로 교환하거나 합치는 교환분합이란 것도 있습니다. 이 역시 대토는 아닙니다. 그렇지만 대토와 유사한 제도라고 보시면 됩니다.

부동산 투자! 쉽고도 어렵습니다. 우리가 늘 접하고 있으므로 매우 쉬워 보이지만, 하나하나 접근해 보면 그 속사정이 매우 복잡다단합니다. 그렇기에 제대로 알고 투자를 해야만 제대로 활용, 수익하거나 차익이 실현되는 자산으로 만들 수 있습니다. 지금은 개발 시대하고는 다릅니다. 폭풍 성장을 하던 시절에는 아무것이나 대충 사놓아도 돈이 되었지만, 이제는 될 것이 있고 안 될 것이 있으니 가려가면서 해야 합니다.

부동산 투자의 성공은 꾸준한 관심을 갖고 부동산 시장의 변동을 파악하면서 부동산 정보와 지식을 습득하고 투자 자금을 준비를 하다가 기회가 주어지면 제대로 된 곳에다가 투자를 해야만 합니다.

부동산 투자에서 대토를 다시 한 번 정리해 보면 특히 농지 투자에서의 대토는 농사를 짓다가 다른 농지를 사는 농지 대토가 있고, 수용 보상 지역에서 보상금 대신에 개발 지역 내의 토지를 받는 대토가 있고, 수용 보상을 받고 그 돈으로 다른 부동산을 사는 대토가 있습니다.

14.
농지 투자의 정석,
농지대토 제도를 활용한 농지 투자 사례

부동산에서는 투자하는 방법들이 아주 다양하다고 했습니다. 부동산을 개발하거나 활용하는 흔하디흔한 사례부터 법이나 제도를 활용하는 방법이나 실수요자와 접목하여 시너지를 높이는 방법 등 그 투자법은 무한하고 다양하다고 말할 수 있습니다.

오늘은 최근에 처리한 농지대토를 활용한 농지 투자 사례를 소개하면서 농지대토란 것이 투자로 적극 활용할 만하다는 것을 설명하려고 합니다.

지금도 많은 사람이 수용 보상을 받고 대토하는 정도로만 아는 경작상 필요에 의한 농지대토 제도를 말하려는 것입니다. 내가 부동산을 처음 시작하고 얼마 안 된 99년도에 농지를 팔고 대토를 신청하였더니 세무서 직원한테서 연락이 왔습니다. 농지대토는 수용 보상받는 경우에나 하지 일반적인 매매로 농지대토가 되느냐 하는 것입니다. 관련 법규를 제시하며 설명을 했더니 여기저기 묻고 하고서는 알았다고 처리를 해주었으니 일반인들이야 말해 무엇하겠습니까.

실제로 당시에는 양도세를 공시지가로 냈기 때문에 양도세 자체가 많지 않아서 몰라서보다도 귀찮아서도 세무사님들이 안 해주었는지도 모를 일입니다.

어찌 되었든 최근에 있었던 실제 사례를 살펴보고 다음 이야기를 풀어가겠습니다. 2014년 5월 20일에 답 2,191제곱미터를 2억2천5백만 원에 구매를 하였습니다. 2018년 12월 26일에 지목을 변경하였고, 2020년 11월 10일에 이 농지를 6억6천만 원에 매도를 하였습니다. 물론 구매하여 처분할 때까지 재촌 자경을 착실하게 하면서 지목변경과 성토작업 등 농지를 보기 좋게 화장을 해주었습니다.

이 농지를 구매하여 처분하는 데까지 세금은 어찌 되었는가를 보겠습니다. 구매할 때 취득세는 수용 보상받은 대토 구매로 하였기에 100% 감면을 받아서 없었고 등기하는데 비용이 119만 원, 중개 수수료가 220만 원 들어갔습니다. 지목변경 허가 비용은 직접 하여 들지 않았고, 취득세로 120만 원이 들어갔으며, 매도하는데 중개 수수료가 594만 원이 들어갔습니다.

그럼 한번 양도차익이나 세금 등 수익을 살펴보겠습니다. 매도가 6억6천만 원에서 구매가 2억2천5백만 원을 빼면 단순 양도차익은 4억3천5백만 원이 됩니다. 여기서 구매하고 지목변경하고 매도하는 데 비용이 1,053만 원이 들어갔습니다. 그럼 이제 필요경비를 제하고 차익은 4억2천 4백4십7만 원이 되었습니다. 6년 반만에 이 정도면 연평균 6,530만 원이므로 연간 29% 수익이 되니, 나쁘지 않은 투자입니다. 그래도 이것저것 공제한 대기업 연봉은 되는 것이 아닐까 합니다.

그럼 이번에는 마지막으로 칼도 안 들고 덤벼드는 진짜 땅 주인(국가)이 받아가는 양도세에 대하여 알아볼 차례입니다.

매도가 66,000만 원 − 구매가 22,500만 원 − 필요경비 1,053만 원 − 장기보유 공제 12% − 기본 공제 250만 원 = 양도세 과표 37,103만 원이고, 여기에 사업용 세율 6~40%를 하면 내야 할 세금으로는 양도세 12,301만 원이고 여기에 지방세 10% 하면 13,531만 원이 됩니다.

그럼 정말 내 손에 남는 돈은 5억2,469만 원이고, 구매비 2억2,500만 원을 빼면 순수익은 2억9,969만 원으로 투자 대비 수익률이 133%로 연 20%로 뚝 떨어져 버립니다.

그런데 우리의 투자자는 법과 제도를 활용하는 베테랑입니다.

이 농지를 팔고 나서 2020년 12월 23일에 2,952제곱미터의 농지를 5억3,540만 원에 구매하였습니다. 이때 취득세 857만 원, 등기 비용 223만 원, 중개 수수료 530만 원이 들어갔습니다. 농지를 팔고 농지를 샀으니 그냥 투자를 했구나 하면 오산입니다.

이 농지를 대토함으로써 어떻게 수익률이 바뀌는지를 보겠습니다. 이 농지를 대토함으로써 지난번에 매도한 토지에서 산출된 양도세 1억 원을 감면받게 되고, 이렇게 되면 산출된 양도세 1억 2,301만 원에서 1억 원을 공제하니 2,301만 원으로 지방세 포함하여 내야 할 세금은 2,531만 원으로 확 줄어듭니다.

그럼 이제 수익률을 다시 한 번 살펴보자면 이 땅을 팔아서 손에 쥐는 돈은 5억2,469만 원이 아니고 6억3,469만 원이 되고, 구매비 2억2,500만 원 뺀 순수익은 2억8,944만 원이 아닌 4억969만 원으로 확 올라가 버립니다. 결국, 수익률이 133%가 아니라 182%가 되고 연 28%로 확 올라간다는 것입니다.

법과 제도 그리고 재촌 자경 실천으로 인하여 연평균 8% 수익을 챙길 수 있다니, 우리가 지금 수익률 부동산 투자하면서 몇 % 보고하는지를 보면 이런 투자를 해야 하는지 아닌지는 이 글을 읽어주시는 분들이 판단할 몫이라고 봅니다.

이제 새로 산 농지를 약 1년 4개월 정도인 2022년 4월이 지난 후까지 재촌 자경을 하면 전에 판 농지에서 감면받은 양도세는 종결되는 것이고, 또 새로이 산 농지의 재촌 자경 기간 기산은 이미 구매한 2020년 12월 23일부터 시작을 하는 것이니 2024년 말에는 다시 대토할 수 있는 조건이 충족됩니다. 2028년 말을 지나면 8년 이상 재촌 자경 조건을 충족하게 되는 절세 전략을 펼칠 수가 있는 것입니다. 농지의 대토 감면과 8년 이상 재촌 자경 감면에서 1억 원 감면에 대하여는 잘 알고 있으리라고 봅니다.

요즈음 아파트값이 최근에 천정부지로 치솟아서 돈 많이 벌었다고 난리들인데 대토를 한 이 논은 구입한 지가 이제 겨우 1년여가 지났는데 벌써 60%가 넘는 상승을 하였습니다. 주변에서 계속 개발과 수용 보상이 벌어지고 있으니 4년, 8년을 채우는 그때에는 어찌 될지를 모르겠습니다. 그래서 차익이 이미 4억 원이 넘어가서 양도세 감면 혜택을 받는 차액에 도달하였기에 절세 전략으로 이번에는 절반을 배우자 증여를 하고, 5년 이상 또는 8년 이상을 재촌 자경을 하려고 합니다. 여기서 왜 4년이 아닌 5년인지 또 8년 이상인지에 대하여는 그 이유를 아시리라 보고 추가 설명하지 않겠습니다.

부동산 투자를 하면서 특히 땅 투자에만 오면 개발을 염두에 두고 여기에다가 무엇으로 개발을 해야 하느냐고 묻습니다. 땅 투자는 개발하여야 하는 것이 아닙니다. 이렇게 법과 제도를 잘 활용하여 저평가되었거나 향후 오를 가치가 있는 곳에 투자를 하고, 이를 필요로 하는 다른 사람에게 넘겨주면 되는 것입니다.

개발을 목적으로 한다면 도시지역의 나대지 등이나 택지개발 지구 등에서 분양하는 대지를 구매해서 개발하는 것이 좋습니다. 내가 개발업자도 분양업자도 아니면서 그런 사람들을 위한 자금을 대주는 역할이나 하는 그런 땅 투자는 이제는 하지 말기를 바랍니다.

근본적으로 농지나 산지는 생산과 보존을 해야 하는 땅입니다. 우리 후손에게 넘겨주어야 할 땅을 파 헤집어 훼손하지 말고 개발하여 돈을 벌려고 한다면 도시지역이나 택지지구에서 할 것을 권합니다.

부동산 투자는 절대로 투기가 되어서는 안 됩니다. 한정된 국토 자원을 잘 이용하고 보존을 해야 하는 의무도 있습니다. 건전한 부동산 투자가 되도록 다 함께 노력하고 실천해 갔으면 합니다.

농지 투자는 농지를 어떻게 사용하고 활용하며, 그리고 어떻게 보존하면서도 가치 있게 만들어 가는지, 자기가 하는 일이나 사업과 시너지 효과를 거둘 수 있는지 제대로 된 농지 투자 지식과 정보를 가지고 해도 충분합니다.

☞농지의 대토란?

법적 규정은 조세특례제한법 등에서 규정하고 있으며
조세특례제한법 제70조(농지대토에 대한 양도소득세 감면)
조세특례제한법 시행령 제67조(농지대토에 대한 양도소득세 감면 요건 등)

그 내용을 요약해 보자면 대토로 인정하는 대상은
경작상 필요에 의하여 대토하는 경우
공익사업으로 인한 수용 보상으로 인하여 대토하는 경우이며

그 조건은
4년 이상 재촌 자경하던 농지를 매도하고
(수용 보상인 경우에는 2년 이상 재촌 자경하던 농지를 수용 보상받고)
1년 이내에(수용 보상은 2년 이내) 다른 농지를 사서 대토하는 경우를 말하며

그 혜택, 즉 세금 감면은 양도세를 1년에 1억 원까지 감면해 준다는 것임

15.
농지를 대지로 바꾸어서 비싸게 팔고자 하는데요

많은 사람이 문의하는 것 중에 대표적인 것이 농지를 사서 대지로 바꾸어 팔면 돈을 많이 벌 수 있지 않을까 하는 것입니다. 그러니 '그런 돈 되는 농지를 구해주세요.' 이런 문의가 많습니다. 그럴 수도 있지만 대부분은 아니라고 말하고 싶습니다. 땅 투자 강의를 듣다 보면 대부분 개발을 하라고 합니다. 그래서 개발을 해야만 돈이 된다고 생각을 하게 되는 듯합니다. 물론 100만 원짜리 땅을 사서 개발을 하면 200만 원이나 300만 원을 받을 수 있으니 그렇게 생각할 수도 있을 것이나 개발을 하는 비용이 100만 원 정도가 들어가는 것은 생각하지 않기 때문입니다.

상담 사례로 살펴보고자 합니다. 보유하고 있는 농지가 있는데 이것을 대지로 바꾸어서 비싸게 팔고 싶다는 것입니다. "네, 그렇게 하시면 되지요." 그랬더니 농림지역이라서 잘 안 된다고 그럼 맞는 용도로 하시면 되지 않느냐 하니까 농림지역이라서 근린생활

시설로는 허가가 안 되는데 농가주택으로 2층으로 짓고 1층은 근린생활 시설로 사용하면 안 되느냐 하는 것입니다. "아니, 이미 알아볼 만큼 알아보셨는데 허가부서에서 안 된다는 걸 알고 계시면서 뭘 물으세요?" 하니까 "잘 아시니까 혹시 방법이 없는지 묻는 것이죠." 하는 것입니다.

농림지역에서 대지로 바꿀 수 있는 경우는, 농가주택이나 농업용 시설이 일반적입니다. 농가주택은 농업인만이 거주할 수 있고, 거래도 농업인만 하는 것이 원칙입니다. 다만 산수 좋고 위치가 좋은 곳에서는 민박으로 운영할 수는 있습니다. 이때에도 매수인은 농업인이라야 합니다. 그런데 현실에서는 과연 얼마가 지켜지고 있는지에 대하여는 여기선 할 말이 아니니까 그건 알아서 생각하고 판단하시기 바랍니다.

부동산 투자 재테크는 잘살고자 하는 것입니다. 이왕이면 즐기면서 돈도 버는 방법으로 하였으면 합니다.

'대지로 바꾸면 비싸다. 농지는 싸다.' 이런 생각을 바꾸세요.

지목은 그 땅을 무엇으로 쓰고 있느냐에 따라서 언제든지 바뀔 수 있는 것입니다. 건물이 서 있으면 대지, 공장이 있으면 공장용지, 야적 등을 하면 잡종지, 벼 등을 재배하고 있으면 답, 콩이나 야채 등을 재배하면 전, 이렇게 바뀌는 것입니다. 자 농지는 싸고 대지는 비싸다? 반드시 그렇지 않습니다.

동일 지역에서 상업지역은 비싸고, 공업·주거지역은 그래도 비싸고, 녹지지역은 상대적으로 싸고, 계획관리 지역은 비싸고, 그다음 생산 관리 → 보존 관리 → 농림지역 → 자연보전지역 이렇게 가격이 싸지는 것입니다. 무슨 이야기이냐 하면 지목이 아니라 용도지역에 따라서 차이가 난다는 것입니다.

그다음에는 위치에 따라서 차이가 나는 것이지, 지목에 따라서 싸고 비싼 건 아닙니다. 물론 일부 투자자들이 대지는 비싸고 농지는 싸다는 생각을 갖고 있기에 이걸 이용한 매도 전략에 의해서 그렇게 거래가 되는 것도 어느 정도는 인정합니다. 그러나 역으로 이를 잘 알면 싸게 사는 방법도 있을 수 있을 것입니다.

이제 조금은 아실 것 같은가요? 땅값의 비싸고 싸고는 지목이 아니라 용도지역 등이란 것을 말입니다. 대지가 농지보다 비싼 건 당연히 건물 가격이 있어서입니다. 거기에다가 농지전용 부담금이란 것도 보태기를 할 수도 있는 것입니다.

다시 개별 땅으로 와서 같은 농림지역이라도 이를 이용·활용할 사람이 얼마냐에 따라서 달라집니다. 허허벌판이고 농사짓는 사람만 다니는 곳이라면 논값에 건축비 정도가 될 것이고, 농가민박이라도 할 지역이라면 그 희소성과 이용·활용 빈도수에 따라서 조금 더 가격이 형성될 것입니다.

근린생활시설로는 용도 전용이 되지 않으니 불법으로 한다 해도 역시 이용도에 따라서 다를 것입니다. 대부분의 농림지역은 이

용도가 낮아서 개발 전용하여 대지로 한다 해도 가치가 크게 상승하지 않습니다. 지목이 중요한 것이 아니라 용도지역이 중요하고 더 중요한 것은 이용·활용 가능 여부입니다.

땅을 투자한다면서 개발을 먼저 생각합니다. 이건 개발업자의 투자법입니다. 일반 투자자라면 구매에서 처분까지의 투자 대비 수익을 따져서 하는 겁니다. 금액도, 용도도, 기간도, 세금도 가지가지를 다 따져서 돈이 많이 남는지를 가지고 투자 판단을 하는 것입니다. 그런데 이 땅이 개발 가능한가를 우선한다는 것입니다. 이건 개발업자나 하는 것이라는 거 일반 투자자는 전체적으로 돈이 많이 남는지를 따진다는 것, 이것만 알고 투자를 하면 됩니다.

지목보다는 지역이 중요하다는 것을 다시 한 번 살펴볼까요? 강남의 아파트 빌딩 단독 부지는 대지라서 비싸고 소도시의 아파트 상가 단독은 대지가 아니라서 싼 것이 아니고 용도지역이 달라서도 아닙니다. 그 땅이 건물이 위치한 위치성, 즉 활용성 때문입니다. 지목은 큰 문제가 되지 않는다 하는 것입니다.

농림지역에 농지는 농가주택과 농업 관련 시설만 가능합니다. 그리고 대부분의 농림지역은 새들만 찾고 있습니다. 사람들이 몰려야 돈이 되는 것인데 사람보다는 새들이 모이는 곳이니 땅값이 비쌀 수가 없는 것입니다. 사람들이 지나만 다녀도 안 되고 많이 머무는 곳, 그 머무는 발자국 수만큼 땅값은 비례하는 것입니다.

개발을 종용하는 것은 투자자에게 돈을 벌어 주려는 것이 아니라 개발업자나 전문가가 당신의 돈을 통하여 그들이 이익을 취하기 위한 수단으로 활용하는 것이 대부분입니다.

　부동산 투자는 돈이 될 곳에다가 하는 것입니다. 투자하려는 자금이나 목적에 따라서 하는 것이기도 합니다. 따라서 누구는 개발해서 단기에 돈을 회수할 수도 있고, 누구는 오랫동안 기다리며 가꾸고 활용하며 수익을 낼 수도 있습니다. 자기에게 가장 좋은 방법을 선택하여 투자하여 성공하시기 바랍니다.

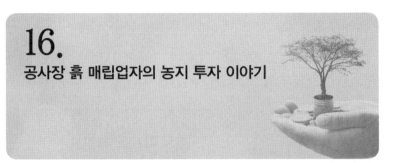

16.
공사장 흙 매립업자의 농지 투자 이야기

오늘은 여느 날보다 2시간 정도 일찍 일어났습니다. 평소 존경하는 교수님의 강의를 들으러 가는 날이라서 그런지, 아니면 오랫동안 찾아뵙지 못한 죄송한 마음에서인지 그래서 오랜만에 투자 이야기 하나를 꺼내보려고 합니다.

과거의 어느 날이었습니다. 흙을 메울 수 있는 땅을 구해달라는 고객 한 분에게서 연락이 왔습니다. 물론 사겠다는 것이 아니고, 차 1대당 얼마를 주고 매립을 할 수 있는 그런 땅 말입니다. 못 구해줄 것도 없었지만, 일단은 만나자고 하였습니다.

이 분은 어느 정부국책사업에서 나오는 현장의 흙을 처리하기로 한 회사에 근무하는 분이었습니다. 큰 업체는 아니었으나 책임 있는 분은 아니라서 현장 소장을 만나게 해달라고 하였습니다. 물론 이전 같으면 그냥 그런 땅을 소개해주고 얼마의 수수료를 받고 처리했을 것입니다. 그러나 나는 의뢰자에게 더 도움이 될 수 있는 방법이 무엇인지를 생각하게 되기 때문에 이렇게 가끔은 주제넘는 짓을 하곤 합니다.

 대부분의 건설 건축 현장에서는 높은 곳을 깎아내거나 터널 굴착 지하터 파기 등으로 토사가 나오게 되고, 이를 직접 시행사 등에서 처리하는 것이 아니고 또 다른 처리업체가 나서서 하고 있습니다. 그런데 대부분은 이런 토사를 매립장으로 운반 처리하여야 하는데 이때 비용이 많이 들고 또 멀리까지 가게 되므로 시간적 낭비도 있어서 가까운 곳에 매립을 할 수 있는 부지를 물색하게 되는 것입니다. 이런 경우에 토사 처리업체는 시간과 비용을 절감하면서 흙을 처리할 수 있어서 좋고, 매립을 하는 토지주는 돈 안 들이고 깊은 논밭 등 토지를 성토하여 사용할 수 있게 되어서 누이 좋고 매부 좋은 그야말로 환상의 궁합이 탄생하게 되는 것입니다.
 따라서 여러분들도 도시 근교에서 농경지 등에 흙을 매립하는 것을 흔히들 보았을 것입니다. 물론 도시 근교가 아닌 다른 지역에서의 성토작업은 대부분 토지주가 직접 돈을 들여가면서 시행하거나 아니면 다른 곳에서 나오는 흙을 돈을 주면서 작업을 하는 것이 대부분입니다.

 현장 책임자를 만나보니 그 규모가 어마어마하게 큰 규모였고 그 흙 처리비용으로 예상하는 비용만도 수십억 원이나 되었습니다. 물론 당초 입찰가에 비하면 적은 돈이란 것은 다 아실 거고요. 따라서 우리 지역은 대부분 개발제한구역인지라 허가 없이 50

센티 미만으로 매립을 한다면 십여만 평이나 필요할 만큼의 농지가 필요했습니다. 그렇게 많은 면적을 구하기도 쉽지 않지만, 그 효율성도 낮으므로 이미 생각하고 간 다른 방안을 제시하게 되었습니다.

당시에 25톤 차량 한 대의 흙 처리 비용은 모르지만, 현장에서의 처리 비용은 3만 원 내외이었습니다. 그런데 농작물 재배를 하지 않는 겨울에는 1~1.5만 원 농작물이 재배되고 있어서 매립할 농지가 별로 없는 여름에는 3~4만 원 정도를 하던 그런 때였습니다.

매립할 농지를 직접 구입해서 해보도록 제안을 한 것입니다. 당시에 대출이 거래가액의 약 70%가 나왔습니다. 따라서 30%의 비용만 있다면 우선 몇 필지를 구입해서 추진해 보자고 하였습니다. 그것이 아니면 일부는 다른 투자자를 유치해서 비용을 절감할 수 있는 길도 있다고 하며 대안을 제시하였습니다.

그러면서 허가 없이 50센티로 하는 것이 아니라 성토의 높이가 2미터 이상 되는 곳을 선택해서 허가를 받아서 해보자고 했습니다. 그렇게 한다면 토사처리는 처리 대로 하고 농지를 소유할 수 있게 된다고 설득을 하였습니다. 처음에는 반신반의하였지만 역시 사업 수완이 있는 사람이라 산수에는 강하더라고요. 그리고 판단은 신속하게 하더라고요.

바로 대상 지역의 농지를 물색하여 일단의 농지로 처음에는 1만여 평을 구매하기로 하고, 성토에 대한 허가를 받아주는 조건으로 계약을 진행시켰습니다. 모든 일은 순조롭게 진행되었고 그중 일부는 나와 나의 투자자들이 구매하면서 초기 구매 자금 등 비용 부담이 없도록 하였습니다. 실제로 나도 소개만 해주어서 버는 것보다는 이렇게 하여 땅의 가치를 높임으로써 투자로 버는 것이 더 나았기 때문입니다.

당시에 총 구입 가격이 25억 정도가 되었으니 70% 대출을 받는다 하여도 계약금 10% 정도와 나머지 20% 정도가 필요했기에 그 업체만이 아닌 다른 사람들의 투자가 필요했던 것입니다. 물론 다른 투자자들이 대출 없이 투자한다면 대출 이자 부담도 없게 되는 것이지만, 이는 투자이니 대출을 활용하게 되었습니다.

땅 구매부터 매립이 종료된 약 1년여 지난 후의 투자수익률은 어찌 되었을까요? 흙 매립업자는 예상했던 비용 이내에서 모든 사업을 완벽하게 마무리할 수 있었습니다. 그리고 내 땅 4천 평의 주인이 되었습니다. 나머지 6천 평은 투자자들에게 나누어 준 대신에 땅 구매에 필요한 자금을 융통할 수 있었습니다.

그럼 이 땅의 가치는 어찌 되었을까요? 원래 대로였다면 평당 25만 원 정도 하였을 것이지만, 2미터 이상 매립하여 도로와 비슷한 높이로 잘 화장을 해놓으니 그 가치가 뛰어서 30만 원 이상의 가치를 가진 그런 땅으로 변했습니다.

결국, 매립업자는 흙 처리 비용으로 일부 대출이 있긴 하였지만 12억 원이나 되는 땅의 주인이 되었고, 다른 투자자들은 15억 원 투자하여 21억 원의 땅 주인이 되었으니 6억 원, 즉 40%나 되는 수익률을 앉아서 챙긴 꼴이 된 것입니다.

지금도 가끔 만나는 이젠 어엿한 사장님으로 변신하신 그 이 사장님은 "밥은 언제고 살 테니 연락만 주세요. 어디라도 달려가겠습니다." 하지만, 그분 돈 버는 것 보고 있기 싫어서 연락을 안 하고 있답니다. (농담)

이렇게 똑같은 일을 처리하면서도 수익 창출을 할 수가 있는데도 부동산 투자 재테크에 관심을 가지지 않는다면 이런 가치 있는 투자의 기회를 놓치게 된다는 것입니다.

그럼 여기서 모두가 궁금해하는, 아니 관심을 갖는 투자 수익에 대하여 한번 살펴볼까 합니다. 물론 당시에는 부동산 상승 시기라서 실제로는 3년 만에 두 배 이상이나 되는 수익률을 올린 투자를 하였답니다. 그러나 이 경우에서 매립업자인 이사장님은 그냥 일상적으로 하듯이 다른 땅을 얻어서 매립을 했다면 투자 수익은 0원 이었을 텐데 이 한 번의 판단과 실천으로 24억 땅에서 대출금을 제하고도 14억이나 되는 대박을 터트린 것입니다. 물론 다른 투자자들도 일반적인 투자를 했다면 15억 원 수익이 21억 원 수익이 되었으니 140%나 되니 일반적인 투자자보다는 40%나 더 많은 수익을 올렸다는 겁니다.

그럼 이런 미친 짓을 한 나는 과연 어찌 되었을까요? 궁금하시지 않은가요? 일반적으로 십여만 평을 중개한다면, 물론 소개도 혼자 못하지만 해주어 보았자 업자로부터 2~3백만 원 받으면 잘 받았을 겁니다. 그런데 1만여 평을 25억에 중개를 했으니 법정 수수료가 양측 1.8% 4,500만 원 중에서 약 1/3이라 해도 1,500만 원 받았을 것이고, 이렇게 잘 되었는데 나중에 감사 인사로 사례 받지 않았을까요?

또한, 이때 일부는 투자를 직접 했다고 했으니 거기서 얻어진 수익이 140%라고 나오는데 이 중 70%를 대출로 했다면 약 433% 수익률이고 이자를 감안해도 400%를 넘는 수익률을 올렸으니 이보다 더한 투자가 어디에 있을 것인가 합니다.

실제로 남을 위하여 일한다고 했지만 결국은 그분도 돈을 벌게 해주었고, 내 주변에 투자자들도 돈을 더 벌게 해주었고 진짜는 내가 더 많은 돈을 벌 수 있었다는 것입니다.

이런 이야기나 사례 등을 듣거나 말할 때 생각나는 것이 한 가지 있습니다. 일반인은 '돈을 누가 얼마나 벌었대? 얼마나 벌었네.'라며 돈에 관심을 갖는답니다. 그런데 부자들은 '그래, 그런 방법도 있었구나. 이렇게 했으면 어떨까?' 하면서 그 돈을 버는 과정, 즉 방법에 대하여 관심을 갖는다고 합니다. 과연 일반인이 돈을 벌 수 있을까요? 아님 부자들이 돈을 벌 수 있을까요?

다 지나간 이야기이고, 그때 그 시절에 가능했던 일이랍니다. 물론 지금도 약간의 응용을 한다면 돈을 벌 수 있는 비법을 찾을 수 있지만 말입니다.

부동산 투자 재테크 얼마나 관심을 갖고 준비하고 실천하느냐에 달렸습니다. 또한, 전문가들을 얼마나 신뢰하고 올바른 판단을 하고 실천하느냐에 달렸습니다. 사람이 살아가는 한 부동산 투자는 영원히 같이할 것이며, 가진 자가 세상을 지배합니다.

추신!

저도 1+1=2 1+2=3 이런 산수할 줄 알아요. 그러나 실물에서는 1+1=2만이 아니라 수만 가지로 나타나는 것이랍니다. 지금 여기서 말하려는 것은 투자 방법을 달리 생각할 수 있다는 데 방점이 있지 무슨 다른 곳에서 하는 것처럼 어느 물건에 성공 투자수익률 분석을 하는 것이 아니랍니다.

실제로 성토한 면적은 1만 평보다 훨씬 많고 실제 구매는 전부가 아니라 일부는 보유한 사람도 있지만, 단지 여러분에게 이런 방법으로 했을 때 이렇게 될 수 있다는 것을 설명하기 위한 자료입니다. 참으로 내가 이런 방법 알려주면서 무슨 회계감사를 받는 건지 아님 청문회를 받는 건지 투자수익률 계산이 어떻고 대출을 빼고 이자로 계산하면 실제 수익률은 더 많이 나오는데 왜 그렇게 했느냐 등등의 이야기가 있었습니다.

17.
어느 건축업자의 농지 투자 이야기 들어보실래요?

때는 바야흐로 부동산 경기도 좋았던 그 옛날 어느 시절의 이야기입니다. 어느 정도의 비밀보호를 위하여 시점이나 투자 위치 등은 다루지 않으려고 하니 이해 바랍니다. 평소에 모임에서 만나던 빌라나 상가 등을 건축해 주는 개발업체 사장님이 있었습니다. 그동안 몇 번의 부지 소개도 있었고, 건축한 빌라를 팔아 주기도 하는 등 서로서로 도움을 주고받으며 지내고 있었는데, 하루는 조경수 문제로 골치가 아프다는 것입니다. '아차, 바로 그거구나!' 하는 생각이 들었습니다. 그렇지 않아도 그동안 생각만 하고 있었는데 이렇게 연결이 될 줄이야.

건축을 하면 반드시 해야 하는 것이 조경입니다. 그리고 지금이야 그렇지 않지만, 과거에는 준공만 떨어지면 그 조경수를 파내고 그 자리를 콘크리트 포장을 하거나 다른 용도로 사용하는 것이 비일비재하였습니다. 심지어는 조경수를 콘크리트 바닥 위에다 흙을 덮고 그 자리에 심거나 심한 경우 나무를 잘라다 꽂아놓기까지 하였으니 말입니다. 그만큼 건축업자들에게는 돈만 낭비하는 그런 골칫덩어리였던 것입니다. 물론 지금은 환경도 생각하고 자연친화적이라 이런 일은 거의 없습니다.

나는 다른 여러 가지 투자 사례를 들어가면서 농지를 구매할 것을 권했습니다. 우선 농지 구매비의 절반만 있으면 대출을 끼고 농지를 구매하면 건축 두세 번만 하면 본전을 뽑을 수가 있다고 설명을 했습니다. 처음에는 반신반의하더니 차츰 제 생각에 빠져들게 되었고, 2,000여 제곱미터의 농지를 1억5천만 원에 구매하게 되었습니다. 그리고는 그해 가을에 50센티 이상 복토를 하고 밭으로 만들었습니다. 물론 4미터 정도의 농로가 있는 차량 통행이 가능한 농지를 구입했습니다. 총 투자 비용은 7천만 원, 자기 자본에 8천만 원 대출로 첫 투자를 하게 되었습니다.

이듬해부터는 다세대 건축이 붐을 이루면서 대지 구매비 등 사업비를 딴 곳에 썼다고 투덜대는 것을 다른 동업자나 투자자들을 끌어들이면서 다세대 건축에도 적극 참여시켰습니다. 건물 하나를 준공하려면 당시에 조경 사업비로 작게는 3천만 원에서 5천만 원씩 들어갔습니다.

그런데 사업을 한 후 나오는 조경수 구매 비용이 20~30% 정도이니 적지 않은 돈이었습니다. 준공 후에 이런 조경수를 밭으로 옮겨다 심도록 했습니다. 나무는 뽑아버리면 되고 아니면 조경업자보고 가져가라고 하면 되는데 쓸데없는 일로 시간 낭비하고 돈 날린다고 투덜대면서도 잘 따라주었습니다.

상가 건물을 지을 때는 이런 조경사업 비용이 훨씬 커지고 조경수의 가치도 높은 것들이 많은데 1년여를 이렇게 하면서 다른 업자들의 처치 곤란해 하는 것도 가져다 심다 보니 어느새 2,000여 제곱미터 땅이 부족해지는 것이었습니다.

그런데 이제는 뽑아다가 심어만 놓는 것이 아니라 아예 조경업 등록을 해버렸습니다. 그리고 여기서 조경을 맡아서 하게 되니 조경 비용까지 수익으로 돌아오게 되었습니다. 물론 조경수를 관리하는 관리자를 두기는 했지만 말입니다.

그해 겨울에는 다시 농지를 추가로 구입할 수밖에 없어서 또다시 2,000여 제곱미터를 2억 원에 구매하게 되었고, 먼저 산 농지와 지금 사는 농지에서 대출만 받아서 구입을 하게 되었습니다.

그리고는 건축하는 현장에서 나오는 것들을 선심 쓰듯이 캐다가 밭에다 심고 가꾸게 되었고, 이제는 본격적으로 다른 업자들의 조경까지 맡아 하게 되었습니다. 부수적으로 쓰지 않는 조경수는 갖다가 심었다가 다시 쓰고 그야말로 도랑 치고 가재 잡고 하는 그런 사항에 이르게 되었으며, 또다시 농지가 부족해지는 상황이 되었습니다.

그래서 이번엔 5,000제곱미터를 5억5천만 원에 또 구매하게 되었습니다. 그리고는 역시나 조경수를 재배도 하고, 판매도 하고 그렇게 운영을 하게 되었습니다.

자! 일반적인 투자자들이 좋아하는 '얼마 넣어서 얼마 벌었대?' 하는 투자 내역을 한번 살펴보겠습니다.

처음에 2,000제곱미터를 1억5천만 원에 구매하면서 7천만 원 투자하고 8천만 원 대출받고, 다음에 2,000제곱미터를 2억 원에 구매하면서 2억 원 대출받고, 마지막으로 5,000제곱미터를 5억 5천만 원에 구매하면서 2억5천만 원 투자하고 3억 대출받고, 총 9,000제곱미터의 농지를 3억2천만 원 투자하고 5억8천만 원 대출받아서 보유하게 되었으며, 모든 대출금 상환하는 7년간의 대출금 이자가 대략 1억8천여만 원이 들어갔으니 총 땅 구매하는 데 들어간 투자금은 원래 구매비 3억2천만 원과 이자 1억8천만 원인 5억 원을 투자되었으나 부동산 경기가 좋을 때 처음 구매한 농지가 재촌 자경 8년이 좀 지난 9년 차에 4억 원에 매도하여 양도세 감면받고 전액을 대출금 상환에 사용하였습니다.

지금 7,000제곱미터의 땅 가치는 대장 신도시로 편입되어서 2021년 말 35억 원이 넘는 보상을 받게 되었으니 투자금 5억 원에 대하여 15여 년의 세월에서 약 7배 이상의 순자산 가치가 올랐으면 괜찮은 투자 아닌가요?

여기에 더해서 건축 사업에서 가장 골치 아팠던 조경 문제를 해결할 수 있었으며, 그동안 조경 사업 등에서 추가적으로 수익 올린 것까지 하면 10여 배의 엄청난 수익을 올렸다 할 것입니다. 사실은 중간에 돈 벌어서 다 갚았는데 좀 더 글로 풀어 설명하려고 한 거예요. 또, 수용 보상을 받으면서 대토 보상을 받을 것인데 이에 대한 기대 수익 등은 생략한 것입니다.

지금은 농지도 많이 가지고 있고 대출금도 다 갚으신 상황이며 더군다나 큰 도로변에 위치한 농지는 지금 구매가의 10배가 넘게 올랐습니다. 이렇게 단순한 농지 투자만이 아니라 사업과 연계하여 투자하게 되니 그 수익률은 물론이고 사업에서의 우위성까지 답보하는, 그야말로 꿩 먹고 알 먹고 투자법이었습니다.

지금은 고향에도 산을 구매해서 일부에는 조경수와 유실수를 재배하고 있고, 부동산 경기가 좋지 않은 지금도 다른 사업자보다는 우위에서 사업을 해 나가는 사업 안전성까지 이루게 되니 이제야 그 고마움을 아시고는 몇 년 전 금융위기 이후 부동산 시장이 어려웠던 시절에는 "윤 사장님, 요즘 어려우시지요?" 하면서 금일봉을 주고 가는 매력 덩어리로 변했습니다.

부동산 투자라는 것은 구매해서 어떤 개발을 하여야만 가치가 높아지는 것이 아니고, 자기가 하고 있는 사업이라든가 다른 방법으로 최유효 이용을 하는 것이 더 나을 수도 있다는 것을 직접 경험하고 알게 해준 소중한 투자였습니다.

나도 그동안 막연히 생각만 하였던 것을 좋은 분을 만나서 직접 투자로 이용으로 활용하고 성공시킬 수 있는 기회가 되었으니 이보다 더 소중한 경험이 어디 있을까 하며 항상 다른 사업들과 부동산의 연계성을 살펴보는 습성을 가지게 되는 좋은 기회였습니다.

언제나 부동산의 가치를 상승시키는 것은 최유효 이용을 찾는 것이고, 개발이라 하는 것도 그 방법 중 한 가지라고 보고 활용해 가고 있습니다.

이 외에도 다른 사업을 하시는 많은 분의 사례가 너무나 많이 있지만, 아직은 농지 투자에서 성공할 수 있기에 여기에서 다 소개하지는 않겠습니다.

농지 투자는 쉽고도 어렵습니다. 그러나 한번 해볼 만한 투자가치가 무궁무진한 부동산이기도 합니다. 여러분도 한번 도전해 보십시오. 기회는 누구에게나 주어집니다. 그 기회를 잡고 못 잡고는 오직 당신의 능력과 노력 여하에 달렸습니다.

18.
월급쟁이의 적금 타기 식 땅 투자

　부동산을 많이 가진 사람들을 땅 투기로 부자가 된 졸부쯤으로 여기고, 정직하지 못한 사람이라는 굴레를 씌워 색안경을 끼고 보는 풍토가 아직도 남아있습니다. 그런데 우리 한번 솔직하고 냉정하게 생각해 보았으면 합니다. 지금 사업을 하거나 직장에 다니는 이유가 무엇인가요? 돈을 벌기 위한 것이 아닌지요? 꼭 몸뚱이로 돈을 버는 것만이 정당하고 돈이 돈을 버는 것은 잘못된 부정한 일인가요?

　땅이라고 하는 부동산은 동서고금을 막론하고 인류가 살아오면서 우상향 흐름을 한 번도 깨지 않았습니다. 그 과정에서 끊임없이 오르고 내리고를 반복하지만, 결국 시간이 지나고 나면 오르는 것이 땅의 속성입니다. 아마도 부동산이 우리 삶에서 필요 없어지게 되거나 우주로 확장되어 부동산의 부증성(不增性, 부동산의 자연적 특성 중 하나로, 토지는 물리적 양을 임의로 증가시키지 못한다는 뜻이다.)이라는 특성이 해소되지 않는 한 이 진리는 변하지 않을 것입니다.

투기나 투자를 통해 땅의 주인이 바뀌거나, 혹은 원래의 주인이 그대로 가지고 있어 매매가 형성되지 않았다 하더라도 땅의 가치는 경제력의 상승과 함께 오를 수밖에 없습니다. 언제나 수요가 창출되기 때문입니다. 만약 땅 거래가 이루어지지 않는다면 그야말로 선조로부터 땅을 내려받은 군주가 대한민국 최고의 부자가 되었을 것입니다. 혹은 땅의 미래 가치를 이해하고 쓰지 않는 돈을 오랜 시간 동안 땅에 묻어둘 수 있는 사람들만의 독점 점유물이 되어 더 큰 부의 편중을 야기하게 되었을 것입니다. 하지만 땅의 매매가 이뤄지고, 규모가 작은 땅도 구매할 방법이 있기 때문에 서민들에게도 기회가 주어지고 있는 것입니다.

땅 부자들을 보면 대부분 적은 돈이라도 허투루 쓰지 않고 먹을 것 안 먹고 근검절약하며 종잣돈을 만들고 불려나가고 있습니다. 남들이 차를 바꾸거나 해외여행을 하거나 명품가방을 사거나 좀 더 큰 아파트나 좀 더 넓은 집에 투자할 때에, 그들은 땅을 사서 갖고 있으면 아무리 어려운 일이 있어도 먹고살 수는 있겠다는 일념으로 미래를 생각하며 땅에 묻어두는 것입니다.

땅은 땅에서 나는 소출만큼이나 정직합니다. 땅은 투기가 아니기 때문에 (많은 사람은 땅 투자를 투기라고 하지만…) 땅에 묻어두는 동안은 그 땅을 잘 관리하면서 한편으로는 자기 일을 열심히 하면서 보존하고 지켜가는 것입니다. 그래서 땅 부자들은 남들이 '땅

거지가 되었다'고 핀잔을 해도, 긴 시간을 버티어 내고 있는 것입니다. 땅에 묻어둔 돈을 쓰고 싶은 마음이야 어찌 없겠습니까만 그들은 그 유혹을 이겨내고 땅의 정직함을 믿고 사는 것입니다.

수도권에서도 70년대에는 몇십 원, 몇백 원 하는 땅부터 90년대까지도 아니 지금도 몇천 원 하는 땅들이 부지기수로 널려있었습니다. 이 기회의 땅 앞에서 남들은 그동안 모아온 돈이나 대출을 받아 장사를 할 동안, 땅을 선택했다는 차이가 있었을 뿐입니다. 이렇게 취득한 땅을 잘 관리하면서 직장이나 사업장에서 열심히 일을 하여 돈을 모으고, 모인 돈으로 다시 땅을 사면서 지내온 것입니다.

땅 부자와 땅을 가지지 못한 일반인들의 차이가 일면 큰 것처럼 보입니다. 또 그렇게 부각을 시키고 있습니다. 그렇지만 땅을 가진 부자들을 보면서 부러워만 할 뿐 자신도 그렇게 될 수 있다는 사실은 알지 못하고 있습니다. 대단한 능력을 발휘해 땅 부자가 되었을 것이라고 지레짐작을 하고 포기하거나 부모를 잘 만난 사람들로 혹은 투기가 적중하여 운 좋게 현재에 이르렀다고 폄하할 뿐입니다. 하지만 사실은 사소한 차이였을 뿐입니다. 돈을 그때그때 소비하느냐, 땅에 묻어두고 기다리느냐 하는 기다림과 인내심의 차이일 뿐이었던 것입니다.

1998년 IMF 직후 명예 퇴직한 가수왕과 나사원의 이야기를 통해 한번 비교해 보기로 하겠습니다. 가수왕은 1억을 가지고 IMF

직후에 한참 바람이 일었던 노래방을 차렸습니다. 나사원 씨는 수도권 외곽의 논(답) 2,000㎡를 5천만 원에, 산(임야) 6,000㎡를 5천만 원에 총 1억 원을 주고 구매했습니다. 그리고 공장에 취직하여 매달 150만 원으로 생활을 했습니다.

노래방을 차린 가수왕은 하루 매출이 30만 원, 월 900만 원 정도였고, 여기서 월세 100만 원과 종업원 월급 등으로 100만 원, 기기관리비와 공과금 등으로 100만 원 정도 지출되었으며 매출에서 이런저런 비용 300만 원을 제외하면 월 600만 원 정도의 순수입이 발생했습니다. 5년이 지난 후 노래방을 그만두고 음식점을 하려고 정리해 보니 보증금과 권리금을 받아도 회수된 돈은 7천만 원밖에 되지 않았습니다. 처음 투자했던 원금 1억에서 3천만 원이 줄어들었습니다. 지난 5년간 비용을 제하고도 연간 7,200만 원에, 5년간 총 3억6천만 원을 벌었는데, 그 돈이 다 어디로 갔는지 수중에는 한 푼도 남아있지 않았습니다. 벌이가 좋으니 반 이상은 생활비로 썼고, 나머지 반도 출처가 불분명한 곳에 스펀지처럼 흘러들어 가버렸던 것입니다.

이리저리해서 대출금 1억을 받아 1억7천만 원으로 음식점을 하게 되었습니다. 또다시 10여 년이 흐른 지금 음식점은 그럭저럭 먹고 살 만큼의 수입은 되는데 모은 돈은 별로 없는 상황입니다.

한편 나사원은 어떻게 되었을까? 땅에다 1억 원을 묻어놓고는 틈틈이 농사도 짓고 직장도 열심히 다녔습니다. 적은 돈이지만 봉급으로 생활비를 충당했고 농사를 지어 발생한 수입도 생활에 조금 보태며 살았습니다. 20여 년이 지난 지금 나사원 씨가 사놓은 땅은 그다지 좋은 위치가 아니었음에도 그동안 수도권에서 벌어진 개발 등으로 인하여 땅값도 많이 올랐습니다. 5천만 원에 샀던 논(답) 2,000㎡는 10억여 원, 5천만 원에 샀던 산(임야) 6,000㎡는 10억 원에 팔라고 하는데도 팔 생각도, 팔아야 할 이유도 없습니다. 은퇴를 하게 되면 그곳에 공장, 창고를 지어 임대를 놓거나 아니면 일단 농지연금을 받아가며 노후에 경제적 자유를 누리며 살아갈 생각이기 때문입니다.

구분	가수왕	나사원	비고
1998년 퇴직금	100,000,000	100,000,000	
투자	노래방 1억원 음식점 1억 7천만원 (대출 1억원)	논2000㎡ 5천만원 산6000㎡ 5천만원	
그동안 수익	노래방 5년 3억 6천만원 음식점 15년 7억 이상	20년 봉급 5억원	수입은 생활비 등 지출 잔고없음
지금 환산	1억원(보증금권리금)	20억원(논 10억, 산 10억)	

아직도 땅 투자를 망설이고 있는가! 부자로 잘살고 싶은 꿈이 있다면 여윳돈이 생길 때마다 땅에다 투자하기를 바랍니다. 투자는 늦었다고 생각할 때가 가장 빠른 타이밍이라고 합니다. 앞으로 몇 년을 더 살아야 할지 모르기 때문에 지금이라도 시작할 수밖에 없는 것입니다.

지금 당장은 집도 없고 땅도 없더라도 꿈과 희망을 갖고 내일을 준비한다면 앞으로 10년 후 지금처럼 단 한 평의 땅도 없이 허망하게 보내지는 않을 것입니다. 30년, 40년 후 나이 들어 있을 때, 팔아서 목돈을 챙기는 자산으로 활용하거나 개발 등을 해서 직접 또는 임대로 수익형으로 만들어 놓거나, 또는 매월 연금을 받는 그런 든든한 부동산인 땅이 당신을 든든하게 지탱해 줄 것입니다. 단, 땅 투자라고 해서 아무 땅이나 사서는 안 됩니다. 땅값이 상승할 요인이 있어야 합니다. 지금부터라도 땅에 대해 공부하면서 부자가 되는 꿈을 현실로 이루어 나가기 바랍니다.

신문을 보면 월급을 한 푼도 안 쓰고 몇 년을 모아야 집을 살 수 있다는 기사가 나옵니다. 아무리 열심히 일하고 저축을 해도 서민이 평생 모을 수 있는 돈은 5억이 채 되지 않는다고 합니다. 하지만 푼푼이 모아서 땅을 저축하듯 사놓는다면 은퇴할 무렵이면 나도 모르게 그 녀석이 자라서 백만장자 이상으로 성장해 있을 것입니다. 누구라도 백만장자가 될 수 있습니다. 준비하고 노력하는 자만이 그 특권을 누릴 수 있는 것입니다.

이와 유사한 사례는 얼마든지 많이 있습니다. 나의 능력에 맞는 땅을 구매하여 보듬고 가꾸다가 또다시 더 나은 곳으로 옮겨 타고 하면서 키워간다면 마치 월세에서 전세로, 전세에서 작은 다세대로 그리고 아파트로 갈아타며 집을 키워가듯이 말입니다. 그걸 대출을 일부 끼고 하고 이자와 원금을 갚고 다시 조금 크고 나은 것으로 대출 끼고 옮겨 가고 다시 이자와 대출을 갚아 가고, 그리고 다시 사고 이렇게 이자와 대출 갚기를 적금 붓듯이 하라는 것입니다.

19.
적금처럼 땅에 투자하라
– 한국의 1,000원짜리 땅 부자들

오 서기(주무관)는 시골 면사무소에 근무하는 공무원입니다. 농사짓는 집안에서 태어나 고향 면사무소에서 근무하게 되었습니다. 결혼하고 분가할 때, 다른 사람들처럼 땅 한 떼기 받지 못하고 그저 집 한 채만 받아 살림을 시작하였습니다. 어려서부터 농사를 해왔으므로 이웃 주민에게 주변에 있는 농지를 임대하여 3,000여 평의 농사를 지으면서 근무하고 있습니다. 월급으로 생활비와 농사 경비를 충당하고, 새벽이나 저녁은 물론 휴일에도 틈나는 대로 농사를 짓고 있습니다.

가을에 추수하면 55가마 정도의 쌀을 수확하게 됩니다. 임대료로 쌀 15가마를 주고 나면 40가마 정도 남게 됩니다. 벼를 농협에 수매하거나 찧어서 쌀로 팔면 대략 600만 원 정도 수입을 올릴 수 있습니다.

농사짓는 비용을 적금 붓듯이 투자하여 연말에 목돈을 타는 투자를 하고 있는 것입니다. 이렇게 농사를 짓다 보니 내 땅 욕심이 났습니다. 그동안 월급과 농사를 지어 1천만 원 정도가 모이자 6천만 원 정도 하는 농지를 경매로 받아 내 땅을 마련하게 되었습니다. 부족한 돈은 대출받았습니다. 그리고 수확 후에는 몇 년간 대출금을 갚고, 다시 돈이 생기면 땅을 사는 투자를 반복했습니다.

10여 년이 지난 지금, 그의 재산은 어떨까? 공무원 월급으로만 사는 다른 친구들은 자산이나 여윳돈이 거의 없는 실정입니다. 그는 이미 농지가 1,500여 평이나 됩니다. 가치로 보자면 3억 원이 넘는 자산을 보유하고 있습니다. 투자의 첫 단계인 종잣돈 모으기를 넘어섰습니다. 지금부터는 그 규모가 기하급수적으로 늘어나게 될 것입니다. 이런 것을 돈의 마력이라고 할까요? 이제 복리의 마술에 걸렸으니 시간이 갈수록 수입이 많아질 것이며, 돈이 돈을 벌어주는 시스템이 작동하기 시작을 한 것입니다.

구분	오 서기	공 서기	비고
10년 전 자산	집 한 채	집 한 채	
연봉	3,500만원	3,500만원	
부수입/년	600~1,200만원	-	
증가한 자산	3억 원대 논 1,500평	저축 5천만원	집 가치는 반영 안함
현재 자산	3억원	5천만원	

오 서기는 그럼 처음부터 이렇게 한 것일까요? 아닙니다. 그에게는 동네 선배인 조 서기가 있었습니다. 지금은 면장으로 모시지만, 그 선배는 맨주먹으로 농사지으며 성실히 40년을 일해 지금은 면내에서 유지로 통하고 있습니다.

지금 오 서기가 했던 것처럼 월급을 받으면서 한편으로는 농사를 짓고, 가을에 목돈이 생기면 대출을 끼고 다시 농지를 사고, 그러다가 대출금을 다 갚으면 또다시 농지를 사고 이렇게 살아왔습니다. 지금은 농지가 1만여 평에 이르고, 일부 농지는 임대를 주어 연 소득이 1억 원대를 훨씬 넘는 부자 농부입니다.

이를 유심히 지켜보고 따르던 오 서기는 조 서기를 그대로 따라 한 것밖에 없습니다. 선례가 있으니, 그저 따라서 실천한 것입니다. 그 결과는 면서기인 말단 공무원 10년 만에 남들보다 월등한 차이가 나는 자산을 보유하게 된 것입니다. 아마 오 서기도 앞으로 20여 년 후 정년을 앞둘 즈음에는 수십억 원대의 자산가로 변해있을 것입니다.

그는 오늘도 행복한 꿈을 꾸고 있습니다. 돈이 많아서가 아니라 늘 할 수 있는 일이 있어서입니다. 그리고 돈이 많으니 이런저런 유혹에도 넘어가지 않고 오로지 멸사봉공의 정신으로 공직에 근무할 수도 있습니다.

수많은 후배 공무원들이 있으나 오 서기처럼 투자하는 사람은 극소수에 불과합니다. 이는 앞선 선구자를 보고 따라 하려는 의지가 없거나 결과만 쳐다보는 사람들이 대부분이기 때문입니다. 부자가 어떻게 하여 되었는지를 보고 오 서기처럼 따라 해야만 부자의 대열에 아니 그들을 따라갈 수가 있습니다.

다음은 사업하는 사람에게 좋은 사례를 소개하고자 합니다. 2000년 1월경 소규모 공장을 운영하는 친구 두 분과의 만남과 그 이후의 투자 이야기입니다. 두 사람은 업종도 같고 지역도 같고 규모도 거의 비슷한 수준이었습니다. 당시 IMF를 벗어나 약간의 여유가 생긴 후, 부천에 공업지역을 추진한다는 소문을 듣고 투자하려고 사무실에 방문하여 인연이 된 분들입니다.

이때 둘은 모두 5천여만 원의 여윳돈이 있었습니다. 둘은 투자를 했지만, 투자 방식은 전혀 다릅니다. 김 사장은 7천여만 원을 대출받아 1억2천만 원을 부동산에 투자했습니다. 원 사장은 회사 설비에 5천여만 원을 투자했습니다. 이후 사업이 잘되어 김 사장은 1년여 만에 대출금을 갚을 수 있었습니다. 당시에 유행한 저금리 대출을 받아 공장을 지을 수 있는 녹지지역의 땅 500평을 3억 원에 추가 매입하였습니다. 이때 원 사장도 함께 사려고 했으나 원 사장은 최신 설비를 보강하는 데 쓰고 부동산 투자는 하지 않았습니다.

이렇게 22년이 지난 2022년 말, 결과는 어떨까? 김 사장이 1억 2천만 원에 투자한 1,200평의 논은 이번에 3기 신도시로 편입되어 19억 원이 넘는 금액의 보상을 받게 되었습니다. 또한, 다리가 놓이고 개발이 진행되는 강화도 삼산면에 시가 7억여 원이 되는 2,000여 평의 땅을 갖고 있습니다. 그는 부천에서 가장 좋은 주상복합에 살고 있습니다. 공장으로 개발하려고 했던 땅이 개발 예정지로 되자 계획관리지역에 400여 평을 구매하여 개발한 공장에서 나오는 임대료로 아직 좀 남은 대출 이자를 해결하고 있는 선순환 구조를 만들었습니다. 물론 이 땅도 20억 원대로 커버렸습니다. 물론 지금도 일부 대출금이 있고 그동안 이자도 상당한 돈을 지출했지만, 그래도 투자로 상당한 부를 축적하였습니다. 그런데 원 사장은 투자보다는 시설 개선에만 치중해 이후 추가적인 자산 증가는 거의 없습니다.

그렇다면 요즘같이 일거리가 적어졌을 때 김 사장이 일을 많이 할까, 원 사장이 일을 많이 할까요? 놀랍게도 김 사장이 일을 더 많이 한다고 합니다. 그 이유는 자본주의사회에서는 여유 있는 사람을 더 신뢰하고 일을 맡기기 때문이 아닐까 싶습니다. 실제로 요즈음은 김 사장이 받아오는 일을 원 사장에게 나눠주어 함께 살아가고 있다고도 합니다. 어쨌건 이것이 '투자의 힘'이 아닌가 합니다.

지난 15년간 김 사장과 원 사장의 투자 결과를 비교해 보세요.

구분	김 사장	원 사장	비고
투자 시 자산	집과 공장	집과 공장	
투자 사례	개발 지역 논 1,200평 강화 땅 2,000평 녹지지역 땅 500평 (공장 개발)	저축 등	집과 공장 제외
투자 결과 평가액	46억(대출 7억) 공장 임대 월 수입 1,300만원	2억 정도 추정	

20.
재활용 수집소(고물상)를 하면서
땅 투자로 돈을 번 사장님 이야기

부동산 투자 재테크는 선택이 아닌 필수입니다. 자기가 하고 있는 일에서 최선을 다하여 돈을 버는 것은 너무나도 당연합니다. 그래서 우리는 직장에서 사업장에서 열심히 일을 하고 있는 것이라고 봅니다.

그런데 오늘은 자기가 하는 일을 하면서 부동산 투자와 연계함으로써 사업도 하고 돈도 번 이야기를 하고자 합니다.

이 사장님을 알게 된 것은 아주 오래전의 일입니다. 이 사장님도 남들이 대부분 그러하듯이 주택가 주변에서 고물상을 운영하고 있었습니다. 그때에는 단독주택을 가지고 있었으므로 이것저것 집 고칠 것이 있으면 찾고 하면서부터 서로 알고 지내게 된 사이였습니다. 그렇게 맺은 인연이 부동산중개업을 하면서도 가끔 들려 이런저런 이야기를 하는 사이로 이어져 갔습니다.

그러던 중에 임대해서 쓰고 있던 곳을 비워주어야 하는 일이 벌어졌습니다. 이곳저곳 옮겨 갈 곳을 찾아다녔지만 마땅한 곳이 없었던 터에 마침 놀러 간 나에게 이 고물상을 비워주기는 해야 하는데 갈 곳이 없다고 하는 것입니다.

나는 그때 퍼뜩 생각난 것이 공무원으로 근무하고 있을 때 단속을 했던 불법농지가 생각이 났습니다. 그래서 시내 변두리 농지에서 불법으로 하는 지역을 한번 돌아보았습니다. 그곳에서는 역시나 많은 사람이 농지에서 불법으로 고물상을 하고 있었습니다.

나는 이 사장님과 함께 현장을 돌아보면서 남들처럼 이런 곳에서 고물상을 운영하기를 권했습니다. 워낙 올곧은 성격의 사장님은 불법은 안 된다고 하였습니다. 그래서 나는 사장님이 공직에 나갈 것도 아니고 자녀들도 공직에 내보낼 게 아니라면 지금은 많은 돈이 없으니 당분간 눈 질끈 감고 한번 해보기를 권했습니다.

마침 오래지 않아서 개발을 하려고 하는 곳인 그 지역에 자그마한 1,300여 제곱미터의 농지가 나와있었습니다. 물론 농지취득 자격증명이야 농사를 짓겠다고 농업경영계획서를 작성하여 제출하였습니다.

그리고는 바로 계근장을 설치하고 울타리를 함석으로 높이 둘러치고 그곳에서 고물상을 운영하기 시작했습니다. 시청에서의 불법행위 단속으로 벌금도 물고, 이행 강제금도 물고, 또 단속이 나오면 잠시 고물을 치우고 농지로 만들어서는 명의 이전도 하였다가 또다시 고물상을 하고 하면서 몇 년을 보냈더니 정말로 개발이 시행되어 토지 보상과 영업 보상 등 보상을 톡톡히 받고 이전을 하게 되었습니다.

보상금이 나오기 1년여 전에 주변에 또다시 개발이 예정되어 있는 지역으로 농지를 구매하여 똑같은 짓을 저질렀으니 잘했다고 해야 하나 못했다고 해야 하나 모르겠습니다. 그곳은 또 개발되어 보상을 받고 지금은 또 다른 지역으로 이사하여 영업을 하고 있습니다.

이제는 내가 돈을 벌 만큼 벌었으니 이젠 제대로 된 곳에서 하라고 해도 사장님이 더 적극적으로 나서는 것이었습니다. 그 이유는 남의 땅을 빌려서 고물상을 할 때보다 대출을 받아서 내 땅에서 이자 갚으며 벌금 물고 시달려도 훨씬 이득이 되었고, 또한 개발에 따른 보상으로 큰돈을 만질 수 있다는 것을 알았기 때문일 것입니다. 20여 년을 고물상을 하면서 남의 좋은 일만 시켰다는 것을 알게 되었기 때문일 것입니다.

지금은 인근에 농지 5,000제곱미터를 구매하고는 일부는 세를 놓고 일부는 본인이 사용하고 있습니다. 몇 년간은 '원상복구해라', '벌금 내라.' 시달렸는데 결국 개발에 따른 보상으로 이번에 역시 큰돈을 손에 쥐었습니다.

지랄도 하면 는다고 했던가요. 이번에도 또 그런 곳이 없느냐고 찾기에 이제는 돈도 가질 만큼 가졌으니 정신 차리고 초심으로 돌아가서 제대로 해보자고 했습니다. 돈을 적게 들이고 나중에 합법적으로 야적을 할 수 있는 곳인 개발제한구역에서 주거지역으로 해제되는 지역에 농지 3,000제곱미터를 구매하였고, 나머지 돈으로는 생산녹지 지역에 4,000제곱미터의 농지를 구매하였습니다.

이 땅 구매만으로도 이미 부자 소리를 들을 만큼 된 것입니다. 그런데 이렇게 땅이 있고 여유가 있으니 사업은 날로 번창하여 그 지역에서는 가장 큰 재활용 수집상이 되어 큰손으로 통하는 것입니다. 돈은 몰리는 곳으로 몰린다고 엄청난 부가 축적되어 가는 것을 실제로 보고 경험을 하는 계기가 되었습니다.

내가 고물상을 운영할 능력은 없습니다. 다만 같은 고물상을 하지만 이렇게 사업과 연계하여 같은 일을 하면서도 부동산에 투자하고 키워나갈 수 있는 방법은 알고 있습니다. 또한, 다른 사람들에게 이런 방법을 권하고 부자가 되도록 하고 싶습니다. 생각을 조금만 바꾸면 누구나 가능한 일이기 때문입니다.

부동산 투자 성공 사례를 이야기하면 대부분 우리네는 '돈을 얼마나 벌었어?', '어휴 되게 많이 벌었네.' 하는 데 신경을 씁니다. 그래서 얼마를 투자했고, 얼마를 벌었는지에 대해서는 모두 알아보려고 하지를 않습니다.

돈을 벌고 부자로 살고 싶다면 다른 사람이 성공한 이야기를 들으면서 언제 어떻게 어떤 방법을 실행했나를 보아야 합니다. 그래야만 나도 언젠가는 부자로 잘살 수 있습니다.

돈이란 열심히 일한다고 되는 것이 아니라, 어떻게 어떤 방법으로 실행하며 사느냐가 더 중요합니다. 반드시 이런 사업을 하는 사람만 해당하는 것도 아닙니다. 도시 외곽지역에서 땅은 넓고 건물은 작게 있어도 되는 그런 업종으로서 도심지가 아니어도 되는 업종이나 사업들은 다 가능할 것입니다. 물론 일반 직장인인 경우에도 투자를 할 수 있는 길도 있을 것입니다. 다만 그 방법을 달리해야 하는 것뿐 입니다.

21.
농지를 구매하고, 그리고 사업장을 만들다

강 사장은 전국의 공사장에 철재 골조 등의 자재를 제공하는 사업을 하고 있습니다. 당시 인천에서 약 660㎡의 부지를 보증금 2천, 월세 80만 원에 야적장으로 사용하고 있었습니다. 그런데 땅 주인이 부지를 비워달라고 하여 인근 지역을 돌아다니며 비슷한 규모의 야적장 부지를 찾아다녔습니다. 그런데 마땅한 물건이 없어 할 수 없이 외곽지역인 화성과 평택 등을 돌며 1,000㎡ 이상의 부지를 물색했습니다. 그런데 이번에도 마음에 드는 땅은 너무 비싸고, 겨우 저렴하고 마음에 드는 땅을 찾으면 차량 진입 등이 어려웠습니다. 이 지역에서는 야적장을 할 만한 땅들은 3.3㎡당 30만 원 이상이나 하니 자금이 적은 강 사장에게는 엄두가 나지 않았습니다.

그런데 상담을 하다 보니 철제빔 등을 야적하는데 일부 잔량이나 소량은 야적을 하지만, 대량 공급 시에는 다른 업체 창고 등에서 물량을 조달하고 있었습니다. 전국을 무대로 하는 사업이기에 군이 수도권 특히나 살고 있는 인천 부근일 필요는 없었습니다. 지방에서도 교통만 좋다면 인천이나 수도권에서 하는 것이나 지방에서 하는 것이나 공급이나 비용에서 별반 차이가 없을 것 같았습니다. 결국, 지방 땅을 권하게 되었습니다.

마침 고향 근처에 경매로 감정가 3천여만 원에 1,650㎡의 부지가 나온 것이 있었습니다. 위치도 좋았기에 함께 가서 직접 보기로 하고 현장을 찾아갔는데 주변에서 일을 하시던 할머니가 오셔서는 "땅 보러 왔소?" 하는 것입니다. 저 땅을 보러 왔다고 하니까 그 땅 얼마에 살 것이냐고 하기에 1천만 원 정도에 낙찰을 받으려고 했는데 좀 줄여서 8백만 원에 사려고 한다고 하니 "그럼 그 땅 사지 말고 우리 땅을 2천만 원에 사라"고 하는 것입니다.

비록 임야를 불법 개간한 땅이지만 가격도 좋고, 거기다가 도로가 직선으로 잘 접해있어서 속으로는 쾌재를 불렀습니다. 하지만 겉으로는 "현재 인천에 살며 물건들을 쌓아 놓을 땅이 필요해서 그러는데 돈은 없고 이렇게 시골 땅을 사서 열심히 살아보려고 한다"고 하면서 가진 아양을 떨며 좀 깎아달라고 사정을 하였습니다. 결국은 그분이 가진 땅 중에서 2,000㎡만 1,300만 원에 사라고 하는 것입니다. "생각보다 많은 돈이 든다며, 일단 돈을 마련해보고 저녁에 다시 오겠다"고 하고는, 시내로 나와서 1만 원권 현찰로 200만 원을 찾아 다시 할머니를 찾아갔습니다. "지금 가진 건이게 전부입니다. 나머지는 대출을 받아드리겠습니다." 하고, 다시 조르고 졸라 결국 1천만 원에 땅을 구입하기로 하였습니다.

물론 계약을 하기 전에 시내로 나온 것은 과연 이 땅을 야적장으로 쓸 수 있는지를 확인하기 위한 것으로 먼저 측량설계 사무소에 들러서 분할과 야적장으로 개발행위허가(농지전용)를 받는 데 문제가 없는지 확인하기 위해서였습니다. 측량설계 사무소에서는 의뢰하면 모든 것을 다 해주기로 약속을 받아두었습니다.

그리고는 금융기관에 들러서 대출을 얼마나 받을 수 있는지 확인하고, 동시에 그 지역의 땅값이 얼마나 하는지 슬쩍 확인도 해보았습니다. 가격은 시세보다는 약간 싼 것 같았고, 임야나 농지라면 500만 원 정도 대출이 가능하지만 야적장으로 한다면 1,500만 원은 가능하다는 답변을 들었습니다.

그곳은 전라북도 익산에서도 산골짜기에 가까운 지역이었지만 고속도로 IC에서는 얼마 떨어지지 않은 곳이었습니다. 인천에서의 보증금과 월세를 생각하면, 오히려 비용을 대폭 줄이면서(월세가 절약되는 대신 대출금 이자가 발생한다.) 내 땅도 갖는 일석이조의 효과를 누릴 수 있는 투자 방법이었습니다.

바로 땅은 큰돈이 있어야 한다는 생각을 완전히 뒤집는 땅 투자 사례라고 할 수 있습니다. 적은 돈으로도 땅을 살 수 있을 뿐만 아니라, 자금융통만 가능하다면 돈이 없어도 가능하다는 것입니다. 실제로 많은 실수요자나 투자자들은 이를 잘 모르기 때문에 접근하지 못하는 것일 뿐입니다.

앞에서 우리는 그냥 읽고 지나왔다면 놓쳤을 부분들을 살려보기로 하겠습니다. 현장 확인을 하면서 주변 분들에게 그 지역 사정 등을 파악하고 매물도 파악하고, 그리고 계약을 덜퍼덕 하는 것이 아니라 쓰고자 하는 용도로 가능한지를 현지의 전문가들인 토목측량 설계사무소 대출 담당자들을 통하여 빈틈없는 확인을 하였다는 것입니다. 가격 조정 이런 것은 누구나 다 아는 것이고 모두가 하는 방법입니다.

자! 그럼 왜 원래 보러 갔던 경매로 나온 땅을 포기하고 이 땅을 사게 되었는지부터 독자분들의 이해를 돕기 위해서 다시 정리해 보려고 합니다.

우선 경매로 나온 땅은 막다른 도로에 현황 도로만 접하고 있어서 나중에 개발행위허가를 받기도 쉽지 않지만, 개발행위허가를 받더라도 도로로 300㎡는 잘려나가게 되어있어서 그만큼 필요 없는 땅을 사게 되니 결코 싼 게 아니었습니다. 반면 할머니에게 샀던 땅은 지적도상 4.8미터, 실제 5미터 이상의 도로에 접하고 있어서 개발행위허가도 나올 것이고, 특히나 도로로 인한 허실이 없이 오롯이 땅 전부를 사용할 수 있으니 결코 비싼 게 아니라는 사실입니다.

그런 계산이 섰기에 곧바로 현지 전문가들의 확인을 받아서 돈을 찾아 계약을 성사시켰던 것입니다. 다음으로 미리 상담을 했던 측량설계 사무소에 개발행위허가를 의뢰하여 야적장으로의 전용허가를 받았습니다. 전용허가를 받은 후에는 이곳저곳에서 돈을 빌려 잔금을 치르고 소유권을 이전받았습니다. 약간의 토목공사를 한 후에 사용승인허가를 받아 분할을 하였으며, 분할이 이루어져 지적 정리가 된 후에는 다시 계약서를 작성하고 금융기관에 대출을 신청하여 잔금을 처리하였습니다.

물론 이곳은 지목이 임야이기에 농지전용이 아닌 산지전용으로도 가능하지만, 이미 상당 기간 밭으로 사용하였고 농지원부에 등재되어 있던 관계로 농지전용 대상이었습니다. 때문에 처리 과정에서 임야 부서와 농지 부서의 협의로 농지전용허가로 처리가 되었습니다. 일부 이런 경우 산지전용허가로 단순 처리가 될 수도 있습니다. 이렇게 되면 전용 부담금이 상당 부분 적게 들어가지만, 이 경우에는 농지로 상당 기간 사용하였습니다. 농지 부서에서 농지전용허가를 하여야 한다고 해서 농지전용허가를 받게 되었으며, 더 중요한 것은 이런 경우 매도하시는 분은 양도세 감면을 받을 수가 있어서 농지전용허가로 처리하게 되었던 것입니다.

여기서 왜 개발행위허가를 받고 사용 승인을 받아 분할한 후에 소유권 이전을 하지 않았는지 궁금하신 분들이 있을 것입니다. 그래서 부연설명을 덧붙여 보려고 합니다. 이걸 궁금하게 생각한 분이라면 상당한 투자 전문가가 아닐까 싶지만, 혹시 처음 하시는 분들의 실수를 방지하고자 하나하나 설명을 해보겠습니다.

농지를 전용할 시(개발행위허가), 소유권을 이전 할 때에는 야적장 등 목적으로 개발행위허가를 받고 공사를 하고 사용 승인을 받아서 소유권 이전을 하는 것이 일반적입니다. 하지만 이때 이렇게 하면 매도자는 농지가 아닌 타 용도로 소유권 이전이 되어서 '8년 이상 재촌 자경 양도세 감면' 등의 혜택을 받을 수가 없는 경우가 많이 있어 여기서는 이해를 돕기 위해서 이렇게 설명해 드렸습니다. 하지만 이 경우처럼 분할을 먼저 하거나 건축물 등을 착공하기 전에 소유권을 이전하면 매도 시점에는 농지이므로 매도자는 '8년 이상 재촌 자경 감면' 등 농지의 혜택을 누릴 수가 있는 것입니다.

또 하나 이 경우에서 '왜 산지전용으로 고집을 하지 않았는가?' 인데 물론 금액이 얼마 되지 않아서 양도소득세가 많지는 않았지만, 산지는 사업용, 비사업용으로 양도세를 내지만 농지는 8년 이상 재촌 자경이나 4년 이상 재촌 자경 후 대토하면 양도세가 1억원까지 감면되어 세금 혜택을 볼 수 있기 때문에 단순히 전용 부담금만 가지고 판단하는 것은 하수라고 할 수 있습니다.

결론적으로 이렇게 하였더니 660㎡의 야적장에서 보증금 2,000만 원에 월세 80만 원을 내던 것에서, 땅 2,000㎡를 구매하고 공사하는 데 들어간 비용 포함하여 2천여만 원으로 보증금과 같은 금액이지만 실제로 대출금을 빼면 500만 원이고, 추가적인 비용은 대출금 1,500만 원인데 그 이자가 월 5만 원만 지출이 되니 이 얼마나 투자로써 좋은 방법인가 하는 것입니다.

거기다가 시골에 가면 대지는 비싸고 농지 등은 싸게 거래되고 있습니다. 활용법을 모르기 때문에 대지 등을 선호하는 것이지 그 용도지역에서는 농지나 임야 등 지목이 중요하지 않다는 것입니다.

야적장을 옮긴 후 강 사장은 어떻게 되었을까? 요즘 1억 원에 팔라고 졸라대는 사람이 있으니 강 사장은 입이 귀에 걸려있습니다.

구분	인천 사업장	익산 사업장	비고
면적	660㎡	2,000㎡	
보증금(투자비)	2천만 원	5백만 원	
월 지불액(임차료/이자)	80만 원	5만 원	

　여기서 개발행위허가나 농지전용에 대하여 간략히 소개하면, 어떠한 땅을 다른 용도로 사용하려고 하면 그 지역의 용도지역에 맞는 허용 행위로 개발행위허가(농지전용허가)를 받아야만 다른 용도로 사용을 할 수가 있습니다.

　내가 산 내 땅이라고 함부로 다른 용도로 사용하였다가는 법에 의한 호된 처벌을 받아야 합니다.

☞ 농지전용이란?

농지를 농작물의 경작이나 다년생식물의 재배 등 농업 생산 또는 농지개량 외의 용도로 사용하는 것을 말한다.

농지를 전용하고자 하는 때에는 농림수산식품부 장관, 시·도지사, 시장·군수 또는 자치구 구청장의 허가를 받거나 협의 또는 신고하여야 한다.
농지를 대기오염 배출시설, 폐수배출시설 및 농업의 진흥이나 농지의 보전을 해칠 우려가 있는 시설의 부지 등으로 전용하고자 하는 경우에는 제한을 받는다.
농지에 대하여 다음의 행위를 하고자 하는 경우에는 농지전용협의를 하여야 한다.

① 도시지역에 주거지역·상업지역 또는 공업지역을 지정하거나 도시·군 계획시설을 결정 할 때에 해당 지역 예정지 또는 시설 예정지에 농지가 포함되어 있는 경우. 다만, 이미 지정된 주거지역·상업지역·공업지역을 다른 지역으로 변경하거나 이미 지정된 주거지역·상업지역·공업지역에 도시·군 계획시설을 결정하는 경우는 제외한다.

② 계획관리지역에 지구단위 계획구역을 지정할 때에 해당 구역 예정지에 농지가 포함되어 있는 경우

③ 도시지역의 녹지지역 및 개발제한구역의 농지에 대하여 개발행위를 허가하거나 토지의 형질변경허가를 하는 경우

농지를 다음에 해당하는 시설의 부지로 전용하려는 경우에는 농지전용신고를 하여야 한다.

① 농업인 주택, 농축산업용 시설(농지개량시설과 농축산물 생산시설은 제외), 농수산물 유통·가공 시설
② 어린이 놀이터·마을회관 등 농업인의 공동생활 편의 시설
③ 농수산 관련 연구 시설과 양어장·양식장 등 어업용 시설

[네이버 지식백과]농지전용 (토지이용 용어사전, 2011. 1., 국토교통부)

☞개발행위란?

건축물의 건축, 공작물의 설치, 토지의 형질변경, 토석의 채취, 토지의 분할 및 물건을 쌓아 놓는 행위를 하고자 하는 자가 「국토의 계획 및 이용에 관한 법률」에 의하여 특별시장 · 광역시장 · 특별자치시장 · 특별자치도지사 · 시장 또는 군수의 허가를 받는 행위 를 말한다. 개발행위 허가제는 계획의 적정성, 기반시설의 확보 여부, 주변 환경과의 조화 등을 고려하여 개발행위에 대한 허가 여부를 결정함으로써 난개발을 방지하고자 2000년 「도시 · 군 계획법」 전면 개정 시 법률에 명시하여 도시지역에 한하여 처음 도입되었으며, 2002년 「국토의 계획 및 이용에 관한 법률」 제정에 따라 전 국토로 확대하여 선 계획 −후개발체계를 확립하였다. 특별시장 · 광역시장 · 특별자치시장 · 특별자치도지사 · 시장 또는 군수의 허가를 받아야 하는 개발행위는 다음과 같다.

① 건축물의 건축 : 「건축법」에 따른 건축물의 건축
② 공작물의 설치 : 인공을 가하여 제작한 시설물(「건축법」에 따른 건축물은 제외)의 설치
③ 토지의 형질변경 : 절토(切土) · 성토(盛土) · 정지 · 포장 등의 방법으로 토지의 형상을 변경하는 행위와 공유수면의 매립(경작을 위한 토지의 형질변경은 제외)
④ 토석 채취 : 흙 · 모래 · 자갈 · 바위 등의 토석을 채취하는 행위(토지의 형질변경을 목적으로 하는 것을 제외)
⑤ 토지분할 : 다음 각 목의 어느 하나에 해당하는 토지의 분할(「건축법」에 따른 건축물이 있는 대지는 제외)

· 녹지지역 · 관리지역 · 농림지역 및 자연환경보전지역 안에서 관계 법령에 따른 허가 · 인가 등을 받지 않고 행하는 토지의 분할
·「건축법」에 따른 분할제한 면적 미만으로의 토지의 분할
· 관계 법령에 의한 허가 · 인가 등을 받지 않고 행하는 너비 5m 이하로의 토지의 분할

⑥ 물건을 쌓아놓는 행위 : 녹지지역 · 관리지역 또는 자연환경보전지역 안에서 건축물의 울타리 안(적법한 절차에 의하여 조성된 대지에 한함)에 위치하지 아니한 토지에 물건을 1월 이상 쌓아놓는 행위

다만, 도시 · 군 계획사업에 의한 행위와 건축 허가 또는 건축신고 대상에 해당하지 아니하는 건축물의 건축 등의 경미한 행위는 개발행위허가를 받지 않고 할 수 있다.

개발행위 중 토지의 형질변경의 규모는 원칙적으로 다음에서 정하는 용도지역별 개발행위 허가 면적 미만이어야 한다. 다만, 관리지역 및 농림지역에 대해서는 다음의 면적 범위 안에서 해당 특별시 · 광역시 · 특별자치시 · 특별자치도 · 시 또는 군의 도시 · 군 계획 조례로 정하는 바에 따른다.

① 주거지역 · 상업지역 · 자연녹지지역 · 생산녹지지역 : 1만㎡
② 공업지역 : 3만㎡
③ 보전녹지지역 : 5천㎡
④ 관리지역 : 3만㎡
⑤ 농림지역 : 3만㎡
⑥ 자연환경보전지역 : 5천㎡

개발행위허가의 대상인 토지가 둘 이상의 용도지역에 걸치는 경우에는 각각의 용도지역에 위치하는 토지 부분에 대하여 각각의 용도지역의 개발행위의 규모에 관한 규정을 적용한다. 다만, 개발행위허가의 대상인 토지의 총면적이 해당 토지가 걸쳐 있는 용도지역 중 개발행위의 규모가 가장 큰 용도지역의 개발행위 규모를 초과해서는 안 된다. 또한, 녹지지역 · 관리지역 · 농림지역 또는 자연환경보전지역에서 연접하여 개발하거나 수차에 걸쳐 부분적으로 개발하는 경우에는 이를 하나의 개발행위로 보아 그 면적을 산정한다. 다만, 다음 각 호의 어느 하나에 해당하는 경우에는 면적 산정에 포함하지 아니한다.

① 지구단위계획이 수립된 지역인 경우
② 서로 다른 용도지역에서 개발행위가 이루어지는 경우
③ 도시 · 군 계획시설사업의 부지인 경우
④ 초지조성을 위한 경우 등 개발행위 면적제한을 적용받지 아니하는 경우
⑤ 2003년 1월 1일 전에 개발행위가 완료된 경우(2003년 1월 1일 전에 개발행위가 완료된 대지를 확장하는 경우는 제외)

도시지역과 계획관리지역의 산림에서 임도 설치와 사방사업은 「산림자원의 조성 및 관리에 관한 법률」, 「사방사업법」에 따르고, 보전관리지역 · 생산관리지역 · 농림지역 및 자연환경보전지역의 산림에서 개발행위는 「산지관리법」에 따른다.

[네이버 지식백과]개발행위허가 (토지이용 용어사전, 2011. 1., 국토교통부)

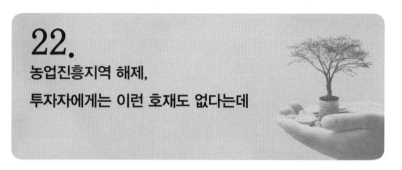

22.
농업진흥지역 해제,
투자자에게는 이런 호재도 없다는데

정부 정책은 부동산 투자에서 아주 중대한 영향을 미치고 있습니다. 규제의 신설이나 강화 또는 완화 등에 따라서 아주 민감하게 움직이는 것도 사실입니다.

농지에서 농사만 짓는 사람이라면 그저 그렇겠지만, 투자자라면 이왕이면 내 땅의 가치가 올라가는 것을 좋아한다는 것만은 사실입니다.

2005년 말에 정부에서는 대대적으로 농업진흥지역에 대하여 재정비를 하겠다고 발표하고 2016~2017년 2년간에 걸쳐서 벼농사, 밭농사, 축사 등으로만 활용되던 '농업진흥지역' 10만ha를 해제하거나 농업보호구역으로 바뀌어 행위제한을 완화시켰습니다.

2005년 말 기준 남한 전체 면적에서 농지는 현재 18% 수준이고, 농업진흥지은 103만6000ha로 전체 농지의 48%를 차지하고 있습니다. 해제 및 완화 대상 농지 선정은 전국 14개 광역 시·도로

부터 대상 농지를 검토하도록 한 뒤 이를 바탕으로 재평가를 거쳐 내년 3월께 최종 후보지를 확정할 계획이며, 농업진흥지역 전체 면적 103만6천ha의 10% 수준인 10만ha 정도를 해제하였습니다.

농업진흥지역은 농지를 효율적으로 이용하고 보전하기 위해 지난 1992년 처음 지정되었으며 2007~2008년까지 1차 보완·정비 이후 상당 시간이 경과하면서 도로·철도 개설 및 도시화 등으로 보전가치가 떨어지는 지역이 꾸준히 발생하고 있습니다. 이에 농림축산식품부에서 한국농어촌공사를 통해 지난 2014년 7월부터 2015년 9월까지 실태조사를 벌이고, 2016년 1·2월 시·군별 확인 작업을 거쳐 이를 보완 정비를 추진하였습니다.

시·군별 농업진흥지역 변경·해제 계획안을 고시하고 지방 일간신문 및 시·군 홈페이지에 공고하고 주민 의견을 청취하였습니다. 이 기간 농업진흥지역 변경·해제 계획안에 대해 의견이 있는 토지 소유자나 이해관계자는 토지 소재지 시·군 농지부서에 의견서를 서면으로 제출하면 되는 것입니다.

해제 대상은 도로·철도 개설 등 여건 변화가 생긴 3ha 이하 자투리 지역과 3ha 이하 단독지역 및 도시지역 내 미경지 정리지역·자연취락지구 중복지역, 1992년 지정 당시 비농지인 토지 가운데 현재 농지가 아닌 지역 등입니다. 보호구역 전환 대상은 3~5ha 자투리 지역과 경지정리 사이·외곽 5ha 이하 미경지 정리지역, 3~5ha 단독경지 정리지역·미경지 정리지역입니다.

시·군에서는 고시일로부터 15일간 주민 의견을 청취하고 해제 계획안을 마련, 시·도를 통해 농림축산식품부에 승인을 요청하게 되는 것입니다. 농업진흥지역 변경·해제 계획안 및 필지별 조서는 토지소재지 시, 군 및 농지 소재지 읍·면사무소에서 확인할 수 있도록 하였습니다.

농업진흥지역에서 해제되면 도시 근교나 기업도시 인근 땅의 경우 기업형 임대주택을 비롯해 농어촌형 승마시설, 야영장 등으로 활용할 수 있습니다.

행위제한이 완화, 농업보호구역으로 변경되면 단독주택이나 소매점, 관광체험농원 등 100여 가지의 행위를 할 수 있게 되는 것입니다.

농식품부 이정형 농지과장은 "농업진흥지역 상시 해제면적을 기존 2ha에서 3ha로 확대하는 동시에 관리가 부적합한 지역에 대해선 즉시 해제키로 했다"면서 "도로나 철도 건설 등의 이유로 3~5ha 자투리땅으로 남은 지역 등에 대해선 행위제한을 완화할 방침"이라고 했습니다.

농업진흥지역 해제는 △3ha 이하의 자투리땅 △도시지역 내 경지정리 되지 않는 농업진흥지역 △농업진흥지역과 자연취락지구가 중복된 지역 △현재까지 비농지 토지 중 지목이 염전, 잡종지, 임야, 학교용지, 주차장, 주유소, 창고용지인 토지 등이 대상이었습니다.

농업진흥지역에서 농업보호구역으로 행위제한이 완화되는 곳은 △도로·철도 등 여건 변화에 따라 3~5ha 이하로 남은 지역 △경지정리 사이 또는 외곽의 3~5ha 이하 지역 △주변 개발 등으로 단독 5ha 이하 잔존 지역 등이 대상이었습니다.

행위제한이 완화되면 설치 후 10년이 지난 제조시설에 대한 용도변경이 허용되고, 마을 공동으로 농산어촌체험시설 등을 설치할 수 있게 되는 것입니다.

문제는 이렇게 농업진흥지역에서 해제되거나 농업보호구역으로 변경된다면 그 땅의 가치가 어떻게 바뀌는가? 얼마만큼 바뀌는가? 이걸 제대로 알아야만 이 규제 완화가 좋은 건지 나쁜 건지 알 수 있고 현재 가지고 있는 토지를 팔아야 할지 보유해야 할지 지금 해제지역에 투자해야 할지 말아야 할지를 판단할 수가 있을 것입니다.

농업진흥지역의 농지는 국토의 계획 및 이용에 관한 법률의 용도지역 분류상에서 도시지역 내 농지는 녹지지역 도시 외 지역 농지는 농림지역과 자연환경보전지역에 있게 됩니다. 그런데 농업진흥지역에서 해제가 되면 어느 것으로 바뀌나 도시지역 내에서는 생산녹지지역에서 자연녹지지역으로 변경이 됩니다. 그러나 도시 외 지역은 관리지역으로 대부분 바뀌게 됩니다. 땅을 가진 분들이라면 이 용도지역의 허용 행위에 대하여는 잘 알고 있을 것입니다. 농업진흥지역의 규제보다도 국계법의 용도지역 허용 행위에 더 민감하다는 것을 알아야 합니다.

위에서 100여 가지의 행위를 할 수 있다고 했지만 실은 그보다도 많은 행위를 할 수 있도록 바뀔 수 있다는 것입니다.

지난해부터 농업진흥지역 내 농지로서 해제 요건을 가지고 있다면 해당 시·군·구에 직접 건의도 하고 어필도 해보라고 했는데, 얼마나 했는지는 모르겠습니다. 이번에 해제 지역에 들어갔다면 성공한 것이고, 안 들어갔다면 지금 고시가 나올 때 다시 한 번 울어보라는 것입니다. 그래도 안 되면 어쩔 수 없는 것이고, 가진 놈을 못 가진 우리가 당할 수는 없는 거니까요.

해제 기준 등에 대하여는 아랫글을 다시 한 번 찾아보고, 그리고 울더라도 눈치껏 합리적 의견을 들이대면서 울어야 먹히는 거니까요.

여하튼 농지 분야 투자자라면 바짝 긴장할 그리고 돈 버는 투자처를 찾을 수 있는 호재의 시장이 열렸습니다. 눈 크게 뜨고 이왕이면 대박을 내자!

가지려고 하는 자에게는 눈에 보일 것이고 갖게 되리라. 바라보기만 해서는 내 것이 영원히 내 것이 될 수 없습니다. 그런 곳이 어디냐고 묻지 말고 관심 있는 지역의 시·군 홈페이지에서 고시공고를 살펴보고 아직 관심 없어서 모르는 물건들이 있거든 가차 없이 낚아채서 챙기시길 바랍니다. 정부 정책과 규제 완화 강화에도 먹을 것이 있습니다. 그것도 아주 큰 대물이 있다는 것을 알아야 합니다.

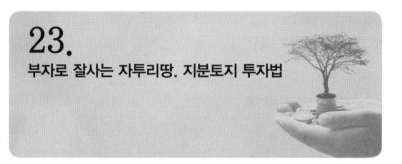

23.
부자로 잘사는 자투리땅. 지분토지 투자법

자투리땅, 지분 땅 투자법이 여기저기서 돈이 되는 투자라고 합니다. 특히나 경매에서는 매우 유망한 것으로 공동 투자를 많이 하고 있습니다.

과연 자투리땅, 지분 땅이 돈이 될까? 작은 땅이니 쓸모가 없다고 생각하고 다들 안 쳐다보니 가격이 내려가고 그러다 보니 적은 돈으로 투자가 가능하다고도 합니다. 그래서 투자 대비 수익률도 높다고 합니다. 그리고 여기저기서 자투리땅이나 지분 투자를 하라고 합니다.

정말 수익률이 높을까? 한두 건으로 보아서는 그럴 수도 있을 것입니다. 그러나 투자는 한두 번 하고 마는 것이 아닙니다. 따라서 실제로 자투리땅이나 지분 투자를 하다 보면 작은 것이니 자주해야 하고, 또 요즈음은 여기저기서 시키다 보니 실제 투자 수익이 높지 않습니다. 물론 한두 번 좋은 수익을 낼 수도 있습니다.

그러나 작은 것들을 하다 보니 자주 여러 번을 해야 하고 현장을 자주 다니다 보니 이리 떼이고 저리 떼이고 흩어지는 돈이 많습니다. 그래서 가끔 돈을 만지는 재미는 쏠쏠하지만, 실제 잔고로 남는 돈은 그리 많지가 않은 것이 현실입니다.

또한, 자투리땅이나 지분 땅은 투자하고 처분하는 과정에서 상당한 지식과 기술이 필요합니다. 그런데 일반 투자자들은 남들이 했다는 그 정보만으로 접근해서는 쉽지 않습니다. 결국, 전문가의 도움을 받고 (말이 도움이지 끌려다니고) 또는 물려버리거나 손해를 볼 수도 있습니다. 절대로 쉽게 판단하고 투자할 물건이 못 됩니다.

자투리땅이나 지분 투자는 누가 해야 돈이 되는가? 이는 가진 자가 하는 투자법입니다.

내 주변에 소위 말하는 특수 물건만 투자하는 분이 있습니다. 자금 동원 능력이 몇십억은 되고 아무 생각 없이 몇 년을 처박는 것이 몇십억이 됩니다. 소위 말하는 유치권 법정지상권 등등 물건에 투자하고 그냥 내팽개쳐 놓고 있다가 몇 년 후에 잠잠하면 나타나서 돈 몇 푼으로 해결합니다.

자투리나 지분 투자도 돈이 되려면 이렇게 하는 것입니다. 제가 『한국의 1,000원짜리 땅 부자들』이라는 책에서 쓴 자투리땅 투자자도 이런 투자를 하는 것을 사례로 썼던 것입니다. 그런데 누구나 자투리땅이나 지분 투자를 하면 되는 줄 알고 그 얄팍한 잔머리로 투자를 부추기기도 하고, 또 투자하기도 합니다. 정말 그들이 부자로 잘살고 있을까? 아마도 그들은 잘살고 있을 것입니다.

물론 일부 전문가들은 성공했으리라. 책이나 강의로 돈도 벌고 투자자들 홀려서 소개도 하고 깍두기로 투자하였을 것이니 말입니다. 일반 투자자가 성공하여 지금 잘 사는 사람이 몇이나 될까?

어디 어느 곳에서나 다 잘 되지도 다 안 되지도 않는다는 것 다들 아시는 바입니다. 그러니 일부는 재미도 보았을 것입니다. 다만 10년, 20년을 놓고 보면 자투리땅이나 지분 투자 위주로 투자하여 부자가 된 경우가 거의 없습니다. 작은 돈이라도 가치 있는 부동산에 투자하여 잘 보듬고 가꾸고 남들이 탐내도록 만들어서 자가 사용이나 수익형으로 개발하거나 또는 필요로 하는 이들에게 넘겨주는 투자자가 잘삽니다. 그러니 찧고 까부르지 말고 온 정성을 다해서 좋은 물건이 되도록 가꿔야 한다는 것입니다.

자투리땅이나 지분 투자는 어느 정도 투자로 여유가 있는 사람들이 그야말로 장기 묻어두기 투자로 보고 못 팔아서 또는 다툼이 벌어져서 팔지 못해 애태우는 물건들을 사주며 툭툭 던져놓는 투자를 해두었다가 필요한 사람들이 팔라고 하면 팔고 아무도 찾는 이가 없으면 후대에 물려주고 여유롭게 하는 투자 대상 물건입니다. 적은 돈으로 단기간에 돈 벌겠다고 섣부르게 덤벼들지 마시기 바랍니다.

자투리땅이나 지분 투자로 단기간에는 내가 찾아다니며 힘들게 해결해봤자 기껏 몇 배를 버는 단수의 이익을 취하지만 오랫동안 가지고 있으면 편안히 앉아서 튕겨가며 몇 배에서 수천 배도 남길 수 있는 복리의 마술과 가진 자의 힘을 경험하게 해주는 투자 대상입니다.

또 하나 우리가 처음 사회생활 시작할 때 중소업체에 취직은 기피하며 공무원이나 공기업 또는 대기업에 취직하려고 하는 이유가 무엇인가? 바로 처음 발 디뎌놓은 곳이 고정화되어 더 나은 곳으로 가기가 용이하지 않기 때문일 것입니다.

부동산 투자에서도 마찬가지입니다. 빌라나 소형 아파트에 첫발을 붙이면 자주 사고팔고 하면서 맛보는 재미에 빠져서 더 큰 물건에 투자를 못 하고 한동안 그렇게 하고 있습니다. 돈이 적다고 자투리땅이나 지분 투자를 하면 이것 역시 작은 돈 만지는 재미에 큰 것을 못하거나 큰 것을 하고 느긋이 기다리는 투자를 못 하게 되어 큰돈을 벌 수 없게 되는 경우가 다반사입니다.

그러므로 자투리땅이나 지분 투자는 부동산 투자로 돈을 얼마만큼 벌고 이제 조금의 여유가 있을 때 이익의 일부를 툭 던져놓듯이 하는 것이 가장 좋은 투자 방법입니다.

이 글을 읽으시는 분들은 이런 여유 있는 투자를 하시는 분들인 줄 알지만 지금도 많은 사람이 얄팍한 생각으로 자투리땅이나 지분 투자를 하는 것이 투자의 전부이고 최고인 줄 알고 투자하는 우를 범하지 않기를 바라는 마음에 주절거렸으니 이 점 양지하여 주시기 바랍니다.

그럼 실제 사례를 하나 소개해 드리겠습니다. 80년대에 주거지역으로 개발된 노후화 된 주택지에서는 소위 말하는 사도를 낀 주택들이 많이 있습니다. 이런 사도를 낀 주택들을 매도할 때에는 대부분 대지와 건물만 매매가 이루어지고 그 지분으로 된 사도는 거래가 안 되는 경우가 많습니다.

이런 사도를 아주 저렴하게 사두었더니, 다세대를 지으려고 하는 건축업자가 연락을 해와서는 그 도로 지분을 매도하라는 것입니다. 글쎄 얼마나 줄 것이냐고 하니 터무니없는 값을 제시해서 그럼 팔지 않겠다고 하면서 뭐 두고두고 있으면 보물이 될 것이라고 했더니 결국은 주변 대지값에 넘겨달라고 다른 중개사 사장님을 통하여 매수 의뢰가 왔습니다.

이런 땅이 필요한 사람에게 넘겨주는데 대부분은 욕심내지 않고 적당하게 넘겨줍니다. 다만 처음에 헐값에 제시한 것이 괘씸스러워서 결국은 주변 대지값하고 똑같이 받고 넘겨주었습니다.

얼마에 사서 얼마에 팔았고, 또 돈을 얼마나 벌었는지가 중요한 것이 아닙니다. 이러한 물건을 왜 했고, 어떠한 사람들이 사 가는지 그리고 실제로 이러한 물건들은 어디에다 해야 하는지에 대한 고민을 해보시라는 의미입니다.

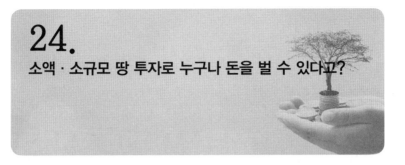

24.
소액·소규모 땅 투자로 누구나 돈을 벌 수 있다고?

누구나 내 땅을 한번 가져보는 것이 가문의 영광이라 할 만큼 우리는 땅을, 부동산을 가지려고 합니다. 땅을 가진 자가 세상을 지배하여 왔으니 마땅히 이 땅에 태어난 우리는 땅을 가지려는 본능에 충실하려고 합니다. 그래서 부동산 투자 몇 번 해보거나 부동산이라고 하면 궁극적인 목표는 땅을 가지려는 것인지도 모릅니다.

땅을 처음 접하자니 두렵고 어렵고 힘듭니다. 그러니까 소액으로 작은 것에 한번 도전해 보고자 합니다. 주식에 그렇게 해서 돈을 벌 수 있는가? 자기가 하는 일에 그렇게 해서 성공할 수 있는가? 돈이 없다고 저기 농촌 산촌에 가서 좌판을 벌이면 장사가 되겠는가? 무턱대고 조그만 회사에 들어가면 나중에 큰 회사로 옮기기 쉽거나 크게 성장하든가? 물론 저 농촌에서 좌판을 벌여도 작은 회사에 들어가서도 성공하는 경우는 있습니다. 마치 정주영 회장님이 쌀가게로 시작하여 대그룹을 일으켰듯이 말입니다. 그러나 그런 일은 기적과 같은 경우이고 대부분은 어렵다는 것입니다. 부동산 투자도 일반 상식과 크게 다르지 않습니다.

내가 투자 노하우를 써낸 『농지 투자 OK』, 『부동산 투자와 부자의 법칙』, 『한국의 1,000원짜리 땅 부자들』 이러한 책에서도 자투리땅 투자나 소액 투자에 대한 이야기가 나옵니다. 그러나 이런 소액 투자는 더 큰 투자를 위한 발판으로 삼는 투자이거나 특별한 노하우를 가지고 틈새를 노리는 투자이거나 여유 있는 돈으로 시간과의 싸움을 하는 투자를 말한 것인데, 많은 독자분들이나 투자자들이 이를 잘못 이해하였거나 다른 저명한 분의 강의를 듣고는 소액·자투리땅, 지분 투자가 마치 땅 투자의 고수익을 올리는 비법 투자로 인식하고 위험하게 뛰어드는 것을 볼 때에는 가슴이 쓰리고 아픕니다.

앞에서 말했지만 이런 투자는 노하우를 가진 사람이나 시간과의 싸움을 하는 투자를 할 때 그 진가를 발휘하고 돈이 되는 투자이기 때문입니다. 그러나 적은 돈이나 전 재산을 가지고 투자를 하는 경우에는 시간과의 싸움이나 지분권자 등 법적 대응에서 패배하게 되어있어서 고생한 것에 비하여 큰 수익을 내기는 쉽지가 않다는 것입니다.

서울을 한 번 와본 사람과 처음 오는 사람 그리고 수십 번을 온 사람 중 어떤 사람이 서울에 쉽게 갈 수가 있을까요? 처음 서울

가는 사람이 수십 번 다닌 사람 이야기 듣고 그냥 나서면 개고생 하기 딱 맞습니다.

부동산 투자 경험이 없다면 든든한 전문가를 두고 하되, 대박나는 고위험 물건이 아닌 적정한 수익을 내는 일반 물건 투자를 권합니다.

얼마 살지 않은 인생이지만 가진 자에게는 당할 재간이 없다는 걸 나는 압니다. 아마 독자분들도 다 알고 있을 것입니다.

권력이든 돈이든 시간이든, 가지지 않은 자는 가진 자들의 그 빈 틈을 노리고 덤벼야만 이길 수가 있습니다. 그중 하나가 물론 소액, 자투리땅 같은 것들이기는 합니다. 그러나 이는 지식과 노하우로 무장을 하고 덤비거나 적어도 그런 능력이 있는 지원군을 등에 업고 싸워야만 얻을 것이 있습니다. 그렇지 않다면 그들의 노리개나 밥이 되거나 아니면 영원히 족쇄를 찬 신세가 될 수 있습니다.

서울 수도권 대도시 주변 땅은 비싸니까, 저기 시골의 산꼭대기 싼 땅을 산다든지 아님 도시 주변에서 10평도 안 되는 작은 땅을 산다든지 이걸 비싼 값 주고 살 사람들이 얼마나 될까요? 아마 이러면 재개발지역 등에서 0.1평짜리 땅에 투자해서 대박 낸 이야기 할지 모릅니다. 과연 그런 게 얼마나 되고 확률이 얼마나 되느냐 말입니다. 로또는 매주 수명씩 몇억에서 몇십억이 당첨 됩니다. 내가 그곳에서 그 번호로 로또를 산다고 당첨이 되느냐 말입니다. 그래도 어느 정도의 확률이 있는 투자를 가지고 논하자 이 말입니다.

그럼 당신은 책에서 자투리땅 투자를 이야기했는데 그건 허위나 미끼였느냐고 반문할지 모르겠습니다. 그러나 그 책을 읽어본 분이라면 소위 말하는 자투리 지분 소액으로 당장 돈 버는 이야기던가요? 여유 자금으로 자투리땅에 적금하듯이 투자를 했더니 어느 순간부터 수용이나 구매자가 나타나고, 또 재투자를 해서 땅 부자로 산다고 하는 것입니다. 이런 투자자를 직접 만나서 보고 이러한 투자 방법도 있다는 이야기를 했습니다. 그리고 나는 지분 투자나 소규모 단기 투자는 부동산 투자를 하여 수익이 난 것에서 5~10% 정도를 묻어두기 식으로 장기 투자를 하라고는 말합니다.

책이든 강의든 상담이든 간에 그건 특수한 경우에 돈이 되는 것이지 누구에게나 돈이 되는 그런 물건은 아니기 때문입니다. 그리고 지분 투자는 처음부터 싸우자고 덤비는 투자라고 봅니다.

부동산 투자해서 돈도 벌고 잘 살자는 것인데 싸움질하면서 돈을 벌어야 하나 마음 상해 가면서 말입니다. 부동산 투자 내가 하는 일에서 열심히 일하며 돈을 많이 벌고 취미로 생각하고 여유롭게 즐겁게 해도 어려운 것이 부동산 투자라는 것입니다.

나도 개뿔도 모르면서 이렇게 저렇게 강의라고 하고 다닙니다. 내가 생각해도 기가 막힙니다. 정말 한 치 앞을 알 수 없는 것이 부동산 시장이고, 투자입니다.

제 앞가림도 잘 못 하는 주제에 무슨 강의를 하느냐고 무슨 이야기이냐 하면 농업직 공무원으로 23년간 행정직 경험을 했고,

부동산 중개 컨설팅과 강사로 20년을 넘게 하고 있고 실제로 현장에서 농사일을 하고 있지만, 아직도 땅이란 게 무엇인지 어떻게 해야 하는지 다 모르겠습니다. 또한, 투자하는 방법도 수시로 변하고 법과 제도로, 수요와 공급으로, 개발과 보존으로, 유동자금으로, 정책으로, 이런 것들 어느 하나로 파악하거나 분석되지 않는 정말로 상식으로는 이해가 되지 않는 그런 일이 나오는 게 부동산 투자시장이라고 밖엔 말할 수 없습니다.

하지만 적어도 난 다른 사람과는 다르다는 한 가지 고집으로 살고 있습니다. 내가 경험을 한 위주로 강의를 하거나 중개 컨설팅을 하고 잘못되었거나 잘못될 것이라고 판단되면 내가 돈이 되어도 하지 않는다는 것, 고객이 돈이 되는가 안 되는가가 최우선 판단으로 한다는 것입니다. 물론 내가 투자를 할 때도 내가 돈이 되는가, 아닌가가 최우선 판단 기준입니다.

그러나 강의를 돈을 벌려고 하지는 않습니다. 내 경험을 다른 투자자들 나의 이웃과 나누고자 하는 것입니다. 책을 쓴 이유도 카페나 블로그를 하는 이유도 같습니다. 다만, 그동안에는 소극적으로 하던 것을 이제 나를 아는 이들에게는 실질적인 도움이 되도록 하고자 적극적으로 투자를, 투자하는 방법을 전수하고 코칭하고 있을 뿐입니다.

앞으로는 땅의 시대라고, 이제서야 땅 투자하겠다고 덤비시는 분들 많으실 텐데 부동산 투자 재테크, 쉽고도 어려운 길입니다. 돈 버는 일이 쉽던가요? 부동산 투자로 돈 번다는 것, 결코 쉬운 일이 아닙니다. 그것만 알고 투자를 하시면 누구나 성공하실 수 있습니다.

단계별 농지투자 전략

- **1단계 농업인 투자**
  - 농지소유자는 땅 임자
  - 농지원부 등록으로 농업인
  - 농업경영체 등록해야 진짜 농업인
  - 단위농협 등 조합원이 되어야 진짜진짜 농업인
  - 아는 단계에서 머물지 말고 다음 단계로 뛰어 넘는 투자를 해야 한다
- **2단계 돈 되는 농지투자**
  - 진짜진짜 농업인이 된 후
    수익형. 자산형. 연금형 농지투자
  - 정책과 규제에서 개발.규제완화지역 등 가치있는 농지 투자
  - 투자 부동산으로 투자 순환구조를 만든다
- **3단계 부자로 가는 농지 투자법**
  - 자투리 땅, 지분 땅, 법정지상권 등 특수물건 농지투자
  - 투자한 농지를 수익형, 자산형, 연금형으로 재생산
  - 투자 수익 중 일부를 사회환원 나눔을 실천 한다

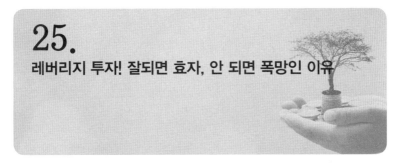

25.
레버리지 투자! 잘되면 효자, 안 되면 폭망인 이유

부동산 투자에서 아니 투자에서는 대출도 능력이라고 합니다. 그래서 영끌하며 투자를 한다고 하기도 하고, 대출을 쪼이니까 쓰지도 않을 것을 미리 받는 선대출도 투자라고 하기도 합니다. 요즈음 부동산 시장이 하~수선하여 한마디 하고자 합니다.

지금의 부동산 시장, 아니 경기는 어디쯤일까? 아직도 상승기라 하기도 하고 이미 하락기라는 사람도 있고, 사람마다 느끼는 강도는 각각 다르리라고 봅니다.

지금은 대부분의 사람이 오르기를 멈추고, 아니 정점을 찍고 횡보하며 하강을 기다리고 있다고 보는 것 같습니다. 전·월세는 내리고 있고 매매가는 요지부동이지만 이제 내리는 건 시간문제라고 말입니다.

부동산이 정점에서 몇 개월 길어야 1년 이내이고 하락을 하기 시작하는가 하면 급강하를 하는데 이 기간은 15개월 전후가 되고 있습니다. 그리고는 주춤거리며 조금 더 내려갔다가 횡보를 하면서 아주 미미하게 출렁거리며 40여 개월을 가곤 합니다.

그러다가 몇 개월을 주춤거리다가 어느 날부터 서서히 오르기 시작하여 2년여를 소폭 오르다가 마지막에 달아오르며 득달같이 15개월 정도를 오릅니다.

그리고는 다시 주춤거리기를 몇 달 하다가 또다시 소폭 주춤거리며 시장과 겨루기를 하다가는 낭떠러지로 하나둘 떨어져 내리기를 반복하고 있습니다.

그 기간이 과정별로 길기도 하고 짧기도 하고, 때로는 오르고 내리는 폭이 크기도 하고 작기도 하고 그 시대 사회상과 경기에 따라서 다르지만 일정 기간을 두고 오르고 내리기를 반복하며 우상향하고 있습니다.

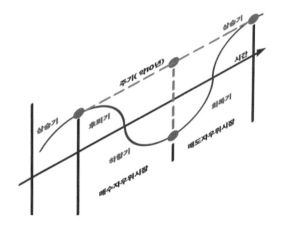

우리는 이렇게 변동하는 과정을 부동산 주기라고 표현을 하며 짧게는 4~5년, 보통 10년 주기로 보며, 중장기로 17~20년 또는

30년, 60년 주기로 말하기도 합니다.

레버리지 투자는 언제나 유효한가? 그렇지 않습니다. 투자 대상 부동산이나 시기에 따라서 잘해야만 합니다. 아래의 표는 단순하게 매매차익만을 가지고 본 것입니다. 이렇게 잘하면 큰 이득을 얻을 수도 있으나 잘못하면 가진 돈도 날리고 알거지가 될 수도 있습니다. 레버리지 투자가 반드시 돈이 되는 것은 아니며, 지금처럼 하락세에 들어선 경우 대출을 안정권까지 줄여야 합니다.

혹자는 말합니다. 그렇기에 수익형 부동산은 레버리지 투자가 맞는다고 부동산 경기가 하락하여 임대료가 나오지 않고, 대출이자가 연체되면 폭망하기는 마찬가지인 건 생각 못 하는가요? 부동산 하락기 침체장에서는 대출은 무서운 존재입니다. 미리미리 대비하는 것이 내 재산을 지키는 것입니다.

지금은 완연한 겨울에 접어들었습니다. 무슨 소리냐고 이미 대한이 지나고 봄이 오는데, 부동산 시장이 초겨울에 접어들었다는 이야기입니다.

그런데 내년 대선이 있고, 소득주도성장에 대한 추진 기조를 바꾸지 않겠다고 하니 당분간은 정부에서 냉·온탕 규제와 법을 운영하고 있어서 겨울이 오고 있음을 느끼지 못할 수도 있을 것 같습니다. 하지만 부동산 시장에 길고도 뜨거웠던 여름이 가고, 이제 겨울이 다가오고 있으며 이를 피할 수 없는 것은 주지의 사실입니다.

다가오는 겨울을 이겨내고 새봄에 뿌릴 씨앗은 준비를 해야 합니다. '대출은 능력 범위 이내로 줄여라.' 지금 월세가 나온다고요? 그것도 믿지 마세요. 월세가 몇 달 나오지 않아도 감당할 정도로 대출을 줄여야 합니다. 경기가 얼어붙으면 제일 먼저 월세가 나오지 않습니다. 내가 아닌 남이 힘들어져서 나까지 힘들어지게 되는 것이니 이것까지 염두에 두고 겨울날 채비를 단단히 해야 합니다.

이제 얼마 있으면 계절은 봄이 오련만
우리가 느끼는 봄은 아직도 두어 달이나 남았음을 알라.

26

투자자라면 꼭 알아야 할 레버리지
투자의 명(明)과 암(暗)

우리는 부동산 투자하면 레버리지 투자를 떠올리고 있고, 지금은 전세대출, 주택대출, 분양중도금, 잔금대출 등 부동산 투자를 하면서 내 돈으로만 하는 시대도 아니고, 또 그렇게 할 수도 없는 시대입니다. 물론 일부 돈 많은 사람은 아니겠지만 말입니다.

투자자들은 아니 전문가들도 레버리지 투자의 밝은 면만 기대하고 부각하는 것 같습니다. 그러나 세상에는 명과 암이 존재합니다. 물론 레버리지를 잘 활용하면 투자 수익을 극대화 할 수 있습니다. 반대로 잘 못 되면 탕진하고 패가망신할 수도 있습니다. 실제 현실에서는 수익의 극대화보다는 손해를 보는 경우가 더 많습니다.

부동산 투자는 타이밍이라 하기도 하고 심리 싸움이라고도 하지만 일정 기간을 두고 일반 경기와 동행, 후행하며 반복합니다.

아무 때나 아무 물건에나 레버리지 투자가 유효한 게 아니라 제때 제때 적절한 물건에 투자를 할 때에만 유효합니다. 제때에 하는 것이 타이밍이라 할 수 있고 적절한 물건에 하는 것이 심리 싸움이라 할 수 있습니다.

부동산 투자를 시작하고 거칠게 없었던 저도 내가 잘해서 수익이 나고 최고인 줄 알고 으쓱했던 적도 있었습니다. 바로 운전을 시작하고 사고도 없이 도로를 질주하던 초보 운전자와 같다고나 할까요. 그러나 내 힘에 겨운 것인 줄도 모르고, 또 매수자가 있음에도 자신감에 넘쳐서 고집 피우다가 2010년 이후 부동산은 폭락하고 대출이자는 올라가는 시기에 어려움을 겪었던 경험이 있습니다. 그 이후 얻은 지혜가 자만은 금물, 바로 오랜 경험을 가진 노련한 운전자들이 하는 방어 운전이란 게 부동산 투자에서도 적용된다는 걸 깨달았습니다. 소위 말하는 자본의 손실과 기회비용을 날리고 나서야 말입니다.

부동산 투자는 구매가 아니라 구매에서 보유·관리·처분까지 이어지면서 최종적으로 내 수중에 얼마를 챙기느냐에 달렸음을 알았습니다. 그것도 한두 번의 투자가 아니라 평생 투자하여 노후에 얼마나 여유롭게 잘살아가는지로 판단해야 한다는 것도 알게 되었습니다.

구분	0년	1년	2년	3년	4년	5년	6년	7년	8년	9년	10년
	2008	2009	2010	2011	2012	2013	2014	2015	2016	2017	2018
실제 투자	자 10억+ 대 10억 20억 투자 실 10억		20억 매도 대 10억 이 0.1억 세경 1억 9억	16억 매도 대 10억 이 0.1억 세경 1억 5억	14억 매도 대 10억 이 0.1억 세경 1억 3억						3억 매도 대 10억 이 4억 세 3억 실 16억
시나 리오 투자	자 10억+ 대 10 20억 투자 실 10억	30억 매도 대 10억 이 0.1억 세 4.9억 15억	33억 매도 대 10억 이 0.1억 세 3.9억 19억		자 15억+ 대 15억 30억 투자 15억						60억 매도 대 15억 이 3.6억 세 9.4억 실 32억

투자에서 차입 투자, 즉 레버리지 투자는 잘하면 효자요, 잘못하면 패가망신 당하는 것임을 알고 합시다. 잘하고 잘못함의 차이는 타이밍과 심리와 경기변동을 얼마나 잘 판단하고 대처하느냐에 달렸습니다.

그럼 지금은 레버리지 투자 시기인가 살펴보자. 개개인의 사정과 투자 물건에 따라서 다르지만, 일반적으로 수도권의 부동산으로 판단해 보자. 지금은 언론은 물론이고 누가 보든 크게 오르지는 않는다고 보는 상승기의 정점 부근에 있다고 보는 것이 맞을 것입니다. 그렇다면 크게 더 오를 일은 없다고 보입니다.

대출금의 이자는 어떠한가? 기준금리가 오르고, 미국 금리 등 어느 하나 녹록지 않습니다. 그럼 금리 이상으로 훨씬 많이 올라야 하는데 가능하다고 보시나요? 부동산은 별로 안 오르고 금리는 오른다면 과연 돈이 될 것이라고 보시나요? 여기서 부동산이 정체하거나 내리면 그때부터는 금리 부담으로 내 투자 자금을 잠식 당하게 되는 것입니다. 언제까지? 부동산 가격이 오를 때까지 말입니다.

단기간이면 버티겠지만, 장기간이면 버텨내기도 쉽지 않고 장기간을 버틴다고 해도 회복이 되어도 금융 비용 부담으로 많이 남지 않거나 손해를 볼 수도 있고, 적정 시기에 정리해서 챙겼다가 투자하여 얻을 수 있는 기회비용을 날린 것을 생각하면 손해가 이만저만이 아닙니다.

(아래 표를 참고해 보시라.)

레버리지가 잘되면 효자 안되면 폭망인 이유

(자기자본 10억 대출 10억으로 투자시)

구분	잘 되면		잘 안되면	폭망시
상승하락률	50% 상승	100% 상승	25% 하락	50% 하락
회수금액 (실회수액)	30억 (16억)	40억 (26억)	15억(1억)	10억(-6억)
자기자본 수익률 (10년/5년)	60% /80%	160% /180%	-90% /-70%	-140% /-120%

레버리지 투자는 잘 쓰면 약이지만, 잘못 쓰면 독이 되는 요물입니다. 지금 대출이 많다면, '부동산 투자자는 능력 범위까지 줄여라. 멀리 보고 투자하라.' 인생길은 멀고 험난한 길입니다. 부동산 투자는 돈을 벌어서 잘살고자 하는 것입니다.

그런데 그것이 내 돈을 빼앗아가는 요괴가 될 수도 있고, 내 집안을 풍비박산 내는 흉물이 될 수도 있습니다. 분명히 레버리지 투자는 약이 되기도 하지만, 독이 될 수도 있다는 점을 알고 활용해야만 합니다.

지금은 분명 레버리지 투자를 하는 시기는 아닙니다. 대출이 있다면 능력 범위까지 줄여야만 합니다. 지금 어려운 시기로 진입을 하고 있습니다. 몇 년간 버틸 수 있는 능력 범위까지는 줄여야만 하는 이유입니다. 아니, 투자 여력을 만들어야 버티지 못하고 힘들어져서 나오는 매물에 투자할 수 있습니다.

세상은 돌고 돌지만 내가 그 기회를 놓치거나 잡지 못하면 아무 소용이 없습니다.

27.
땅 투자의 함정이자 레버리지 투자 노하우,
바로 남의 자본을 활용하여 투자하는 법

부동산 투자에서 투자 수익을 극대화하는 방법으로 자기 돈이 아닌 다른 사람들의 자금을 활용하여 투자하는 레버리지 투자법이 있습니다. 최근 2030의 영끌 투자에서 드러난 대출을 활용한 투자 그리고 주택 시장에서 갭투자라는 이름의 전세 등을 활용한 투자, 그리고 공동 투자를 하면서 다른 투자자의 자금을 활용하거나 자기는 대출을 받고 다른 사람은 돈을 투자하도록 해서 유도하여 투자 개발 등을 하면서 다른 사람의 자금을 활용하는 투자 이러한 레버리지 투자법들이 다양하게 존재하고 있습니다.

아주 오래전에 했던 투자 사례를 하나 소개하고자 합니다. 부동산 개발업자나 중개컨설팅 하시는 사장님들이 주로 사용하는 방법이며, 일반 투자자가 직접 하기에는 다소 어려운 점이 있기는 하지만, 지금은 일반 투자자들도 활용할 수가 있는 방법이기도 합니다.

아주 복잡한 것이기에 여기서 다 설명이 되는지 잘 모르겠지만,

최대한 독자들이 알 수 있도록 풀어서 써보고자 합니다.

　가장 흔하고 일반적인 방법으로는 부동산을 구매하기 전에 또는 처분하기 전에 투자자나 개발 사용하려는 실수요자를 확보하고 나서 토지의 구입 계약이나 처분을 하면서 선매도 레버리지, 즉 매수자의 돈을 활용하여 투자하는 방법을 말하는 것입니다. 이는 경매에서도 많이 활용합니다.

　먼저 농지 하나를 구매합니다. 그런 다음에는 주변에 있는 농지를 더 구매하여 매도할 궁리를 합니다. 우선 자기 자금 이외에 활용할 돈의 규모를 산정하고 어느 정도까지 자금을 충원하기 위한 매수자를 확보하는 것입니다. 그리고 인근에 있는 농지에 대한 매매계약을 진행하고, 그리고 매수 의사를 밝힌 매수자의 돈으로 이 땅을 계약합니다. 물론 그 매수인 돈으로 중도금 잔금도 지급하면서 자기 부담 자금은 잔금 시에 대출을 활용하는 것입니다.

　이 내용을 실사례로 간단히 정리해 보자면 먼저 130평을 30만 원에 4,000만 원에 구매합니다. 그리고 나서 매수인 2명에게는 공장을 지을 부지를 200평에 200만 원에 4억 원을 부담을 하게 하고 건물은 본인이 짓는 것으로 약정을 합니다. 다음으로 인근 토지 600평을 3억 원에 구매 계약을 합니다. 또, 진입도로용 토지로 70평을 6천만 원에 구입합니다.

　자, 지금까지 들어간 돈을 중간 정리해 보자면 추진자는 4,000

만 원, 2명의 투자자는 1억 원을 투자했습니다.

다음으로 구매한 토지를 개발행위허가(농지전용)를 받습니다. 이 때 비용이 2천만 원 정도가 들어가는데, 추진자와 2명 투자자가 각각 1천만 원 투자로 하였습니다. 이제 개발행위허가가 났고, 이 때 2명의 투자자가 잔금을 지불하고 등기를 이전을 받는 것입니다.

이제 토지 면적을 한번 정리해 보자면, 총 구매한 개발허가받은 면적은 800평이었습니다. 2명의 투자자가 각각 200평으로 400평이 되고, 그럼 추진자는 400평이 됩니다.

투자 금액을 한번 봅시다. 총 투자 금액은 4억 원이었습니다. 2명의 투자자가 4억 원을 부담했습니다. 추진자는 투자했던 1억 원(실제는 5천만 원)을 완전 회수하게 됩니다.

이제 토지 구입이 완료되었고, 개발행위허가가 났으니 정리를 해야 할 것이다. 토지의 분할을 해서 정리를 해야 하고 일부는 도로로 빠져나가게 될 것입니다. 이런 작업을 거쳐서 5필지로 분할을 하게 됩니다. 2명의 투자자에게 200평씩 분할을 해주고 나머지 400평 중에서 100평이 도로로 나게 되고, 그리고 추진자는 300평 분할된 땅을 갖게 되는 것입니다.

분할 등을 하면서 들어가는 비용은 크게 들지 않습니다. 결국은 공장 부지 300평을 거의 거저 갖게 되는 것입니다.

이렇게 공장 허가까지 받아놓고 나면 평당 250~300만 원 정도에 매도가 가능한 땅이 됩니다. 그럼 바로 10억 원대의 수익을 얻는 것이 되며, 거기다가 도로의 60%는 뒤땅 소유주에게 1억 원에 팔았으니 적어도 이 한 건으로 5천여만 원 투자하여 10억 이상의 큰 수익을 얻게 되는 것입니다.

이것이 개발업자들이 또 선수들이 땅에 투자하는 노하우가 되는 것입니다. 그런데 일반인은 개발허가받고 잘 쪼개주는 그런 땅을 선호하니 이런 일은 그래서 계속하여 활용되고 돈 버는 사람들은 더 늘어나는 것입니다.

레버리지 하면 대출을 잘 활용하거나 세입자를 활용하는 것을 말하고 그렇게 알고 있습니다. 레버리지는 남의 돈을 활용하는 것인데 어찌 대출과 임대만 있겠습니까. 이렇게 선투자를 활용한 방법도 있다는 것입니다.

또 다른 방법으로는 이를 매도할 때에 활용하는 것입니다. 내가 토지를 가지고 있고, 그것도 아주 오랫동안 가지고 있었고, 8년 이상 재촌 자경한 농지라면 이때는 그냥 매도하는 것보다는 공장이나 창고 등 실수요자를 구하여 매도하는 것이 유리합니다. 전원주택 등으로 다수에게 분할 매도하는 방법도 있습니다.

매수자가 나타나면 개발행위허가(농지전용) 조건으로 매매계약을 체결합니다. 이때 매수자는 농지의 구입이 불가능한 공장이나 물류창고 등을 하고자 하는 일반법인 등을 상대로 합니다. 이렇게 하면 아무래도 일반 농지로 매도하는 것보다는 훨씬 높은 가격에 매도가 가능합니다.

그런데 공장이나 창고 등을 할 법인이 구매 가능해? 물론 가능하니까 그렇게 하는 것입니다. 또 그렇게 함으로 더 받는 것입니다.

이 외에도 공동 투자자들과 함께 투자하면서 투자자들은 자금을 대고 주선자는 대출을 활용하여 투자하는 방법은 아주 고전적이지만 아직도 많이 활용하는 방법입니다.

앞에서 풀어놓은 여러 가지 레버리지 투자법 중에서 오늘은 선투자자들의 자금을 활용하여 레버리지 투자한 사례를 소개해 보았습니다. 투자자들은 각각의 사정에 맞는 레버리지 투자를 택하여 투자 수익을 극대화하였으면 합니다.

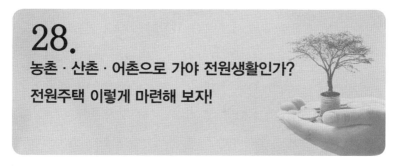

28.
농촌 · 산촌 · 어촌으로 가야 전원생활인가?
전원주택 이렇게 마련해 보자!

요즈음 전원생활을 하고자 하는 사람들이 부쩍 늘었습니다. 특히나 농촌의 향수가 듬뿍 배어있는 베이비 붐 세대들의 은퇴, 그들의 은퇴와 맞물려 도심을 떠나 자연에서 살고 싶은 꿈을 가진 사람들이 많아졌습니다. 하지만 직장에서 그만두는 남자들은 고향이나 전원생활을 꿈꾸고 이제 안정된 사회활동에 접어든 여자들은 도심에서 살기를 원하니 은퇴 세대들은 이러지도 저러지도 못하고 각자의 꿈을 꾸며 동상이몽으로 살아갑니다. 그렇지만 많은 사람이 전원에 둥지를 틀고 있는 것도 사실입니다.

전원생활에 대한 글도 많고 경험자들의 충고도 많은지라 그에 대한 이야기는 하지 않으렵니다. 다만, 나는 꼭 농촌이나 산촌이나 어촌으로 가서 팔 걷어붙이고 농사를 짓거나 고기를 잡아야 하느냐는 겁니다. 가뜩이나 힘도 부치고 여차하면 다치기 일쑤인 나이가 되었는데 말입니다.

저는 나이가 들수록 도시 근교에서 살라고 하고 싶습니다. 그동안 도심지에서 부대끼고 살았으니 이래저래 도시에서 살기가 싫다면 교통도 좋고 문화, 의료 등 편의시설이 좋은 도시 근교가 어떠냐 말입니다. 모든 게 불편한 저 시골로 내려가야 하나요? 아! 자식들이 자주 와서 뭐해달라고 할까 봐 피신을 하는 거라면 그렇게 하고, 그런 것이 아니라면 도시 근교 그야말로 얼마나 좋은가요?

아파트나 빌라에 살려면 무엇하러 전원으로 나가느냐고 할지 모릅니다. 그러나 전원은 단독이라야 한다는 생각도 바뀌면 되는 것입니다. 실제로 겨울이나 여름 장마철 또는 이리저리 고장 나고 수리하고 풀 뽑다가 나면 제가 하는 말이 무슨 말인지 이해를 하게 될 것입니다. 하지만 그때는 이미 때는 늦었겠지요. 아! 개 한 마리 먹이지 못한다고? 닭 한 마리 기르지 못한다고? 그건 농장 한 귀퉁이에 기르면 됩니다. 옻나무, 엄나무 등 약초 넣고 보양식 해드시는 데는 문제가 없을 것입니다. 그러나 꼭 내 집 안에서 길러야 하는 건 아닙니다.

또 도시 근교라고 하니까 고래 등 같은 기와집 지으려고 생각하나 본데 단독주택 관리가 얼마나 어렵고 힘든지 한번 살아보세요. 나이가 들수록 관리도 쉽고 살기도 좋은 공동주택 얼마나 좋은가요. 서울 등 도심에서 30~40분 이내의 도시 근교에 있으면서 바로 나가면 산이나 물 아니면 바다가 있는 그런 곳 말입니다.

여기가 바로 전원이고 관리도 다해주는 아파트나 빌라 정도면 얼마나 좋을까? 전원 향기와 일이 그립다면 주변에 있는 전답 몇 십 평이면 푸성귀 가꾸어서 자급자족도 할 수 있고, 소일거리도 됩니다. 주변에 돌아다니니 공기도 좋고 운동도 되고, 도심에 나가고자 한다면 얼마든지 나갈 수 있고 여기에 전철역이 가까이 있다면 최고의 전원생활 부지가 아닐까 싶습니다.

나이 들어서 농사지으며 골 빠지고 싶다면, 자식새끼들 오는 것도 싫고 혼자 도를 닦고자 한다면 저기 산골이나 어촌으로 가서 숨어서 혼자 실컷 살아보든가, 아마도 사람이 그리워서 울다 지쳐서 죽어도 모르는 그런 곳 정말 지상 낙원이 따로 없지 싶다만 오래 버티지 못할 것입니다.

전원생활 하면서 힘들게 살지 마세요. 단순하게 편하게 살아갈 생각으로 하세요. 이것도 저것도 싫으면 땅을 구입해서 동호인 친지들과 빌라를 짓는 것도 좋습니다.

세컨 하우스로 한다면 더욱더 좋고, 1층에는 공동 시설로 게스트하우스나 공동 취사장을 하여 평시에도 공동으로 활용하고, 손님이 오면 손님 접대 장소로 활용하고 2~4층은 개인 독립 세대로 한다면 더욱 좋을 것입니다. 근교니 주차장 확보는 가능할 테니 필로티로 하지는 마시기 바랍니다.

세컨 하우스로 단지를 한다면 셰어하우스[share house]나 게스트하우스 등으로 평소에는 물론 휴가철 등에는 대여도 생각해 볼 수 있습니다.

전원주택을 대부분 단독으로 단지로 구성하는데 꼭 그럴 필요는 없다고 봅니다. 농기계 창고 등은 농지 한 귀퉁이에 마련하면 될 것이고 말입니다.

부동산 중개 컨설팅을 한다는 사람이 이렇게 하면 안 됩니다. 하지만 정말 무엇이 필요하고 어떻게 살아야 하는지, 제대로 전원주택에 대한 생각을 전달해 보고자 해서 썼으니 이해 바랍니다. 땅을 구매해서 개발을 해서 집을 짓고 그것이 능사는 아니라고 봅니다. 내가 원하는 것을 얻으면서 최대한 편리하게 살면서도 난개발이나 쓸모가 없어 버려지는 일이 없도록 이 땅을 잘 보존하고 관리해 가는 것도 전원생활에서 지켜야 할 덕목이라고 봅니다.

29.
부동산 투자 재테크 일찍 시작하고 장기 보유하며 키우고 가꾸다가 활용하라

-부동산(땅) 투자는 농사꾼 같은 끈기와 사냥꾼 같은 감각을 가져야 한다-

부동산 투자 재테크 성공에는 정답은 없다. 그러나 대체적으로 성공한 사람들의 공통적인 점을 찾아보면 일찍 시작하고 오랫동안 보유하면서 키우고 가꾸고 기다리다가 꼭 필요한 시기에 직접 이용하거나 타 용도나 처분 등 활용한다는 것입니다.

여기서 오해하지 않았으면 하는 부분은 일찍 시작하라고 하니 돈이 없는데 어떻게 일찍 부동산을 취득할 수 있느냐고 반감을 가질 수가 있습니다.

부동산 투자 재테크는 반드시 부동산을 취득해서 키우고 처분하는 것만이 아닙니다. 경제와 부동산 재테크에 대한 전반적인 지식이나 정보 수집 활용법이나 투자에 대한 기술 노하우를 배우고 익히고 축적하는 것부터 시작합니다.

그런데 우리는 가정이나 학교에서도 가르쳐 주지 아니하고, 직장이나 사회에서도 전혀 알려주지를 않고 있으니 내가 관심을 갖고 배우고 익히고 터득을 해야 하는 것입니다.

부동산 투자는 대체적으로 농사꾼이 농사를 짓듯이 진득한 품성으로 씨 뿌려 가꾸고 키워내는 기다림이 있어야 합니다. 하지만 때로는 사냥꾼과 같은 날카롭고 매서운 사냥 감각을 가져야만 적재적소에 투자하고, 제때에 거두어들이는 투자를 할 수가 있습니다.

우리가 돈을 벌고자 하는 이유는 무엇인가? 바로 나와 내 가족이 잘 먹고 잘살기 위한 것일 것입니다. 그래 고상하게 자아실현을 위한다고 자위하는 사람도 있으리라. 그러나 직장에서 사업장에서 몸뚱어리로 돈을 버는 이유는 목구멍이 포도청이라고 생계유지를 위함이요, 좀 더 나아가 남들같이 살고 싶은 욕망을 채우려고 하는 것입니다.

그런데 이와는 전혀 다르게 돈을 벌고 떵떵거리며 사는 사람들이 있습니다. 몸뚱어리로 돈을 버는 그 단계에서 더 도약하여 남의 노동력으로 돈을 버는 사람도 있고, 또 자본이 돈을 벌어들이게 하는 사람도 있고, 권력과 명예를 거머쥐고 거들먹거리는 사람들도 있습니다.

그 외에 요즈음 영끌까지 하며 뛰어들고 있는 동서고금을 막론하고 변함없이 인간의 욕망을 채우려고 하는 땅을 가지려 하고 부를 움켜쥐려 하고 세상을 지배하고자 하는 부동산이라는 것이 있습니다.

부동산 하면 대부분 아파트, 즉 주거용을 생각하고 있지만 부동산의 근원은 땅이란 것을 아는 사람들만이 부를 움켜쥐게 되고 또한 세상을 호령하며 지배하게 되는 것입니다. 그래서 동서고금을 막론하고 땅을 가지고 지배를 했고, 또 불로소득이라는 만인의 표적이 되고 있기도 합니다.

자! 그렇다면 이런 땅은 불로소득이니 하면 안 된다고 생각하면 안 되고, 그런 지탄과 질시의 대상이고 갖고자 하는 대상이라면 그만큼 이 세상에서 가장 유망한 부의 꼭짓점이며, 지배계층으로 도약할 수 있는 유일한 수단이라 할 것입니다.

그래서 누구나 가지려고 하지만 원한다고 누구나 다 가질 수 없는 대상이기도 합니다.

부동산 투자 재테크 성공하고자 한다면 늦어도 사회생활을 시작하는 시기부터는 관심을 갖고 이때부터는 경제기사를 챙겨보는 것을 시작으로 하여 정보와 지식을 채우면서 종잣돈을 준비하고, 그리고 기회가 되면 작은 것부터라도 부동산을 가질 것을 권합니다. 그리고 이를 보듬고 가꾸고 키워가면서 기술과 노하우를 습득하고, 이를 돈으로 만들어가는 그 과정을 습득하기를 바랍니다.

특히나 땅 투자는 돈을 벌고 있을 때 하나쯤 취득을 하고 농사꾼이 땅을 일구어서 돌을 골라내고 흙을 고르고, 거름을 주어서 가꾸면서 오래오래 농사를 지으며 기름진 텃밭으로 만들어 수확하는 농부의 심정으로 이 땅을 키워가는 각종 노하우를 습득하는 기회를 가지기를 바랍니다.

개발 지역 예상지역이나 개발 가능 지역 등에 투자를 하면 좋지만, 이는 또한 좀 더 배우고 익혀야 알 수 있는 것이니 잘 모르겠다면 도시 근교 외곽지역의 작은 땅이라도 투자하면 됩니다.

어떻게 할 것인지에 대하여는 지금부터라도 그동안 살아왔던 곳들의 외곽지역의 땅들이 지금 현재 어떻게 변해있는지를 보고 그 변화를 보고 깨닫거나 아니면 지금부터라도 내가 살고 있는 도시 외곽 변두리 지역의 가건물이나 야적장 등이 듬성듬성 있는 지역을 보고 향후에 변해가는 과정을 보면서 그 가격 변동이나 활용도를 살펴보기 바랍니다.

그러면 내가 어디에 투자를 해야 하는지를 몸소 알게 될 것이라고 봅니다.

농부가 농사를 지으면서는 자기가 뿌리고 가꾼 만큼 거두어들이게 됩니다. 내가 적은 면적에 또 좋지 않은 땅에다 씨앗을 뿌렸다면 그만큼 더 넓은 면적에 더 좋은 땅에다 파종했다면 그만큼 자기가 뿌리고 가꾼 만큼만 바랄 뿐이나 물론 노력만으로는 안 되는 것이란 것도 압니다.

하늘이 적기에 비도 내려 주어야 하고 모진 비바람이나 태풍이 오지 않아야만 합니다. 그래서 농사는 농부가 짓는 것이 아니라 하늘이 짓는다고 말하기도 합니다. 농부는 자기가 할 수 있는데까지 최선을 다하여 가꾸지만, 하늘이 자연이 돌보아준 만큼만 거두어들이고 순응하는 것입니다.

부동산 투자에서도 허황된 욕심 버리고 투자하고 최선을 다하여 가꾸고 기다린다면 반드시 좋은 결과로 보답을 하고 있다는 것을 우리는 다 알고 있습니다.

사회생활을 시작하면서 돈을 벌고 있을 때에 이런 곳의 땅을 가급적 일찍 약간의 레버리지를 활용하여 취득하고 이에 대한 이자와 원금을 갚아 나가고, 또 개발 비용 등을 축적하고 주변의 변화를 보면서 내가 활용할 방법들을 궁리만 하는 것입니다. 그러다가 내가 사업장이 필요하다면 개발을 하면 되고 내가 수익형을 하고 싶다면 수익을 낼 수 있도록 개발을 해도 됩니다.

만약 난 아직 돈을 더 벌 수 있고, 지금 직접 사용이나 수익형보다 더 자산을 늘리고 싶다면 그동안 모은 돈으로 땅을 더 사 놓았다가 이렇게 활용하면 되는 것입니다. 그래서 땅 투자는 일찍 그리고 장기간 보유하라는 것이다.

농지오케이의 부자로 잘 사는 농지 투자법

부동산 성공여부는 타이밍의 차이

아무 때나 아무 곳에나 씨 뿌리고 가꾼다고
좋은 곡식을 거둘 수는 없다

- **언제 = 봄에 (파종 적기에)**
  침체기- 상승기-호황기-하락기
  ~ 부동산경기가 살아나려 할 때나 개발계획 등 호재가 있을 때
- **어디에 = 기름진 옥토에**
  도시 - 시골   ~ 사람이 많이 모이는 곳이나 개발계획이 있는 곳
- **누가 = 경험 많은 농부가**
  도시사람 - 시골사람   ~ 전문성을 가진 사람의 도움을 받은 투자자가
- **무엇에 = 잘 정리된 논밭에다**
  경지정리 농지 - 경지정리 안된 농지   ~ 발전가능성이 있는 지역이나 물건에
- **어떻게 = 잘 관리하며 가꾸는가**
  전문가 - 비 전문가   ~ 전문가의 도움을 받았는가 아무렇게나 하였는가
- **했나 = 씨를 뿌리고 가꾸기**
  투자실천 - 투자분석   ~ 투자 분석하여 투자를 실행에 옮겼는가

제 때에 좋은 땅에다가 씨를 뿌리고 잘 가꾸어야
좋은 결실을 얻을 수 있는 것이다

여러분도 아래의 토지가격 변동 표를 보고 살고 있는 곳의 지역별 부동산가격을 직접 찾아서 비교를 해보고, 분석을 해보고, 그 흐름을 파악해 보시기 바랍니다. 이런 것을 눈으로 보면 '아, 그래. 저렇게 되는구나.' 하고 머리로는 이해가 되지만 내 것이 되지는 못합니다. 그러나 내가 잘 아는 곳이나 관심 있는 곳에서 직접 해보고 나면 그것이 내 것이 되어 투자 분석자료, 가치투자 활용 자료가 되는 것입니다.

이제 부동산 투자는 어디에 해야 하는지를 알 수가 있을 것입니다. 다들 좋아하는 주거, 상업, 공업 등 도시지역 내보다는 자연녹지나 개발제한구역 등 도시 외곽지역이 더 올랐다는 것을 아래 자료에서도 알 수가 있을 것입니다.

공시지가 비교(부천시 지역별·용도별)

구분			공시지가		
지역	용도지역	용도	1990년도	2019년도	상승배율
중동 신도시	상업지역	상가부지	2,650,000	7,370,000	278.1
	주거지역	아파트부지	470,000	2,990,000	636.2
		단독부지	846,000	1,920,000	227.0
심곡본동 구도시	상업지역	상가부지	4,780,000	5,850,000	122.4
	주거지역	아파트부지	410,000	1,816,000	442.9
		단독부지	617,000	1,820,000	295.0
	자연녹지	농경지	380,000	581,400	153.0
오정동	주거지역	단독부지	520,000	1,530,000	294.2
	자연녹지지역	농경지	180,000	1,000,000	555.5
	개발제한구역	농경지	20,000	170,000	850.0
대장동	개발제한구역	대로변농경지	18,000	350,000	1944.4
		들판농지	20,000	140,000	700.0
	집단취락지역 (지구단위계획)	대지	98,000	850,000	867.3
		나대지(농지)	32,000	480,000	1500.0
여월동	집단취락지역 (그냥해제)	농지	57,000	1,781,000	3124.5
과천동 366	집단취락지역	농지	78,000	4,223,000	5414.1

그리고 여기서도 개발계획 등을 보고 덤비는 단기투자자보다는 일찌감치 사놓고 키우고 가꾸어 온 장기보유자가 승리한다는 것입니다.

아래는 우리가 흔히들 하는 주거용 부동산 변동입니다. 단기로 2~3년 또는 5년 이내에 하였다면 어떨까? 장기로 보유를 하고 있다면 어떨까 몇 배가 되는가 한번 보시라는 겁니다.

지금 당장 내가 살고 있는 아파트나 주변 아파트의 변동 가격을 보고 단기가 더 돈이 되는지 장기 보유가 더 돈이 되는지를 직접 확인을 해보시기 바랍니다.

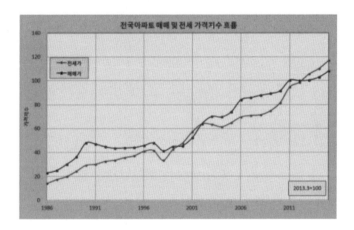

오늘 지금이 살아생전에 가장 젊은 날이라고 합니다. 아직까지 부동산 투자 재테크 못했거나 부족하다면 지금 당장 시작하면 됩니다.

앞으로 살아갈 날이 더 많기도 하고, 나이 들어서 더 여유로운 삶을 살기 위해서는 반드시 실천하고 저질러야만 할 일이기 때문입니다.

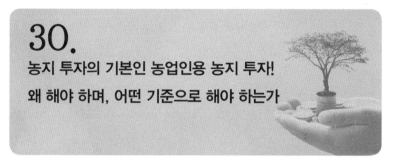

30.
농지 투자의 기본인 농업인용 농지 투자!
왜 해야 하며, 어떤 기준으로 해야 하는가

농지 투자는 분명 생산과 보존을 하기 위한 농사용 투자가 있고, 돈을 벌기 위하여 하는 돈 되는 농지 투자가 있습니다. 오늘 여기서 하고자 하는 이야기는 이 두 번째 이야기를 하는 것입니다. 이 점을 양지하시고 또 그리 알고 아랫글을 읽어주시기 바랍니다.

농지 투자를 하려고 한다면 농업인이 되라고 강조합니다. 그 이유는 다른 많은 사람이 농지 투자를 권하면서 하는 농업인에 대한 혜택이 많아서도 아니고, 그 혜택들을 활용하라는 것도 아닙니다.

제가 외쳐대는 한마디는 다름 아닌 농지와 농작물 재배에 대한 이해와 경험으로 농지 투자 방법과 농작물을 다루는 법을 배우고 농업인 조건과 농업인의 의무 기간도 충족하면서, 그리고 돈 되는 농지나 농지연금용 농지 등에 대하여 어떻게 투자하고 관리해 가야 하는지를 배우고 익히는 단계를 가지라는 것입니다.

부동산 투자 재테크는 평생 해야 할 일이기에 서둘지 말고 농업인부터 차근차근 투자를 해나가도 충분하게 원하는 바를 이루면서 성공적인 투자로 마무리할 수 있기 때문입니다.

농업인용 농지 투자를 하라고 하니 많은 분이 어디에 어떻게 해야 하느냐고 묻습니다.

한마디로 어디에 어떻게 해야 하느냐에 답을 하자면 재촌자경이 가능하면서도 값이 싸고 나중에 처분이 가능한 농지입니다. 세후 손에 남는 것을 보고 투자를 해야 한다면 왜 재촌 자경 지역인지는 바로 이해를 하게 되리라고 봅니다.

또 한 부류는 개발할 땅을 소개해 달라고 합니다. 개발을 하면 과연 돈이 되는 것인가? 이건 투자하시는 사람이라면 한 번쯤 다시 생각해 볼 문제입니다. 땅은 개발을 해야만 돈이 되는 것은 아닙니다.

오늘은 이에 대하여는 논하지 않도록 하겠습니다.

자! 그럼 농업인용 농지 투자 어떻게 하는지 한번 알아봅시다. 내가 항상 하는 말로 투자할 때 기본적으로 무엇으로 판단하라고 합니까? 육하원칙으로 판단을 해보면 답이 있다고 했습니다.

부동산 투자를 함에 있어서의 필수조건으로 누가(who), 언제(when), 어디서(where), 무엇을(what), 왜(why), 어떻게(how)의 여섯 가지 기본이 되는 조건으로 검토하고 투자를 하라는 것입니다.

이는 우리네 인생을 살면서 어떠한 일을 하려고 할 때에도 활용하면 매우 합리적인 판단을 할 수 있는 기준이 됩니다.

누가 – 농업인이 되려는 사람

그런데 이 농업인이 되려는 사람들이 다 사정이 다르다.

따라서 각각의 사정에 맞아야 한다.

언제 – 어느 때에 하는 것이 좋은가?

필요한 시기나 값이 저렴한 시기에 하면 된다.

그러나 이 역시도 각자의 사정에 따라서 다 달라지는 것이다.

어디에 – 어느 지역에 투자를 해야 하나?

어떤 지역이 좋다 나쁘다의 개념이 아니다.

이 역시 각자의 사정에 맞는 지역에 투자를 해야 한다.

무엇을 – 어떤 땅에다가 투자를 할 것인가?

즉, 가장 중요한 어떤 땅을 투자할 것인가이다.

이것도 역시나 각자의 사정에 따라서 달라진다는 것이다.

왜 – 무엇 때문에 하려는 것인가?

즉, 무슨 목적으로 투자를 하려고 하는 것이냐 하는 것이다.

이것도 각자의 사정에 따라서 달라짐을 알 수 있을 것이다.

어떻게 – 그럼 어떠한 방법으로 취득할 것이냐 하는 것이다.

이 취득하는 방법도 가지가지이듯이

이 또한 각자의 사정에 따라서 다 다르다는 것도 이제 알 것이다.

자! 여기까지 훑어보면서 모든 투자에서 대부분 공통적인 사항이 각각의 사정에 따라서 달라진다는 것입니다.

그동안 무심코 했던 투자가 육하원칙이라는 기준으로 판단하면 얼마나 합리적, 객관적 기준으로 할 수 있는지 또 그렇게 하는 것이 얼마나 투자에서 큰 도움이 되는지를 알게 될 것입니다.

그럼 하나씩 풀어 가면서 접근을 해보기로 하겠습니다.

첫 번째로 누가 해야 하는가 입니다.

이는 말할 것도 없이 농지에 투자하고자 하는 사람이거나 농업인이 되고자 하는 사람이 해야 할 것입니다. 오늘은 농업인용 농지 투자이므로 농지 투자자는 논외로 하고 농업인이 되려는 사람들을 대상으로 이야기해 보겠습니다.

농업인용 농지 투자는 농지 투자에서 가장 기본이 되는 농업인 조건을 충족하면서 향후 추가적인 농지 투자로 돈 버는 농지 투자나 농지연금 농지 투자 등 돈 되는 농지에 투자하려는 사람들이 하는 것이라고 정의하겠습니다.

그렇다면 가장 적은 돈으로 농업인을 만들 수 있고, 또한 추가적으로 지역 농협 조합원 가입이 가능한 농지이면 될 것입니다. 농업인용 농지 투자는 돈을 생각하지 말고 하는 투자란 것만 명심하시기 바랍니다.

두 번째로는 언제 해야 하는가?

농업인용 농지 투자에는 시기가 없습니다. 농지 투자로 돈을 벌고 싶거나 농지연금 투자를 하고자 하는 사람이라면 농업인이 되고자 하는 생각을 갖는 그 순간 바로 실행하여야 합니다. 아직 종잣돈이 없다면 하루빨리 종잣돈부터 모아서 시작을 해야 합니다.

농업인용 농지 투자는 빠르면 빠를수록 좋습니다.

세 번째로 어디에 해야 하는가?

어디에 해야 한다는 기준은 없습니다. 가장 좋은 것은 재촌 자경 지역에 하는 것이지만, 이러한 곳은 대부분 비싸므로 싸고 자경 가능한 땅을 찾아야 합니다.

농업인용으로 하는 것이기에 지역 농협 조합원 가입이 가능한 범위 내의 지역에서 하면 됩니다. 지역 농협의 조합원 가입 조건은 농협마다 달라서 재촌 지역 농지라야 하거나 일정 지역이라야 하거나 아니면 제한이 없기도 합니다.

네 번째로 무엇을, 즉 어떠한 농지에 할 것인가 하는 것입니다.

일단은 농로가 닿고 경작이 가능한 농지라야 합니다. 가장 좋은 것은 산 밑에 붙은 한적한 땅이 좋기는 하지만 경지정리된 농지를 강력히 추천합니다. 그 외에 농업인용 조건 충족용 농지는 가급적 오래 보유 관리할 수 있는 것이 좋습니다.

다섯 번째는 왜 하는가?

농지 투자를 위한 농업인 조건을 충족하고 유지하기 위해서 또 하나는 농작물 재배에 대한 이해와 경험 등을 하면서 농지를 돈이 되게 가꾸고 키워가는 방법들을 터득하는 것입니다.

이 땅은 돈 버는 땅이 아니라고 생각하고 그냥 돈을 벌기 위한 미끼 투자라고 생각하고 하시기 바랍니다.

여섯 번째 어떻게 할 것인가?

이제 어떻게 취득을 할 것인가에 대하여는 농지를 취득하는 방법에는 다양한 방법들이 있으니 그중에 본인이 가장 적합한 땅을 구하여서 하면 되는 것입니다.

다시 한 번 정리하자면

농업인용 농지 투자는 돈을 생각하지 말고 투자를 해야 합니다. 농업인 조건을 충족하는데 충실하면 되는 것입니다. 가급적 적정한 규모로 싼값에 해야 합니다. 혼자 한다면 1,000~1,500㎡ 정도 정도 규모가 좋고, 두 가족이 한다면 2,000~2,500㎡ 정도가 좋은 규모가 적당할 것입니다. 그 이상인 경우에는 이를 준용하여 판단하면 될 것입니다.

즉, 4,000이나 6,000제곱미터가 있다면 잘 아는 가족이나 지인들이 공동 투자하여 위의 기준으로 분할을 한 후에 농사를 함께 지으면 더욱 좋은 모델이 됩니다. 다른 사람과의 공동 투자는 하지 마십시오. 부모·자식간 직계 가족 한두 세대가 하는 것은 추천합니다.

다음으로 가격대를 살펴보자면 현재 수도권이나 대도시 주변에서는 투자용을 감안하지 않는다면 대상 토지가 없습니다. 따라서 좀 더 외곽으로 나가서 3.3제곱미터당 10만 원 전후가 가장 좋겠지만 30만 원을 넘지 않는 가격대라야 할 것이며, 그 이상이 된다면 이는 투자용 가치가 있어야만 할 것입니다. 그 외 소도시나 농촌지역으로 간다면 수도권 대도시의 절반 가격대 정도면 농업인용 투자 물건이라 할 것입니다.

어쨌든 가격은 싸면 쌀수록 좋습니다. 그렇다고 저 산속 오지나 오도 가도 못하는 맹지는 피해야 합니다. 가급적 산자락 밑에 산소나 전원주택 부지로 활용할 수 있거나 아니면 경지정리가 잘 되어서 농사를 짓기가 편한 곳이면서도 어느 경우든 농로라도 있어서 농사짓고 이용하는 데 진출입이 자유로운 곳이라야 합니다.

여기서 절대로 명심하여야 할 것이 농업인용 농지 투자는 농업인 조건 충족하는 용도이고, 절대로 돈이 되는 땅이 아니라고 생각하고 투자하라는 것입니다. 그러니까 내가 자경을 해야 하므로 농사를 지을 수 있는 농지이면서도 지역 농협 조합원 가입 등으로 일정 수익도 올릴 수 있는 그런 지역의 땅을 구매해야 한다는 것입니다. 아니면 나중에 귀농·귀촌을 하여 재촌자경을 하여 절세를 할 수 있는 지역도 좋습니다.

농업인용 농지 투자는 빠르면 빠를수록 좋습니다. 싸고 농사짓는 데 불편함이 없는 농로가 접한 땅이라야 합니다. 지역 농협의 가입 조건을 충족할 수 있는 곳이면 더욱 좋습니다. 돈이 되리라는 기대는 하지 말고 해야 합니다.

여기서 수익도 바라지 말아야 합니다. 미래 투자의 기본을 갖추고 배우는 투자용 농지가 농업인용 농지이기 때문입니다.

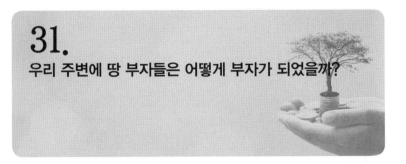

31.
우리 주변에 땅 부자들은 어떻게 부자가 되었을까?

우리 주변에 땅 부자들은 어떻게 부자가 되었을까? 우리 주변에 있는 수많은 땅 부자들! 그들은 과연 어떻게 부자가 되었을까?

이 책을 쓰면서 그동안 만났던 사람들을 떠올려 보고 또 직접 다시 찾아서 그들의 이야기를 들어보면서 느낀 것을 한번 정리해 보며 독자들과 함께 생각해 보는 시간을 가져 보고자 합니다.

우리가 아는 부자들, 특히 한국에서는 금수저니, 흙수저니 하면서 태어나면서부터 우리와 다르게 태어났으리라고 지레짐작을 하고 있습니다. 저 또한 그런 부분을 부정할 수는 없지만, 그래도 우리에게 희망이 있다는 것은 그동안 내가 보아온 부자들이나 이번에 만난 부자들의 90%는 조상으로부터 물려받은 부자가 아니라 자수성가하여 일가를 이룬 부자들이란 것입니다.

다만, 그들은 남들과는 조금 다른 삶을 살아오지 않았나 하는 생각을 갖게 되었습니다.

이렇게 이야기하니까 뭐 특별한 노하우가 있거나 비법이 있는가 하겠지만 그건 결코 아니고, 평범 속에서 남다른 면을 볼 수 있었다는 것입니다.

부자가 되고 싶다면 "부자를 따라 하라", "부자에게 점심을 사라." 등 부자와 가깝게 지내거나 그들이 하는 과정을 배우라는 말이 부자 되는 격언처럼 회자되고 있습니다.

공연히 열심히 살아오신 부모님 원망하지 말고 내가 어떻게 살아야 할지에 대하여 깊이 생각하고 다짐해야 할 것입니다. 내가 자식들에게 그런 부자로 금수저를 물려 줄 수 있으면 되는 것 아닌가요.

빌 게이츠는 "가난하게 태어난 것은 너의 잘못이 아니지만, 죽을 때도 가난한 것은 너의 책임이다."라고 말했습니다.

전세를 사는 친구가 돈을 벌어서 집을 사려고 할 때 자문을 누구에게 받아야 할까요? 대부분의 사람은 자기와 비슷한 처지의 전세를 사는 친구들에게 이야기를 합니다. 그러면 그 친구들은 어떤 집을 어디에 사라고 조언하기보다는 "지금은 소유의 시대가 아니고 사용의 시대이니 좀 더 나은 곳에 전세로 가서 살아." 이렇게 말하면서 "야! 너 돈 벌었으니 오늘 술 한잔 거하게 사라."라고 말을 할 것입니다. 그들이 내가 돈 모으는 데 무얼 한 것이 있다고, 그런데 우쭐한 마음에 그만 평소에는 꿈도 못 꾸던 큰돈을 푹 질러대고 마누라한테 바가지만 긁히게 되는 것이 우리 보통 사람이 사는 모습이라면 과장일까요?

집을 사려면 집을 가진 사람들에게 물어보아야 하고, 땅을 사려고 한다면 이미 땅을 가지고 부자로 잘사는 사람들에게 물어보거나 그들이 한 방법들에 대하여 알려고 해야만 합니다. 그게 부자로 가는 올바른 지름길입니다. 그래서 앞서 이야기한 땅 부자들이 어떻게 그런 부자들이 될 수 있었는지를 좀 더 살펴보고자 합니다.

1. 오직 땅만 파는 일벌레형 땅 부자

어느 지역이 개발되고 보상금으로 졸부가 되었다는 이야기를 많이 듣습니다. 이런 이야기도 듣지 못하였거나 보지 못하였다면 죄송스럽지만, 부자로 살 수 있는 확률이 매우 낮을 듯싶습니다. 그런데 이렇게 졸부가 되었다고 하는 대부분의 땅 부자들을 만나보면 처음부터 부자인 사람들은 별로 없고, 처음에는 남의 집에서 일하거나 소작농으로 일하면서 가난했던 사람들이 많습니다. 마치 땅에 한이 맺혀 한풀이라도 하듯이 그저 땅만 파며 열심히 일하고 근근이 모은 돈으로 땅을 사고 그 지역이 개발이 되든 말든 오직 더 이상 농사일을 할 수 없을 때까지 버티다가 결국 수용과 보상이라는 최종 단계에 이르게 되다 보니 그 보상금이 많아 졸부라는 남들의 부러움 섞인 비아냥거림을 듣게 된 경우가 대부분입니다. 졸부든 비아냥이든 간에 나도 졸부 대열에 끼어보고 싶은 것이 솔직한 심정이지만 아마도 나는 그른 것 같습니다. 땅만 파는 일벌레가 아니기 때문에 말입니다.

2. 자기 하는 일을 하면서 땅을 사서 부자 된 땅 부자들

앞서 사례에서처럼 공무원이든 직장이든 열심히 자기 하는 일을 하면서 벌어들인 돈을 여축하고, 그 돈으로 조금씩 땅을 사들여가면서 불려가는 마치 적금 붓듯이 투자하는 땅 부자들이 많이 있다. 이들은 다른 사람들이 흔히 하는 아파트 투자나 상가 투자보다도 자기가 살고 있으며 누구보다도 잘 아는 인근 지역에서 자기가 모은 돈으로 투자가 가능한 그런 땅들을 기회가 될 때마다 사들이고, 이를 다시 팔아서 좀 더 크고 좋은 원하는 물건에 다시 투자하고, 이렇게 부동산을 사고 가꾸고 키우고 불려가는 그런 땅 부자들입니다.

이들은 남의 일이나 남들이 하는 투자에는 관심이 없고, 그저 오직 자기 하는 일에서 최선을 다해 일하면서 그저 자기가 아는 범위 내에서 땅에다 바보처럼 투자하는 그런 사람들입니다.

3. 직접 자기가 이용하며 땅의 가치를 올린 땅 부자들

사실상 땅 부자들의 대부분이 하고 있는 투자 방법이라고 보면 됩니다. 이들은 대부분 필요에 의하여 직접 농사를 짓거나 그 땅을 활용하기 위하여 자기 능력에 맞는 땅을 구매하여 사용하면서 땅의 가치가 높아져서 부자대열로 오르게 되는 것입니다.

약용작물이나 유실수나 산야초 재배 등을 하시는 사람들처럼 가치가 별로 없는 임야나 황무지 같은 이런 싼 땅들을 구매하여 이 땅들을 개간하거나 활용하여 직접 농사를 짓거나 그 땅에서 나는 작물들을 활용하면서 가치를 올리는 땅 부자들도 많이 있습니다.

물론 이들의 특징은 이렇게 터전이 마련되면 그다음부터는 능력 범위 내에서 추가로 땅들을 계속해서 매입하고, 하는 일을 더 많이 하면서 열심히 살고 있다는 것입니다. 그러다가 보니 야금야금 넓힌 땅들이 수천 평, 수만 평이 되고 어느새 땅 부자라는 말을 듣게 되는 그런 위치에 있게 된 것입니다.

처음부터 땅 부자로 태어난 사람들은 거의 없습니다. 대부분의 땅 부자들은 근검절약하며 모은 돈으로 주변 땅을 사들여서 부자가 되었습니다.

4. 자기 하는 사업과 연계하여 투자하는 땅 부자들

앞에서 설명한 고물상이나 야적장 부지처럼 현재 자기가 하고 있는 사업과 연계하여 투자하는 그런 땅 부자들이 있습니다. 이들의 공통점은 자기가 하고 있는 일에서 땅에다 투자를 함으로 그 시너지 효과를 일으키고 이로 인해 땅값도 올리고 투자로 성공한 케이스들입니다.

그리고 앞에서 소개한 또 다른 예로서 건축업을 하는 사장님은 건축을 하고 들어가는 조경수들을 재배하는 농지를 구입하여 직접 조경업을 등록하여 본인 사업장은 물론, 다른 건축업자들의 사업장에도 조경수를 납품하면서 많은 땅을 가지게 되셨습니다. 즉, 건축을 하고 조경을 하게 되는데 지금은 그렇지 않지만, 과거에는 준공검사가 끝나면 대부분 다시 뽑아버리고는 했는데 이를 구매한 농지에다가 다시 뽑아다 심었다가 다른 사업장에 또 갖다가 심고 하면서 소위 재활용을 하니 꿩 먹고 알 먹는, 땅 짚고 헤엄치기 같은 일로 그 사업을 키워 나가면서 땅을 사들여 땅 부자가 되었습니다.

또한, 공사장 소장님은 공사장 흙을 그냥 처분했는데, 매립이 필요한 깊은 땅을 구매하여 그곳에 흙을 갖다 버리면 흙 버리는 돈도 받을 수 있고, 그 땅도 매립하여 가치가 올라가니 높은 값으로 받아, 즉 차익 실현하여 돈도 벌 수 있다고 권유를 하며 직접 땅을 구입해서 처리를 해보고는 정말 그렇게 되는 것을 경험하게 되었고, 그 후로 몇 년 동안 현장 소장을 돌면서 땅을 구매해서 매립을 하거나 일부 흙이 많이 필요한 지역에서는 좋은 흙이 있는 높은 땅을 구매하여 결국 좋은 땅으로 만들어서 보유함으로 땅 부자가 되기도 하였다.

그럼 어떻게 하면 땅 부자가 될 수 있을까?

우선은 자기가 하고 있는 일에서 최선을 다하며 돈을 많이 벌고 또 근검절약하며 남들이 종잣돈이라 하는 투자 자금을 만들어가는 것입니다.

다음으로 부동산 투자 재테크를 취미로 만들라는 것입니다. 기존 취미를 버리라는 게 아니라 부동산 투자 재테크를 새로운 취미로 하나 더 가지라는 겁니다.

끝으로 기회가 되면 투자를 실천하라는 겁니다.

이렇게 하기 위해서는 부동산 투자 재테크에 관심을 갖고 언론매체의 경제뉴스나 경제정보를 챙겨보시고, 책으로 지식도 함양하고, 무료든 유료든 세미나나 강의도 들어보시고 하며 지식과 정보를 축적하며 꾸준한 관심을 가지고 챙겨보시기 바랍니다.

다음으로는 개발계획이나 투자자들에 대한 사례 등 투자 정보를 좀 더 분석하고 하는 카페나 블로그 또는 강의수료생 모임이나 단체에서 활동을 해 보시라는 겁니다. 다른 사람들의 생각과 행동을 보면서 나의 생각이나 성취욕도 키워가시기 바랍니다.

끝으로 주변에 멘토가 될 만한 전문가를 두시고 (반드시 전문가일 필요는 없습니다. 경험이 풍부한 경험자라도 좋습니다.) 함께하는 동료들을 많이 두시고 의논을 하고 검증을 받을 수 있는 그룹이 있으면 좋습니다.

세상은 혼자 살 수 없습니다. 부동산 투자도 절대 혼자 하는 게 아닙니다.

부 – 부동산에 관심을 갖고

동 – 동네방네 찾아보고

산 – 산이나 농지도 돌아보고

투 – 투기가 아니라 투자로

자 – 자식을 키우듯이

재 – 재산을 가꾸고

테 – 테크닉을 발휘하면

크 – 크나큰 부자로 잘살게 되리라

맺음글

대한민국 땅 부자들의 농지 투자법

1) 부동산 투자의 꽃이라는 농지(땅) 투자 제대로 알고 하자

부동산 투자 대상으로서의 땅 투자는 매우 매력적이고, 좋은 투자 대상이라는 사실은 이제 잘 알게 되었을 것이다.

그러나 실제로 농지에 투자하려고 해도, 어떻게 해야 하는지를 도저히 알 수가 없는 것이 현실이다. 물론 일부 교육기관 등에서 토지 전문가 과정이나 토지 투자 강의를 하지만, 토지 투자에서 원시림인 농지를 어떻게 구매하고 관리하고 처분하는지에 대하여는 제대로 알려 주는 곳이 없다. 하나같이 투자해서 개발하여 매도하면 돈이 된다. 개발하려면 어떻게 해라 하는, 농지 투자라기보다는 개발을 부추기는 방법만 말하곤 한다.

이 책에서 나는 공무원 생활에서 얻은 지식과 부동산 중개 컨설팅을 하며 얻어진 현장의 생생한 실제 사례를 가지고, 농지 투자에 대한 정확한 정보를 제공하여 진정한 농지 투자로 돈을 버는 방법들을 함께 생각해 보고자 한다. 또한, 잘 보존·관리하다가 후손에게 넘겨주어야 할 이 땅에 대한 사명과 의무를 다하면서도

나 혼자가 아닌 다 같이 부자 되는 방법을 찾아보고자 한다.

2) 부동산 투자 대상으로써의 농지란?

부동산 투자 대상으로서의 농지는 매우 매력적이다. 우선 투자자들이 농촌에서 농사를 업으로 하는 분들이 아닌 경우는 전체 투자자의 5%도 되지 않는다. 극히 제한적인 사람들만 투자로 활용하고 있다는 말이다.

대부분의 사람이 부동산 하면 아파트나 주거용, 조금 더 나아가 상가 등을 거론하지만, 이는 토지 투자자들이 보기에는 어린애 장난하는 수준밖에는 되지 않는다. 실제 날고 긴다는 주거용 부동산 투자자들도 땅에 투자하는 것은 엄두도 내지 못하고 있는 이유는 땅이란 정가도 없고, 무에서 유를 창조해 내는, 예측이 불가한 상상력과 경험만이 통용되는 시장이기 때문이다. 그래서 돈이 된다는 사실을 알면서도 쉽게 접근하기 어려운 분야로 인식된다.

자, 현재의 압구정 현대아파트를 예로 들어보자. 1973년 당시 배 밭이었던 이곳의 땅값은 3.3평㎡에 17,000원이었다. 현재 이 땅의 가격이 5천만 원이라고 한다면 2,940배, 6천만 원이라면 3,528배가 되었다. 참고로 아파트와 토지를 비교해 보면 75년 당시 이 아파트의 분양가는 40만 원대, 프리미엄을 포함해도 44만 원 정도였다. 지금 4천만 원으로 잡으면 90배, 5천만 원으로 잡아도 113배밖에는 되지 않는다.

3) 농지 투자 무엇이 어려운가?

아마도 '도대체 땅값을 알 수가 없기 때문에 어렵다'고 느낄 것이다. 또한, 이 땅을 어떻게 이용하여야만 최유효로 활용할 수 있는지도 판단되지 않고, 어떻게 관리해야만 가치를 높일 수 있는지도 떠오르지 않는다. 그 외에도 용도가 명확히 정해진 건물만을 보던 시각으로 보면 맨땅에 헤딩이라는 생각이 들고, 생각나느니 아파트나 건물을 지으면 어떨까만 생각난다. 그냥 눈앞이 캄캄하고 혼미하게만 느껴진다.

한번 살펴보자. 아파트나 상가 등 건물은 그 가격이 어느 정도 정해져 있다. 마치 우리가 마트나 시장에서 쉽게 접하는 공산품과 같다. 그러나 토지는 도로에 접했느냐 접하지 않았느냐의 개별적 개발 가치 여부와 그 땅에다 공장, 가든, 펜션, 단독, 창고 등 어떤 건물을 지을 수 있느냐를 결정하는 어느 용도지역에 속해 있느냐에 따라 신분이 구별되고 가치가 달라진다. 또는 그 지역을 신도시나 택지 개발 등으로 개발하는 개발지역에 속하느냐 속하지 않느냐, 속하지 않는 경우라면 뒤쪽이냐 앞쪽이냐에 따라서도 달라진다. 또는 농촌지역에 속해 있느냐, 도시지역에 속해 있느냐에 따라서 같은 지목이라도 달라진다.

토지란 마치 산에 있는 나무나 광산에서 캐낸 금속이나 밭에서 채취한 농산물과 같이 이것을 어떻게 가공하고 요리하느냐에 따라서 그 가치가 달라진다. 즉 농지의 활용에 따라서 그 가치가 무한히 달라지는 것이다.

도대체 땅을 쳐다보거나 투자한 사람들의 성공 실패담을 들어

보면, 꼭 도깨비장난 같다는 생각밖에는 들지 않는다. 맞는 말이다. 토지란 투자자가 생각하는 대로 이루어지는 요물이다. 믿음과 사랑으로 보살피고 가꾸면 그에 맞게 수십, 수백 배로 보답하고, 찢고 까부르고 방치하면, 그에 맞게 헐값에 날려버리게 되어있다. 토지란 투자자가 생각하고 키우는 대로 커나가는 그런 물건이다. 이미 지어진 아파트나 건물이 아니라는 뜻이다.

4) 누구에게나 대박을 내주는 그런 부동산은 없다

누구에게나 다 대박을 내주는 그런 부동산은 없다. 그런데도 투자자들은 누구나 그런 부동산을 원한다. 지금도 땅에 투자한다면서 1년에 두 배, 3년에 세 배가 되는 땅이 있으면 투자하겠다고 한다. 아쉽게도 이 세상에 그런 땅은 없다. 그러나 어쩌다가 그런 부동산이 걸려들 수는 있다. 또한, 현장에서는 흔히 볼 수 있는 일이기도 하다. 이는 정보를 가지고 잘 분석하고 판단하였거나, 아니면 정부정책이나 시책으로 인한 수혜이거나, 그 부동산에 가장 적합한 조건으로 최유효 이용을 하거나, 최고의 수익을 낼 수 있도록 조건을 충족해 주었을 때의 일이다.

부동산 하면 누구나 생각하는 바로 그곳, 명동의 상가부지가 좋다는 사실은 누구나 알고 있다. 그렇다고 그 땅이 누구에게나 다 좋은 것은 아니라고 한다면 억지일까? 그곳에서 장사하려는 사람이나 임대를 하려는 경우에는 매우 좋은 부동산이라 말할 수 있을 것이다. 하지만 직접 장사를 하는 경우에도 누구에게나 좋은 자리라고 할 수는 없다. 거기에 적합한 장사를 하려는 경우에 좋은 것이지, 그곳에서 야채나 과일, 아니면 방앗간을 하면 과연 최선일까?

농사를 지으려는 사람에게 그 땅은 과연 좋은 땅일까? 단독주택을 지으려는 사람에게는? 바로 이렇게 누구에게나 다 좋은 부동산은 없다는 것이다.

5) 농지 투자를 위한 전문가를 만나야

지금은 전 국민의 부동산 전문가 전성시대라고 말할 수 있다. 너도나도 이곳저곳의 부동산 전문가과정을 이수하고는 전문가라고 한다. 사회교육원, 평생교육원, 문화센터, 전문학원, 개인 등 부동산 재테크 강좌가 헤아릴 수 없이 많아서 그만큼 부동산에 대한 지식을 접할 수 있는 기회도 많다. 성공한 사례나 몇 가지 투자사례 등을 듣고 보면 마치 모든 걸 다 아는 것만 같기도 하다. 하지만 하루하루를 살아가는 것이 같은 것 같지만 다르듯이 어느 것 하나 똑같은 경우는 없다.

앞에서 말했듯이 23년간 공무원으로서 수많은 농지업무를 처리하였고, 12년간 농지 중개 컨설팅을 하고 있는 나도, 농지 투자를 어떻게 해야 하는지 이제야 조금 알 것 같다. 부동산 전문 지식을 얻으려면 좋은 교육기관에서 훌륭한 교수님들의 지도를 받아야 하고, 부동산에 투자할 때도 내가 얻은 정보나 나의 지식을 과신하지 말고, 동료나 친지 전문가의 조언을 얻을 줄도 알아야만 한다.

6) 농지 투자의 매력 양도세 감면

농지에 투자하고도 누구는 60% 세금을 내야 하고, 누구는 35% 세금을 다 내야 하며, 누구는 세금을 내지 않아도 되는 경우가 있다. 바로 재촌 자경 농지의 양도세 감면 혜택을 어떻게 활용했느냐에 달려있다.

부재지주가 농지에 투자하면 60%이고, 그것도 유예기간에 하면 6~35%이고, 2년 이상 재촌 자경하고 매도하면 양도세가 일반세율이고, 3년 이상 재촌 자경하고 대토를 하면 양도세가 1억 원 감면이고, 8년 이상 재촌 자경하고 매도하면 양도세가 2억 원 감면이다.

마치 주거용에서 1세대 1주택 3년 보유(일부는 거주요건이 있지만)하면 비과세인 것처럼, 농지에서 주어지는 감면제도를 잘 활용한다면 투자 수익을 극대화할 수 있다. 양도세 1억 감면이면 양도차익이 대략 4억 정도이고, 양도세 2억 감면이면 양도차익이 대략 10억 정도나 되기 때문이다.

진정한 투자의 승리자는 몇 배를 남겼느냐가 아니라, 어떻게 투자를 하고 관리를 하여 얼마만큼 최대 유효 이용을 하도록 했는지, 또는 수익을 달성했는지라고 말하고 싶다.

7) 부동산 투자 제대로 하는 방법들에 대한 생각

부동산 투자에서 땅 투자를 제대로 하는 방법에 대하여는, 무수한 방법과 사례가 있지만, 일반인들에게 널리 알려져 있는 방법

중에서 몇 가지만 정리해 보고자 한다.

전문 지식을 습득해야 한다.

투자자들이 전문 지식을 습득할 필요는 없다고 본다.

– 필요할 때 조언을 받을 전문가를 옆에 두면 된다.

– 꾼들에게 걸려들지 않도록 투자 물건에 대한 설명을 알아들을 정도면 된다.

발품을 팔아라.

지금은 옛날처럼 덮어 놓고 현장으로 돌아다녀서는 안 된다.

– 눈품, 손품, 귀품부터 팔아야 한다.

– 요즈음은 인터넷에서 위성사진이나 3D까지 다 볼 수 있는 세상이다.

– 마지막으로 최종 결정을 하기 전에 현장을 확인하면 된다.

고급 정보가 돈이다.

고급 정보가 아니라 정보를 분석하고 판단하는 능력을 키워야 한다.

– 아니면 전문가를 믿고 투자하는 것이 좋다.

– 여기서 전문가란 어느 날 갑자기 걸려온 전화나, 어느 날 강연에서 만난 전문가를 말하는 것이 아니고, 그동안 지켜보면서 신뢰할 수 있는 주변의 중개업자나 전문분야의 종사자를 말한다.

부동산은 타이밍이다.

대부분은 구입하는 시기에만 신경을 쓴다.

– 그러나 부동산은 처분하는 시기와 처분할 때에 수요자를 보고
투자해야 한다.

– 즉 3년 후, 5년 후… 매도한다면 어떻게, 누구에게, 얼마 정도
에 매도할 것인지를 예측하고 투자하는 것이라고 말할 수 있다.

부동산 투자는 저질러야 한다.

아무것도 모르고 남이 하니까, 옆집 누가 했으니까 하는 것이 아니라,

– 많은 정보와 자료를 분석하고, 판단하여 결정을 하고, 항상
준비하고,

– 그리고 확신을 갖고 과감하게 실천해야만 돈을 벌 수 있다.

8) 성공하는 부동산 투자법

부동산 투자로 성공하는 길은 오로지 노력과 열정과 실천의 결
실이 있을 뿐이다. 꾸준한 관심을 갖고 지식을 축적하고 정보를
수집 분석하며 실력을 키워야만 한다. 준비를 철저히 하고 투자
금을 모으고 불리고 동원할 수 있는 능력을 키워야만 한다. 기회
가 되면 투자하고 이때다 싶을 때는 과감하게 투자를 하는 배짱
을 키워야만 한다. 내 자식 키우듯이 관리하여 누구나 탐낼 수 있
는 좋은 물건으로 다듬고 만들어가야 한다. 그런 다음 필요로 하
는 이에게 아낌없이 넘겨주고, 다시 투자해야 한다.

9) 농지(땅) 투자는 노후생활을 보장해 준다.

돈을 벌고 있을 때 농지에 투자해 둔다면, 노후가 든든하고 열 아들 안 부럽다. 요즈음 말하는 개인연금은 더더욱 부러울 리가 없다. 땅이란 것이 인플레 헤지 현상이 있어서 안정적이라 할 수 있고, 직접 농사를 지으면 소일거리와 함께 대부분의 부식을 자급자족할 수가 있으며, 농사를 못 짓게 되더라도 농지연금도 있어서 노후생활을 보장받을 수도 있다.

개인연금이니 보험이니 금융상품을 권하는 분들이 과연 당신의 노후를 걱정해서 하는 것은 아닐 것이고, 인구가 줄어서 연금이 박살 난다는 사람들인데, 공적연금이 먼저 박살 날까? 개인보험회사 연금이 먼저 박살 날까?

농지는 적어도 박살이 나지는 않고, 최소한의 생활유지는 보장해 준다면 과장일까?

그런 의미에서 한 살이라도 젊어서 농지에 투자하고 농협 조합원이 된다면 노후를 보다 여유롭게 지낼 수 있을 것이다. 우선 65세가 넘으면 가지고 있는 농지로 농지연금을 탈 수 있으니 열 아들 부럽지 않을 것이다. 농지연금은 대략 공시지가의 3% 정도를 매월 지급 받게 되는데 종신형의 경우 죽을 때까지 일정액의 생활비며 의료비 등을 충당할 수가 있다.

또한, 단위 농협에 조합원으로 가입하면 출자금에 대하여 연 5% 전후의 배당금을 매년 초에 받을 수 있고 또한 사업 준비금이라는 것이 있는데, 농협에 따라서 대략 5%~100%까지도 돌아올 수 있으니 이는 종신연금 또는 나중에 크게 돈이 필요할 때 조합원을 탈퇴하면서 받아서 사용할 수 있는 보험이라고 치부해 두자.

결국, 농지를 보유하고 농협에 조합원이 되면 생활비연금과 종신연금 또는 필요시 쓸 수 있는 보험같이 노후에 안정된 삶을 지켜줄 큰 버팀목이 될 것이다.

토지는 유난히 대박 이야기가 많다. 주식이나 일반 주택은 저리 가라고 로또에 비견될 만하다. 이는 토지의 특성 때문이다. 토지는 필요한 땅이 될 때는 완전 '독점'이 된다. 그 땅은 전 우주에 유일무이, 대체재가 없다고 봐도 무방하다. 그러나 필요 없을 때는 경제재로 가치조차 없다. 즉, 상품 자체가 아니라는 의미다.

그래서 개발계획이나 도로 등이 중요하다. 필요한 땅이 되는가, 아닌가가 가장 중요하다. 필요한 땅이 되면 아무것도 아닌 것에서 신데렐라로 탈바꿈한다.

그래서 토지를 하시는 분은 몇 년에서 몇십 년을 내다보고 투자를 하고, 근면하고 성실하게 사시는 분들이 많다. 일단 목돈을 땅에 묻어 두었으니 쓸 돈이 없고, 주위에서 돈 빌려달라는 사람도 거절하기 쉽고, 그저 성실하게 살면서 기다릴 뿐이다. 그래서 토지를 하시는 분 중에서는 유난히 검소하고, 드러내기 싫어하고, 돈 자랑하는 분들이 드물다.

☞알아두면 유용한 관련 사이트

- 국가법령정보센터

https://www.law.go.kr/

- 국토교통부

http://www.molit.go.kr/portal.do

- 농림축산식품부

https://www.mafra.go.kr/sites/mafra/index.do

- 농지은행

https://www.fbo.or.kr/index.do

- 농업경영체등록

https://uni.agrix.go.kr/docs2/potal/main.html

- 농지공간정보시스템

https://njy.mafra.go.kr/map/mapMain.do

- 경기도 부동산포털

- https://gris.gg.go.kr/main/grisMain.do

- 서울시 부동산정보광장

https://land.seoul.go.kr:444/land/

- 귀농귀촌종합센터

https://www.returnfarm.com:444/

- 국세청 홈텍스

https://www.hometax.go.kr/websquare/websquare.html?w2xPath=/ui/pp/index.xml

- 정부24_등본,초본,토지 대장 등등

https://www.gov.kr/portal/main

- 대법원인터넷등기소_등기부등본열람가능

http://www.iros.go.kr

- 토지이음: 토지이용규제정보서비스, 도시계획정보서비스

http://www.eum.go.kr/web/am/amMain.jsp

- 일사편리: 부동산 종합증명서 서비스

https://kras.go.kr:444/cmmmain/goMainPage.do

- 공시가격알리미

https://www.realtyprice.kr:447/notice/gsindividual/siteLink.htm

- LH보상정보

http://bosang.lh.or.kr/notice/notice.asp

- 환경영향평가정보시스템

https://www.eiass.go.kr/

- 부동산거래관리 시스템

http://rtms.molit.go.kr/

- 국토교통부 실거래가 부동산실거래가

http://rt.molit.go.kr/

- KB부동산 리브온

https://www.kbland.kr/

- 벨류맵: 토지가격 시세 알아볼때, 다가구 시세조사 참고용

https://www.valueupmap.com/

- 호갱노노,아실,네이버부동산: 아파트 시세 알고 싶을때

https://hogangnono.com/

- 벨류쇼핑: 부동산 가격 기본정보, 가격산정시스템

https://valueshopping.land/main/map

- 디스코: 토지가격 알고 싶을때

www.disco.re

- AI부동산: AI딥러닝, 다음달 부동산 가격 예측

https://www.risingrookie.com/

- 한국부동산원: 청약정보, 부동산정보,통계

http://www.reb.or.kr/kab/home/main/main.jsp

- 스마트온비드: 공매 어플리케이션

www.onbid.co.kr

- 씨리얼: 부동산 종합 포털

https://seereal.lh.or.kr/main.do

- 중개업자가 허가업체가 맞는지 확인 가능

http://www.nsdi.go.kr/lxportal/?menuno=4085

- 세무통: 세무사 가격비교 사이트, 세무관련 정보

https://semutong.com/

- 전국은행연합회: 은행 대출 시 두루 볼때

https://www.kfb.or.kr/main/main.php

- 부동산계산기

http://부동산계산기.com/

- 국민참여입법센터

https://opinion.lawmaking.go.kr/gcom/gcomMain

- 의안정보시스템

http://likms.assembly.go.kr/bill/main.do

- 고시정보

http://www.eum.go.kr/web/gs/gv/gvGosiList.jsp